Manuel Torres Remón

PROGRAMACIÓN VBA CON EXCEL
BASE DE DATOS

Programación VBA con Excel: base de datos

© Manuel Torres Remón

Derechos reservados © Empresa Editora Macro EIRL, Lima – Perú
Primera edición: Empresa Editora Macro EIRL, Lima – Perú, junio de 2024

Primera edición: MARCOMBO, S.L. 2026

© 2026 MARCOMBO, S.L. www.marcombo.com
Gran Via de les Corts Catalanes 594, 08007 Barcelona
Contacto: info@marcombo.com

ISBN: 978-84-267-4063-2
D.L.: B 17133-2025

Impreso en Servicepoint
Printed in Spain

Libro ecológico
Impreso con papel procedente de bosques gestionados
de manera eficiente, libre de cloro.

Manuel Torres Remón

Manuel Torres Remón es ingeniero de Sistemas Computacionales y licenciado en Educación en la especialidad de Computación e Informática, cuenta con veinte años experiencia en consultoría y docencia en áreas de tecnología. Esta amplia experiencia le ha permitido brindar formaciones en las instituciones más importantes de Lima, Perú.

Su formación académica tecnológica inició en el Instituto Manuel Arévalo Cáceres, la cual complementó al estudiar Ingeniería de Sistemas Computacionales en la Universidad Privada del Norte, obteniendo su grado de licenciado a nombre de la Universidad Alas Peruanas. El aprendizaje adquirido de estas instituciones le ha proporcionado una buena formación profesional, lo que le ha permitido desempeñarse satisfactoriamente en las diversas instituciones donde trabaja.

Actualmente, se desempeña como docente de Tecnología en instituciones educativas como la Escuela Superior de Tecnología del SENATI, IEST "Manuel Arévalo Cáceres" y Cibertec. En estas instituciones, imparte cursos de Tecnología, especialmente en Programación, Base de Datos y Análisis de Sistemas.

Para cualquier duda o consulta sobre el material lo puede realizar al email manuel.torresr@hotmail.com.

ÍNDICE

CAPÍTULO 6: BASE DE DATOS CON SQL SERVER

Bibliografía

Presentación

El libro de *Programación VBA con Excel: base de datos* le ayudará a crear aplicaciones con acceso a datos desde Excel, Access y SQL Server usando el lenguaje VBA de Excel.

Para cumplir con dicho objetivo, se ha dividido el libro en seis capítulos.

En el primer capítulo se hace referencia al uso de los objetos visuales de VBA y el manejo de formularios.

En el segundo capítulo se hace alusión a las sentencias condicionales y su integración en los formularios usando los objetos visuales de VBA.

El tercer capítulo se centra en la implementación de sentencias repetitivas y su integración en los formularios.

En el cuarto capítulo se hace uso de las bases de datos desde las hojas de Excel, es decir, la información se obtiene desde el mismo Excel.

En el quinto capítulo se hace uso de Access como motor de bases de datos y que la información sea llevada a las hojas de Excel.

Finalmente, en el sexto capítulo se hace referencia al uso del motor de base de datos SQL Server como fuente de la información, que al final resultará distribuido en las hojas de Excel.

Capítulo 1

UserForm y objetos visuales

1.1 UserForm

Proporciona un mecanismo para implementar aplicaciones VBA de forma gráfica, muchas veces reconocida como Interfaz Gráfica de Usuario o simplemente GUI. A partir de este punto podrá crear aplicaciones basadas en formularios e integrarlas a las hojas de Excel de la forma que crea conveniente. Por otra parte, se puede mencionar que los UserForm permiten una interacción integrada con el usuario, es decir, que es la única forma en que el usuario final proporcione información a los programas en VBA.

A. Pasos para crear un UserForm en VBA

1. Inserte un UserForm al libro de trabajo.
2. Agregue los controles visuales al UserForm.
3. Mediante las propiedades, modele los controles y el mismo formulario, de tal manera que pueda ser legible para el usuario.
4. Agregue funciones o procedimientos a los controles.
5. Enlace el formulario a la hoja de Excel mediante un botón.

B. Ejemplo de uso del UserForm

En esta imagen se presenta un formulario que solicita datos, los cuales pueden ser enviados a una hoja de Excel o simplemente gestionarlo directamente desde el formulario.

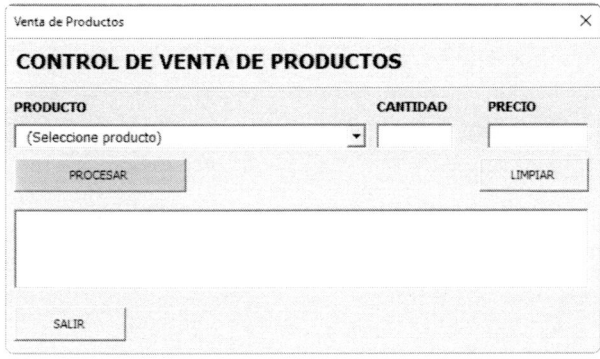

Figura 1. Formulario de ventas

En la siguiente imagen se muestran los datos que se visualizan en el formulario, los cuales son enviados a la hoja de Excel con datos listos para la impresión. La función principal de VBA es el uso de los datos que se encuentran en las hojas de cálculo como si fueran una fuente de datos y viceversa. Las hojas se pueden llenar con datos proporcionados desde los UserForm. Por lo tanto, en este capítulo se verá la integración de los UserForm y las hojas de cálculo.

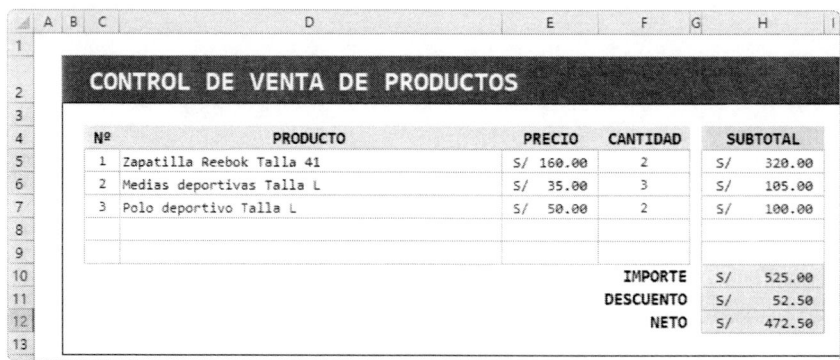

Figura 2. Registro de ventas en Excel

1.2 Administración de UserForm en VBA

En este punto, se presentarán algunas funcionalidades que presentan los UserForm debido a que es importante reconocer cómo gestionar los formularios en VBA.

1.2.1 Agregar un UserForm

Los UserForm representan la forma visual de mostrar una aplicación en VBA, lo que genera más interactividad entre el usuario y la aplicación. Con respecto a la cantidad de formularios en un proyecto VBA, no hay límite, puesto que se agregan formularios de acuerdo a la necesidad del proyecto.

1. A continuación, se indicarán algunas formas de agregar un UserForm desde el entorno VBA:

   a. Desde el menú **Insertar**, seleccione la opción **UserForm**.

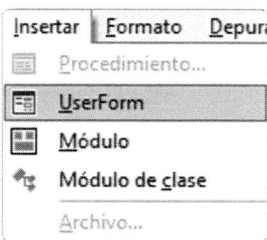

   b. Desde el panel **Explorador de proyectos**, haga clic derecho y seleccione **Insertar > UserForm**.

2. Al agregar un Userform, el aspecto completo del entorno VBA se muestra de la siguiente manera:

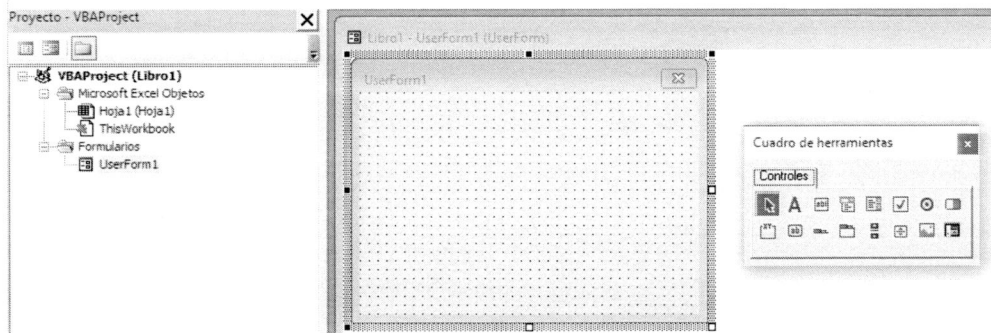

3. Asimismo, en el **Explorador de proyectos**, todos los formularios se encuentran dentro de una carpeta llamada **Formularios**, por lo que esta organización ya viene predeterminada por VBA con el fin de mantener ordenados los objetos del proyecto VBA.

1.2.2 Modificar el nombre del UserForm

En vista de que se pueden agregar muchos UserForm al proyecto, se debe considerar el asignar un nombre adecuado a cada UserForm. Para cambiar el nombre del UserForm se deben seguir los siguientes pasos:

1. Seleccione un UserForm desde la ventana **Explorador de proyectos**.

2. Ubique **(Name)** en las propiedades y modifique su nombre. Se recomienda que dicho nombre comience con la palabra frm, tal como se muestra en la siguiente imagen con frmPago o frmVenta.

1.2.3 Eliminar un UserForm

Se deben seguir los siguientes pasos:

1. Seleccione un UserForm desde la ventana **Explorador de proyectos**.

2. Haga clic derecho sobre dicho UserForm y seleccione la opción **Quitar**, el cual suele estar acompañado del nombre que se le asignó al UserForm.

3. A la pregunta "¿Desea exportar <Nombre del Formulario> antes de quitarlo?" seleccione No para eliminarlo definitivamente.

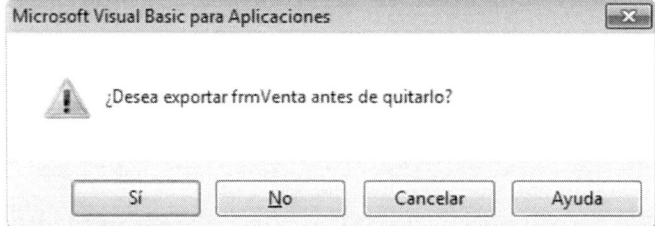

1.2.4 Ejecutar un UserForm

El término ejecutar hace referencia al aspecto final que tendrá el UserForm frente al usuario. También se puede especificar cómo visualizar el diseño final del proyecto.

Para ejecutarlo se realizarán los siguientes pasos:

1. Haga doble clic sobre un UserForm desde la ventana **Explorador de proyectos**; esto hará que dicho UserForm sea el activo.

2. Luego, realice cualquiera de las siguientes opciones:

    a. Presione **F5**.

    b. Desde el menú, seleccione **Ejecutar > Ejecutar**.

    c. Haga clic en el botón ▶, que se encuentra en la barra de herramientas estándar del entorno VBA.

Por otra parte, para salir del modo de Ejecución se puede realizar cualquiera de las siguientes opciones:

    a. Cierre directamente la ventana del UserForm.

    b. Seleccione el botón ■ desde la barra de herramientas estándar del entorno VBA.

1.2.5 Asociar el formulario a la hoja de Excel

En la mayoría de ocasiones, un UserForm se asociará a una hoja de Excel con la idea de enviar información o mostrar algún resultado esperado. A continuación, se mostrará cómo invocar un formulario desde la hoja de Excel.

A. Por medio de un botón

1. Desde la ficha **Programador**, seleccione la opción **Botón** de los **Controles de formulario** que se encuentra dentro de **Insertar**, y arrastre formando un cuadro en la hoja de Excel.

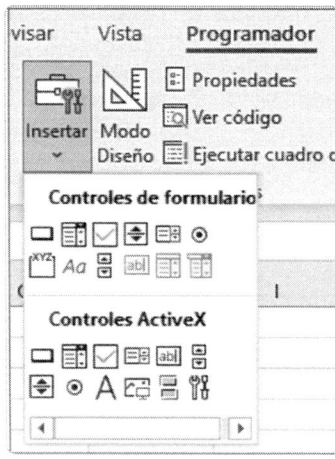

2. Verá la siguiente ventana, desde la cual seleccionará el botón **Nuevo**:

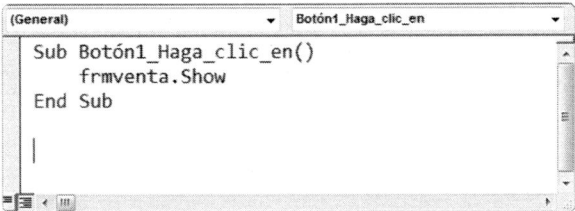

3. Luego, invoque el UserForm por medio de código VBA, así como se muestra en la siguiente imagen:

```
(General)                          ▼   Botón1_Haga_clic_en              ▼
Sub Botón1_Haga_clic_en()
    frmventa.Show
End Sub
```

.Show es una propiedad que permite mostrar un objeto visual del tipo UserForm, lo contrario se llama ocultar al UserForm. Esto quiere decir que, cuando hay varios UserForm, no todos pueden mostrarse al mismo tiempo, por lo que se puede usar el código **frmVenta.Hide** para administrarlo de la mejor manera posible.

4. Finalmente, modifique el texto que se observa en el botón, pues inicialmente el texto se muestra como **Botón1**. Por tanto, para modificarlo, haga clic derecho sobre el botón y seleccione **Modificar texto**, lo que queda de la siguiente manera:

GENERA VENTA

B. **Por medio de una imagen**

1. Agregue una imagen a la hoja de Excel.
2. Haga clic derecho sobre dicha imagen y seleccione **Agregar macro…**
3. Los pasos siguientes son los mismos aplicados en "Por medio de un botón".

C. **Por medio de una forma**

1. Agregue una forma a la hoja de Excel.
2. Haga clic derecho sobre dicha forma y seleccione **Agregar macro…**
3. Los pasos siguientes son los mismos aplicados en "Por medio de un botón".

1.3 Tiempos en la programación

Cuando se implementa una aplicación VBA se trabajará en dos tiempos: en la primera fase se diseñará la aplicación; y en la segunda se verán los resultados. De acuerdo con esto último, se modificará o no la aplicación, de tal manera que cumpla con los objetivos específicos del problema. A estos tiempos se les llama tiempo de diseño y tiempo de ejecución respectivamente.

1.3.1 Tiempo de diseño

Se le llama así cuando el programador coloca los controles sobre el UserForm, cambia las propiedades de dichos controles y asigna código VBA en algunos de ellos.

En la siguiente imagen se observa un UserForm en tiempo de diseño. Además, se debe comprobar que todos los controles se puedan manipular, es decir, que se puedan mover, copiar o eliminar.

Figura 3. Tiempo de diseño

1.3.2 Tiempo de ejecución

Se le llama así cuando el UserForm está preparado para la exposición frente al usuario final, por lo que se podrá usar la aplicación de la manera que lo crea conveniente.

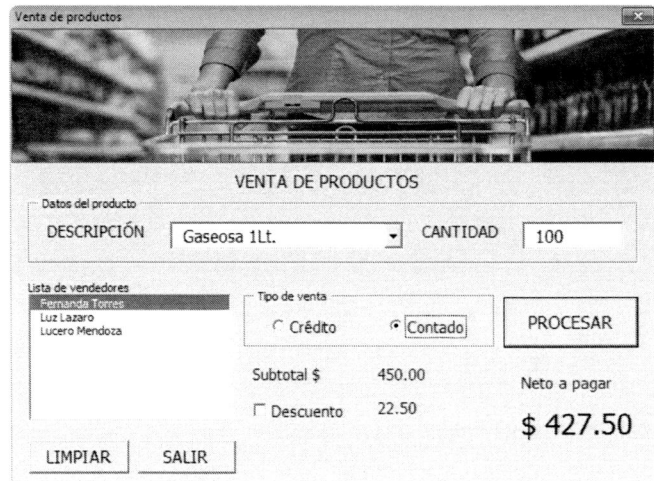

Figura 4. Tiempo de ejecución

1.3.3 Pasar del tiempo de diseño a ejecución y viceversa

Para pasar del tiempo de diseño al tiempo de ejecución se puede realizar cualquiera de las siguientes opciones:

a. Presione F5.

b. Desde el menú, seleccione Ejecutar > Ejecutar.

c. Seleccione el botón ▶ desde la barra de herramientas estándar del VBA.

Por otra parte, para pasar del tiempo de ejecución al tiempo de diseño se debe cerrar la ventana del UserForm, o presione el botón ■ desde el cuadro de herramientas estándar del VBA.

1.4 Nomenclatura de nombres a objetos

Antes de que se expliquen todos los controles que posee VBA, se deben considerar los nombres que se les dará a dichos controles. Pues así como las variables tienen un nombre que lo especifique, se debe asignar un nombre a todos los controles dentro del UserForm.

Asimismo, se debe tener en cuenta que para asignar los nombres de los controles existe una nomenclatura, la cual permite identificar con qué tipo de control se está trabajando. Esta nomenclatura sugiere usar tres letras significativas de controles, tal como se verá en la siguiente tabla:

Tabla 1. Nomenclatura de nombres

CLASE	PREFIJO	EJEMPLO
UserForm	frm	frmVenta
Etiqueta (Label)	lbl	lblTotal
Cuadro de texto (TextBox)	txt	txtFecha
Botón de comando (CommandButton)	btn cmd	btnCalcular cmdCalcular
Cuadro de lista (ListBox)	lst	lstPaises
Cuadro combinado (ComboBox)	cbo	cboProductos
Casilla de comprobación (CheckBox)	chk	chkEstado
Botón de opción (OptionButton)	opt	optCasado
Imagen (Image)	img	imgFoto
Marco (Frame)	fra	fraEstadisticas

Fuente: Elaboración propia

1.5 Principales controles visuales y sus propiedades

En la siguiente imagen se muestran los controles visuales del Cuadro de herramientas, que está compuesto por dieciséis iconos:

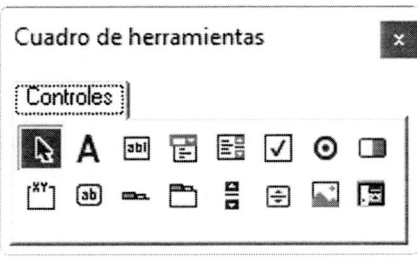

A partir de la imagen anterior, se ha elaborado una lista de los controles con sus principales propiedades:

Tabla 2. Lista descriptiva de los controles visuales

Control	Nombre del Control	Descripción
	Select Objects	Permite seleccionar los objetos colocados en un UserForm. Asimismo, este control permite anular la selección de otro control.
A	Label	Permite colocar textos estáticos dentro de un UserForm. Normalmente, es usado para títulos o mensajes dentro del formulario.
abl	TextBox	Permite intrdocuir un valor textual dentro del formulario. Asimismo, es la única forma de pasar información desde el usuario a la aplicación. Además, se podría agregar información de la descripción del producto, la introducción de la edad del empleado, etc.
	ComboBox	Cuadro combinado permite mostrar una lista de opciones que solo pueden ser seleccionadas, por lo que se podría usar para seleccionar elementos conocidos, como estados civiles o la categoría de los empleados.
	ListBox	Cuadro de lista permite mostrar información en forma de lista de opciones. Normalmente, se usa para la impresión de resultados.
✓	CheckBox	Cuadro de comprobación permite colocar opciones que pueden ser seleccionadas por medio de un *check*. Se podría usar para opciones como tipo de empleado, categoría de productos, etc.
◉	OptionBox	Botón de opción permite colocar opciones que pueden ser seleccionadas por medio de un clic. Tener en cuenta que solo se puede seleccionar una de las opciones, no se pueden seleccionar varias opciones al mismo tiempo. Podría usarse para opciones como tipo de sexo, ya que solo debe elegir una de la lista de opciones.
	ToggleButton	Botón Alternar.
XY	Frame	Marco permite organizar los objetos dentro del UserForm.
ab	CommandButton	Botón de comando permite generar una acción a partir de un código VBA asignado.
	TabStrip	Barra de tabulaciones.

	Multipage	Páginas múltiples permite generar cierta organización entre los objetos del UserForm.
	ScrollBar	Barra de desplazamiento permite mostrar una barra que permite desplazarse por los controles, como el cuadro de lista.
	SpinButton	Botón numérico permite controlar los valores ascendentes o descendentes que se asignan a un cuadro de texto.
	Image	Permite colocar una imagen en el formulario.

Fuente: Elaboración propia

1.5.1 Control UserForm

Este control es el principal elemento contenedor de otros controles, desde aquí se diseñan entornos de usuario de acuerdo con las necesidades de la aplicación. Al insertar un nuevo UserForm al proyecto se deben tener en cuenta los siguientes aspecWtos:

a. Tiene un nombre inicial predeterminado llamado UserForm1.

b. Tiene un alto y ancho asignado de forma estándar.

c. Presenta una rejilla que es invisible al ejecutarlo. Esta rejilla solo es visible en el tiempo de diseño del Userform y su misión es ayudar a modelar los controles contenidos dentro de ella.

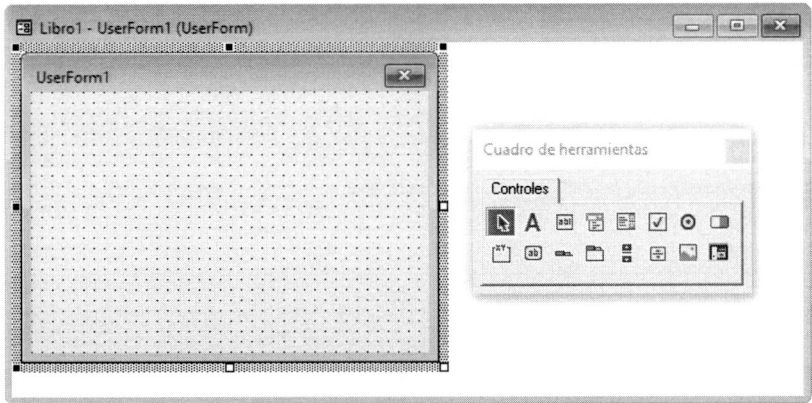

Figura 5. Aspecto inicial del UserForm

A continuación, se describirán las opciones de configuración del UserForm:

a. **Modificar el ancho y alto del UserForm en tiempo de diseño:** se debe tener en cuenta que al crear un nuevo UserForm se presenta con un tamaño predeterminado, el cual puede ser modificado de acuerdo con las necesidades de la aplicación. La modificación del alto y ancho es como cambiar las dimensiones de una ventana de Windows, es decir, buscar las flechas de cambio desde los bordes de la ventana.

b. **Modificar el alto y ancho de la cuadrícula del UserForm en tiempo de diseño:** se deben seguir los siguientes pasos:

1. Desde el menú, seleccione Herramientas > Opciones > Ficha General.
2. Modifique las unidades de la cuadrícula según su conveniencia.

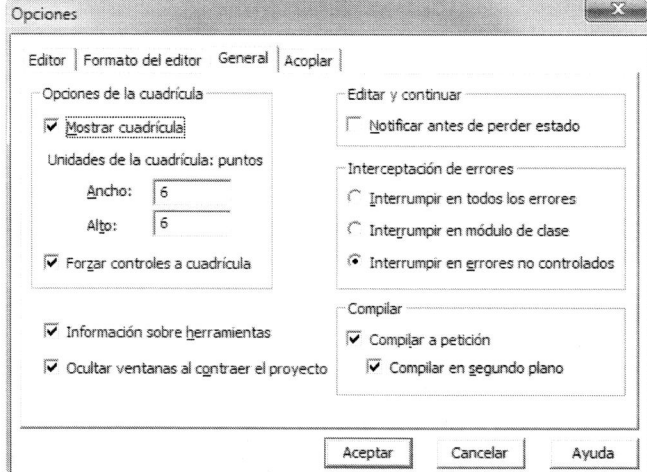

Figura 6. Ventana de opciones del UserForm

A continuación, se describirán sus principales propiedades:

a. **(Name):** es el nombre que se le asignará al objeto de tipo Form. Según la nomenclatura, deberá empezar con frm, por ejemplo, frmVenta, frmPago, etc. Se debe tener en cuenta que es muy importante asignar un nombre al UserForm, ya que la hoja de Excel necesitará asociarse a él y lo hará por su nombre.

Entonces, para comprobar el nombre asignado al UserForm, se debe comprobar que debajo del título se encuentra el texto frmVenta, el cual representa al nombre del control UserForm que el programador ha asignado, mientras que UserForm indica el tipo de control.

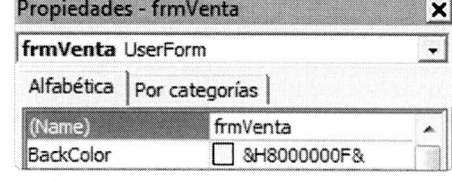

Figura 7. Ventana de propiedades del UserForm

b. **BackColor:** define el color de fondo del control User-Form. Tenga en cuenta que si coloca una imagen de fondo el color queda rezagado, puesto que se estarían superponiendo.

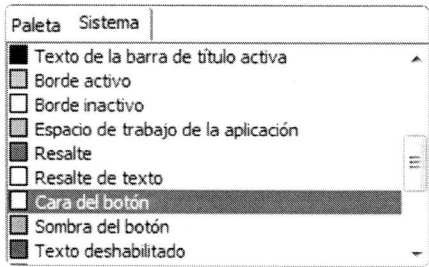

Figura 8. Ventana de paleta de colores

Tenga en cuenta que la ficha Paleta presenta 48 colores de tipo RGB, mientras que Sistema muestra los colores propios del sistema.

c. **BorderStyle:** activa un estilo de borde del control UserForm. Uno de estos estilos no permite la modificación del alto y ancho del UserForm.

d. **Caption:** permite definir el título del control UserForm. Desde aquí se puede identificar qué tipo de aplicación se está desarrollando.

e. **Height:** posibilita definir la altura en píxeles del control UserForm.

f. **Picture:** permite definir una imagen de tipo JPG o PNG para el fondo del UserForm.

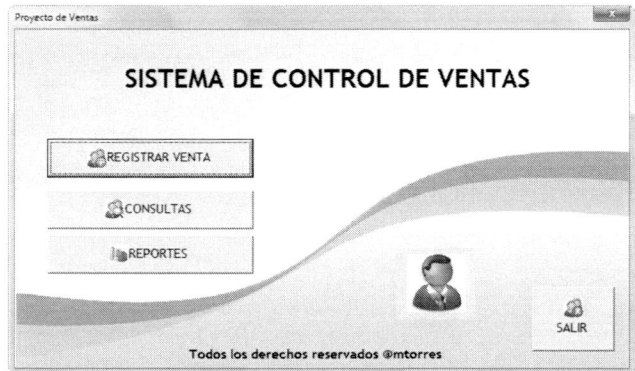

Figura 9. UserForm asignado con imagen de fondo

Si desea eliminar la imagen de fondo, se tendrá que presionar la tecla **Suprimir** sobre el texto (Mapa de Bits) de la propiedad **Picture**.

g. **PictureSizeMode:** determina la forma en que la imagen se adaptará al UserForm. Presenta las siguientes opciones:

- **fmPictureSizeModeClip:** imagen en modo normal.

- **fmPictureSizeModeStretch:** imagen controlada por el tamaño del UserForm.

- **fmPictureSizeModeZoom:** imagen expandida en alto y ancho sobre el UserForm.

h. **StartUpPosition:** define la posición inicial del control UserForm frente a la pantalla al pasar al tiempo de ejecución.

i. **Width:** define el ancho en píxeles del control UserForm.

1.5.2 Control Label

Es también llamado control de etiqueta, el cual permite mostrar textos estáticos dentro de UserForm que no podrán ser modificados en tiempo de ejecución.

En el siguiente UserForm se identificarán cuáles son controles de tipo Label:

Figura 10. Controles Label en el UserForm de venta de productos

Se puede identificar como controles Label a VENTA DE PRODUCTOS, DESCRIPCIÓN, CANTIDAD, Subtotal $, 450.00, 22.50, Neto a pagar y $427.50.

A continuación, se describirán sus principales propiedades:

a. **(Name):** es el nombre que se le asignará al objeto de tipo Label. Según la nomenclatura, deberá empezar con lbl, por ejemplo, lblTitulo, lblPension, etc. Además, se recomienda que asigne nombres a aquellas etiquetas Label que participen en la solución del problema, es decir, en la etiqueta "VENTA DE PRODUCTOS" no será necesario asignarle un nombre porque solo es un título, mientras que 450.00 sí debe tener un nombre, por ejemplo, lblSubtotal.

b. **AutoSize:** permite ajustar el marco que controla el ancho de las etiquetas sobre el contenido del mismo.

c. **BackColor:** permite asignar un color de fondo al marco que controla el alto y ancho del control Label.

d. **BackStyle:** permite definir el estilo de fondo que puede tener el control Label. En este caso, se tiene lo siguiente:

   - **fmBackStyleOpaque:** muestra el color de fondo asignado en la propiedad BackColor. Este es el valor estándar.

   - **fmBackStyleTransparent:** permite hacer transparente el contenido del marco que controla al Label, lo que nos sirve cuando se quiere eliminar el color de fondo del Label.

e. **BorderColor:** permite definir un color al borde del marco que controla al Label, siempre y cuando la propiedad BorderStyle se encuentre en fmBorderStyleSingle.

f. **BorderStyle:** permite definir si se va a visualizar el marco del control Label. Si se selecciona fmBorderStyleNone, no se podrá visualizar el color del borde.

g. **Caption:** representa el contenido textual que se muestra en el control Label, lo que permitirá modificar el contenido inicial del control llamado Label 1.

h. **ControlTipText:** es la definición de un texto de ayuda sobre el control Label, el cual se mostrará en la posición del ratón sobre dicho control. Su característica principal es que aparece un texto en un marco de relleno amarillo.

i. **Enabled:** permite bloquear la selección del control Label; pero, si por estructura dicho control ya se encuentra bloqueado, no será necesario activar esta propiedad. La única diferencia es que Enabled=True muestra de color gris al control Label.

j. **Font:** permite modificar la fuente, el estilo y el tamaño del texto mostrado en el control Label, por lo tanto, es similar al cambio de fuente realizado en Microsoft Word.

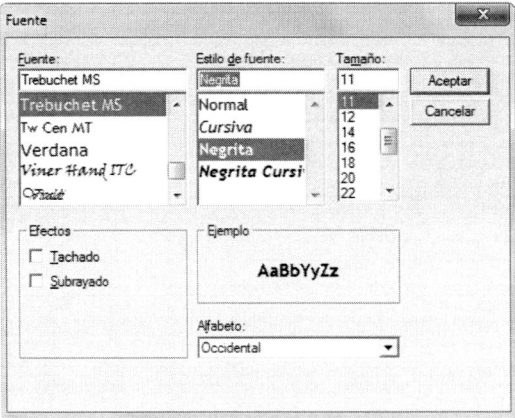

Figura 11. Cambio de fuente con la propiedad Font

k. **ForeColor:** permite asignar un color al texto mostrado en el control Label.

l. **TextAlign:** determina la alineación del texto con respecto al marco del control Label.

m. **Visible:** determina si el control Label es visible o no en tiempo de ejecución. La visibilidad hace que el control no sea visible.

n. **WordWrap:** permite visualizar el texto en más de 2 líneas del objeto Label.

1.5.3 Control TextBox

También llamado caja de texto o cuadro de texto, es donde se introduce o registra un valor que será usado en el código VBA; esta es la única forma de solicitar directamente su información al usuario. El valor introducido puede ser de cualquier tipo.

En el siguiente UserForm se identificarán cuáles son controles de tipo TextBox:

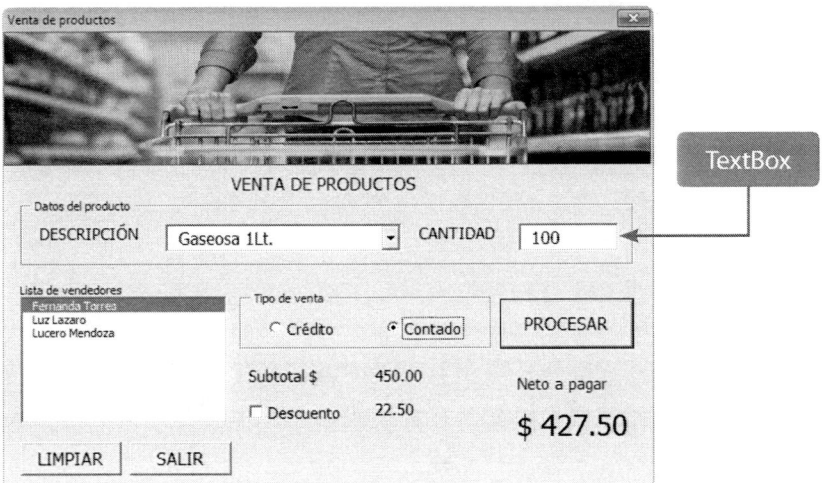

Figura 12. Controles TextBox en el UserForm de venta de productos

a. **(Name):** es el nombre que se le asignará al control de tipo TextBox. Según la nomenclatura, debe empezar con txt, por ejemplo, txtCantidad.

b. **BackColor:** permite definir el color de fondo del control TextBox siempre y cuando la propiedad **BackStyle** sea **fmBackColorOpaque**.

c. **BackStyle:** permite definir el estilo del control TextBox, el cual puede ser transparente u opaco.

d. **BorderColor:** permite definir un color de borde al control TextBox siempre y cuando la propiedad **BorderStyle** sea **fmBorderStyleSingle**.

e. **BorderStyle:** permite definir un estilo de borde del control TextBox.

f. **ControlTipText:** permite mostrar un texto informativo al posicionar el ratón por encima del control TextBox.

g. **Enabled:** permite habilitar o inhabilitar el acceso al control TextBox. Normalmente, se mantiene bloqueado para que el usuario no introduzca valores, y se habilita de acuerdo con una condición de registro. El valor estándar es **Enabled=True**.

h. **Font:** permite definir el tipo de letra, estilo y tamaño del texto contenido dentro del control TextBox.

i. **ForeColor:** permite definir un color para el texto contenido dentro del control TextBox.

j. **Height:** permite definir la altura del marco que contiene un control TextBox. Normalmente, esto es definido por el tamaño de la fuente que contiene el control, pero esto puede ser modificado por el programador.

k. **Locked:** permite bloquear y desbloquear el acceso al texto del control TextBox, por lo que es parecido al trabajo que realiza la propiedad Enabled. Sin embargo, la propiedad Locked sí permite establecer el cursor dentro del control TextBox bloqueado.

l. **MaxLength:** permite definir una longitud de caracteres dentro del control TextBox. Así, se tiene lo siguiente:

   - Si se registra la edad de un empleado, el máximo de longitud sería 2 para permitir el acceso desde 0 a 99 años.

   - Si se registra el número de DNI de un trabajador, se podría definir a MaxLenght=8.

   Se debe tener en cuenta que la propiedad MaxLenght no realiza validaciones sobre los valores registrados en el control, solo limita la cantidad de caracteres a introducir. Las validaciones se realizarán más adelante con la estructura condicional If.

m. **MultiLine:** permite habilitar el ingreso de valores en varias líneas del control textBox, por lo tanto, se pueden registrar observaciones o descripciones extensas sobre un asunto particular. En ocasiones se usa para imprimir muchos resultados como parte de la solución de un problema.

n. **PasswordChar:** permite definir un símbolo que enmascarará a cualquier carácter introducido en el control TextBox. Aquí se especifica con qué símbolo se debe enmascarar. El símbolo más común es el asterisco (*), pero eso dependerá del criterio del programador.

o. **ScrollBars:** permite asignar barras de desplazamiento sobre la caja de texto. Normalmente, se especifican las barras cuando la propiedad MultiLine se encuentre en True. La propiedad presenta las siguientes opciones:

   - 0 fmScrollBarsNone (sin barras)

   - 1 fmScrollBarsHorizontal (solo barra horizontal)

   - fmScrollBarsVertical (solo barra vertical)

   - fmScrollBarsBoth (ambas barras)

p. **Text:** permite asignar un valor al control TextBox. Normalmente, esta propiedad debe encontrarse vacía, pues el usuario introducirá un valor en tiempo de ejecución a menos que se trate de un valor predeterminado que el usuario podrá modificar.

q. **TextAlign:** permite alinear el texto contenido en el control TextBox. Se tienen las siguientes opciones:

   - 1 fmTextAlignLeft

   - fmTextAlignCenter

   - fmTextAlignRight

r. **Width:** permite definir el ancho del control TextBox. Inicialmente, este define un valor estándar para todos los controles TextBox incorporados al UserForm.

s. **WordWrap:** permite mostrar el texto en dos o más líneas sin necesidad de activar la propiedad MultiLine, por lo que todo dependerá del ancho que se especifique en el control TextBox.

1.5.4 Control CommandButton

Es también llamado botón de comando, por su traducción en español, o simplemente botón, el cual permite activar algún evento dentro del UserForm. Normalmente, está asociado a un código que se le implementará de acuerdo con las necesidades de la aplicación.

En el siguiente UserForm se identificarán cuáles son controles de tipo CommandButton:

Figura 13. Controles CommandButton en el UserForm de venta de productos

Se identificó como controles CommandButton a PROCESAR, LIMPIAR y SALIR.

A continuación, se describirán sus principales propiedades:

a. **(Name):** es el nombre que se le asignará al control de tipo CommandButton. Según la nomenclatura, debe empezar con btn, por ejemplo, btnProcesar, btnLimpiar o btnSalir.

b. **BackColor:** permite asignar un color de fondo al botón, esto se podría dar en botones que tienen diferentes prioridades en una aplicación.

c. **Cancel:** permite activar un botón con la tecla Esc. El valor predeterminado es False; además, dentro de un UserForm solo puede haber un botón con la propiedad Cancel=True.

d. **Caption:** permite modificar el contenido textual del control botón, es decir, es el título que se mostrará en el botón.

e. **ControlTipText:** permite mostrar un mensaje de apoyo al usuario al posicionar el ratón encima del botón.

f. **Default:** permite activar un botón con la tecla Enter. El valor predeterminado es False. Además, se debe tener en cuenta que dentro de un UserForm solo puede haber un botón con la propiedad Default=True.

g. **Font:** permite definir el tipo de fuente, estilo y tamaño del texto mostrado en el control botón de comando.

h. **ForeColor:** permite asignar un color al texto mostrado dentro del control botón de comando.

i. **Picture:** permite asignar una imagen de tipo JPG o GIF al control botón de comando. La imagen asignada puede tener diferentes posiciones dentro del botón, la cual puede ser modificada con la propiedad PicturePosition.

j. **PicturePosition:** permite asignar una posición dentro del marco que presenta el control botón de comando.

k. **WordWrap:** permite la escritura de dos a más líneas dentro del control botón de comando.

1.5.5 Control ListBox

Es también llamado cuadro de lista, el cual tiene como función mostrar una lista de textos, una debajo de otra como un listado. Se debe tener en cuenta que cada elemento registrado en el control ListBox tiene una ubicación que no puede ser ocupada por otra, esta es llamada índice.

En el siguiente UserForm se identificarán cuáles son controles de tipo ListBox:

Figura 14. Control ListBox en el UserForm de venta de productos

A continuación, se describirán sus principales propiedades:

a. **(Name):** es el nombre que se le asignará al control ListBox. Según la nomenclatura, debe usar la palabra lst, por ejemplo, lstVendedores.

b. **BackColor:** define un color de fondo para el control ListBox.

c. **ColumnCount:** determina la cantidad de columnas que puede tener un control ListBox. El valor predeterminado es uno.

d. **ControlTipText:** define un cuadro informativo al usuario, el cual se activa cuando se posiciona el ratón encima del control ListBox.

e. **Enabled:** permite bloquear los valores dentro del control ListBox haciendo que el usuario no pueda seleccionar ningún elemento de la lista. El valor predeterminado es True.

f. **Font:** define el tipo de fuente, estilo y tamaño de los textos colocados dentro del control ListBox.

g. **ForeColor:** define el color del texto de los elementos que contiene el control ListBox.

h. **ListStyle:** define la forma en que se presenta el contenido del control ListBox. Se tiene **fmListStylePlain** como valor predeterminado:

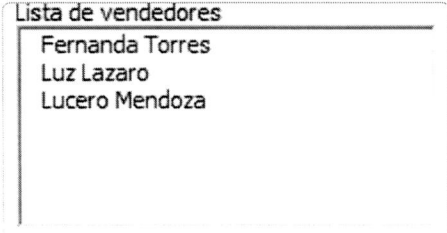

Figura 15. (0) fmListStylePlain

El valor **fmListStyleOption** presenta la siguiente forma:

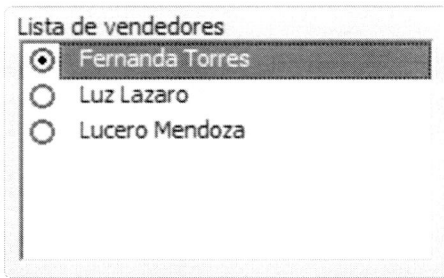

Figura 16. (1) fmStyleOption

i. **MultiSelect:** define la forma de selección de los elementos contenidos en el control ListBox. Presenta las siguientes opciones:

  - **0: fmMultiSelectSingle:** es el valor predeterminado, el cual permite seleccionar los elementos del control ListBox de uno en uno.
  - **1: fmMultiSelectMulti:** permite seleccionar varios elementos del control ListBox.
  - **2: fmMultiSelectExtended:** permite seleccionar varios elementos del control ListBox usando la tecla **Shift**.

j. **TextAlign:** define la alineación de los textos mostrados en el control ListBox.

1.5.6 Control ComboBox

Es también llamado cuadro combinado, el cual presenta una lista de opciones desplegables. Las características que presenta son similares a los del control ListBox.

En el siguiente UserForm se identificarán cuáles son controles de tipo ComboBox:

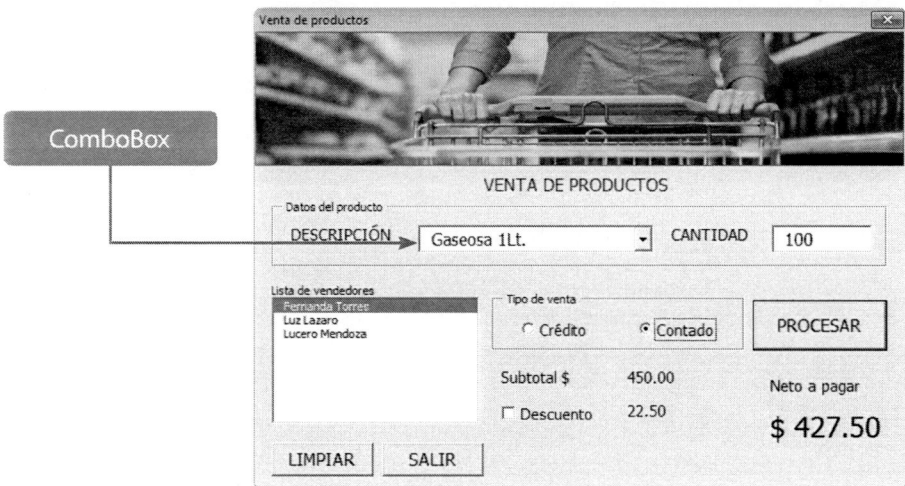

Figura 17. Control ComboBox en el UserForm de venta de productos

A continuación, se describirán sus principales propiedades:

a. **(Name):** es el nombre que se le asignará al control ComboBox. Según la nomenclatura, debe usar la palabra cbo, por ejemplo, cboDescripcion.

b. **DropButtonStyle:** define el estilo de botón para el despliegue de los elementos del control ComboBox. Además, presenta las siguientes opciones:

-   0: fmDropbuttonStylePlain

-   1: fmDropButtonStyleArrow

-   2: fmDropButtonStyleEllipsis

-   3: fmDropButtonStyleReduce

1.5.7 Control Frame

También llamado marco, permite seccionar un área dentro del control UserForm.

En el siguiente UserForm se identificarán cuáles son controles de tipo Frame:

Figura 18. Control Frame en el UserForm de venta de productos

A continuación, se describirán sus principales propiedades:

a. **(Name):** es el nombre que se le asignará al control Frame. En muchas ocasiones no será necesario asignarle un nombre, a menos que se necesite bloquear todo el Frame.

b. **Caption:** permite definir el título que presenta el control Frame.

c. **Enabled:** permite bloquear todo el contenido del control Frame. El valor predeterminado es True.

d. **Font:** permite modificar el tipo de fuente, estilo y tamaño del texto mostrado en el título del control Frame.

1.5.8 Control OptionButton

Es también llamado botón de opción, el cual permite asignar opciones predeterminadas en una aplicación. La característica principal es que solo se puede seleccionar una de las opciones, por ejemplo, el estado civil de un empleado.

En el siguiente UserForm se identificarán cuáles son controles de tipo OptionButton:

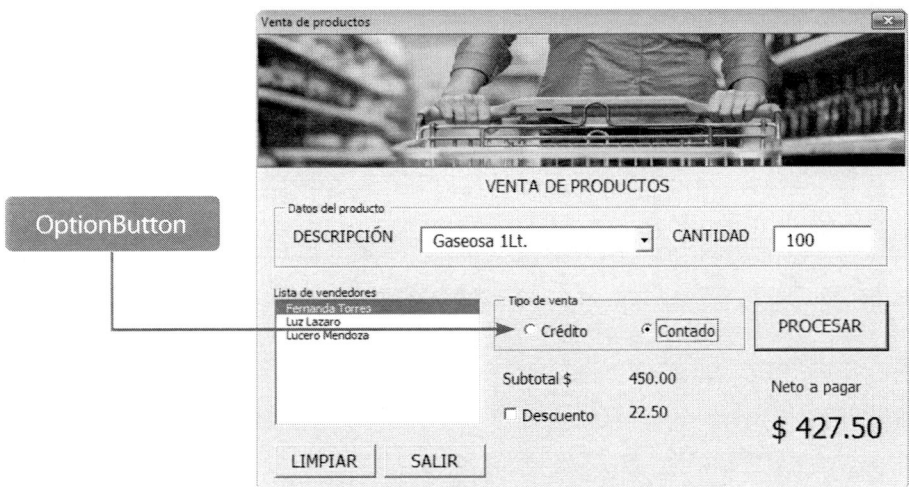

Figura 19. Control OptionButton en el UserForm de venta de productos

A continuación, se describirán sus principales propiedades:

a. **(Name):** es el nombre que se le asignará al control OptionButton. Según la nomenclatura, debe comenzar con la palabra opt, por ejemplo, optCredito u optContado.

b. **Caption:** permite definir el título que presenta el control OptionButton.

1.5.9 Control CheckBox

Es también llamado casilla de comprobación o simplemente casilla, el cual permite asignar opciones predeterminadas en una aplicación. La diferencia con el control OptionButton es que se pueden seleccionar más de dos opciones, por ejemplo, seleccionar las preferencias de un usuario.

En el siguiente UserForm se identificarán cuáles son controles de tipo Checkbox:

Figura 20. Control CheckBox en el UserForm de venta de productos

A continuación, se describirán sus principales propiedades:

a. **(Name):** es el nombre que se le asignará al control CheckBox. Según la nomenclatura, debe iniciar con la palabra chk, por ejemplo, chkDescuento.

b. **Caption:** permite definir el título que presenta el control CheckBox.

1.5.10 Control de imagen

Este control permite incorporar una imagen como un control común dentro del UserForm.

En el siguiente UserForm se identificarán cuáles son controles de tipo Image:

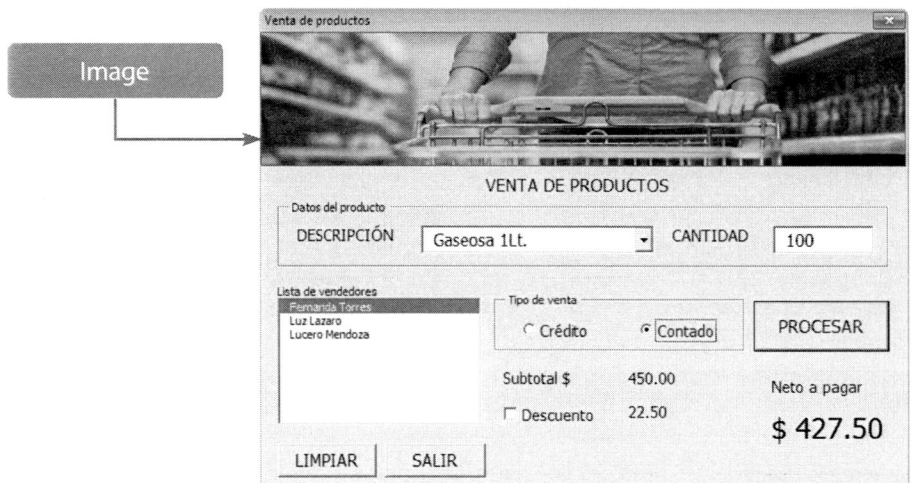

Figura 21. Control de imagen en el UserForm de venta de productos

A continuación, se describirán sus principales propiedades:

a. **(Name):** es el nombre que se le asignará al control Image. Según la nomenclatura debe comenzar con la palabra img. Si la imagen no es partícipe del código VBA, no será necesaria asignar un nombre.

b. **Picture:** permite asignar una imagen de tipo JPG o GIF al control Image. Se debe tener en cuenta que la imagen seleccionada tiene un tamaño original y este se verá reflejado en el marco del control Image. Además, para modificar dicho tamaño se debe usar la propiedad **PictureSizeMode**.

c. **PictureAlignment:** permite alinear la imagen que se encuentra dentro del marco del control Image.

d. **PictureSizeMode:** permite adaptar el tamaño de la imagen frente al marco del control Image.

1.6 Agregar los controles visuales al UserForm

Añadir un control visual al UserForm permitirá implementar un diseño de solución a las aplicaciones. Se debe tener en cuenta que este diseño debe desarrollarse enfocado en el usuario final, ya que él le dará el uso necesario en el proceso de negocio. Por lo tanto, se debe tomar a todos los controles del UserForm como una sola unidad, es decir, se debe implementar pensando en un objetivo claro y específico: vender un producto, listar órdenes de pedido, registrar los datos de los clientes, etc.

A continuación, se mostrará cómo añadir uno o más controles al UserForm:

1. Si arrastra desde el cuadro de herramientas hacia el UserForm podrá agregar un solo control.

2. Si hace doble clic sobre un control desde el cuadro de herramientas, podrá agregar varios controles del mismo tipo con solo hacer clic sobre el UserForm. Cuando termine de añadir los controles necesarios, seleccione el control Seleccionar objetos, que se encuentra al inicio del cuadro de herramientas, esto hará que finalice el agregado múltiple.

3. Finalmente, si ya tiene los controles dentro del UserForm, podrá duplicarlos presionando la tecla Ctrl y, sin soltar, arrastrar por el UserForm.

1.7 Ventana de código

La ventana de código muestra la fuente de la programación en VBA; es a partir de aquí donde se puede hacer uso de toda la funcionalidad VBA. Esta ventana es única para todo tipo de control, tal como se observa en la siguiente imagen:

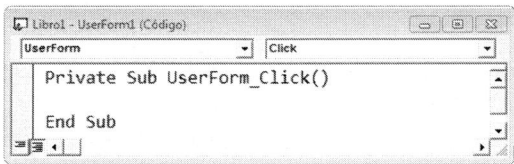

Presenta algunas partes que se deben considerar, puesto que será la plataforma de código de VBA.

a. [UserForm] **Listado de controles**, desde aquí se puede seleccionar cualquier control agregado al UserForm.

b. [Click] **Listado de eventos**, desde aquí se puede seleccionar algún evento del control seleccionado desde la lista de controles.

Cuando se selecciona un determinado control y un evento, el bloque de código se presenta de la siguiente manera:

```
Private Sub UserForm_Click()
    'Código del procedimiento
End Sub
```

Donde:

- **Private:** es la visibilidad del procedimiento. De forma predeterminada siempre aparecerá Private en cada uno de los controles.
- **Sub:** indica el inicio del procedimiento.
- **UserForm:** es el nombre del control en la cual se programará código VBA.
- **Click:** es el evento seleccionado para un determinado control. Este evento se aplicará en tiempo de ejecución.
- **Código del procedimiento:** es el código VBA que presenta un determinado control.
- **End Sub:** indica la finalización del procedimiento.

Cuando se presente demasiado código dentro del contenedor, se puede resumir mostrando un solo procedimiento 🗐 o mostrando todos mediante el botón 🗐.

1.8 Casos desarrollados

1.8.1 Caso desarrollado 1: control de registro de usuarios

Una empresa inmobiliaria necesita controlar los usuarios que se registran después de aprobar el proceso de contrato por parte del área de Recursos Humanos. Entonces, se debe registrar los datos de los nuevos usuarios, para ello, se deberán introducir los apellidos, los nombres, el DNI (documento de identidad) y la contraseña. En este caso, usted es el encargado de solucionar dicha petición, por tanto, debe considerar los siguientes aspectos:

a. Implemente en Excel el siguiente entorno (Figura 22). Recuerde que la información de los usuarios se introducirá desde el formulario, por lo que usted no debe rellenarlo desde Excel. Asimismo, el botón **Formulario de Registro** se crea tras colocar todo el código VBA.

Figura 22. Registro de usuarios en Excel

b. Diseñe el siguiente UserForm.

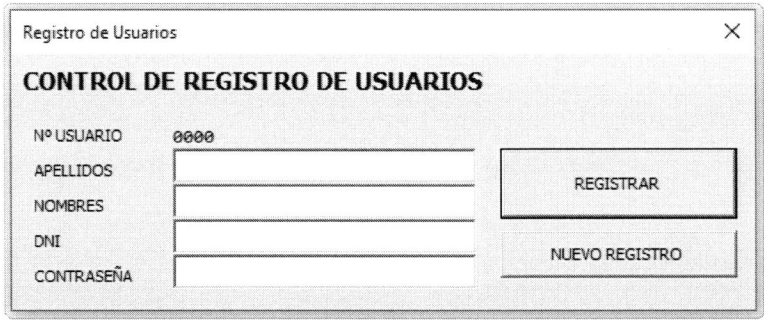

c. En el formulario de registro solo se deben introducir los apellidos, los nombres, el DNI y la contraseña. Con el botón **REGISTRAR** se debe enviar la información a la hoja de Excel, previa aceptación del usuario mediante un mensaje.

d. El botón **NUEVO REGISTRO** permitirá limpiar los controles para un nuevo registro.

e. Debe generar un número de registro de usuario cada vez que el botón **REGISTRAR** envía correctamente la información del nuevo usuario.

f. Los apellidos y nombres deben llegar a Excel en mayúsculas.

g. Use funciones y procedimientos necesarios para la solución.

Pasos:

1. Diseñe el modelo de la aplicación, tanto en la hoja de Excel como en el UserForm.
2. Asigne las siguientes propiedades a estos controles:

UserForm1	(name)	frmRegistro
	Caption	Registro de Usuarios
Label1	Caption	CONTROL DE REGISTRO DE USUARIOS
Label2	Caption	Nº USUARIO
Label3	Caption	APELLIDOS
Label4	Caption	NOMBRES
Label5	Caption	DNI
Label5	Caption	CONTRASEÑA
CommandButton1	(Name)	btnRegistrar
	Caption	REGISTRAR
	Default	True
CommandButton2	(Name)	btnNuevo
	Caption	NUEVO REGISTRO
Label6	(Name)	lblNumero
	Caption	0000
TextBox1	(Name)	txtApellidos
TextBox2	(Name)	txtNombres
TextBox3	(Name)	txtDni
	MaxLength	8
TextBox4	(Name)	txtClave
	PasswordChar	*

3. Haga doble clic sobre el botón **REGISTRAR** y coloque el siguiente código:

```
Dim uFila%

Private Sub btnNuevo_Click()
    uFila = determinaUltimaFila()
    lblNumero.Caption = Format(uFila - 8, "0000")
    Call limpiaControles
End Sub

Private Sub btnRegistrar_Click()
    Dim numero$, dni$, apellido$, nombres$, clave$
    Dim respuesta As Integer

    respuesta = MsgBox("¿Está seguro de enviar a Excel?", _
                    vbYesNo, "Seleccione")
```

```vba
    If respuesta = 6 Then
        numero = lblNumero.Caption
        dni = txtDni.Text
        apellidos = txtApellidos.Text
        nombres = txtNombres.Text
        clave = txtClave.Text

        Cells(uFila, 3).Value = numero
        Cells(uFila, 4).Value = UCase(apellidos) & _
                                Space(1) & UCase(nombres)
        Cells(uFila, 5).Value = dni
        Cells(uFila, 6).Value = clave
        Call borde
        Call btnNuevo_Click
    Else
        Call limpiaControles
    End If
End Sub


Private Sub btnSalir_Click()
    Unload Me
End Sub


Private Sub UserForm_Activate()
    uFila = determinaUltimaFila()
    lblNumero.Caption = Format(uFila - 8, "0000")
End Sub


Function determinaUltimaFila() As Integer
    uFila = Sheets(1).Cells(Rows.Count, 3).End(xlUp).Offset(1, 0).Row
    determinaUltimaFila = uFila
End Function


Sub limpiaControles()
    txtApellidos.Text = ""
    txtNombres.Text = ""
    txtDni.Text = ""
    txtClave.Text = ""
    txtApellidos.SetFocus
End Sub


Sub borde()
```

```
      Range(Cells(uFila, 3), Cells(uFila, 6)).Select
      With Selection.Borders(xlEdgeLeft)
          .LineStyle = xlContinuous
          .ThemeColor = 1
          .TintAndShade = -0.249946592608417
      End With
      With Selection.Borders(xlEdgeTop)
          .LineStyle = xlContinuous
          .ThemeColor = 1
          .TintAndShade = -0.249946592608417
      End With
      With Selection.Borders(xlEdgeBottom)
          .LineStyle = xlContinuous
          .ThemeColor = 1
          .TintAndShade = -0.249946592608417
      End With
      With Selection.Borders(xlEdgeRight)
          .LineStyle = xlContinuous
          .ThemeColor = 1
          .TintAndShade = -0.249946592608417
      End With
      With Selection.Borders(xlInsideVertical)
          .LineStyle = xlContinuous
          .ThemeColor = 1
          .TintAndShade = -0.249946592608417
      End With
      Cells(uFila, 3).Select
  End Sub
```

A continuación, se explicarán algunas sentencias del código:

```
Dim uFila%
```

Se declara de forma global a la variable **uFila** con la intención de que todos los procedimientos o funciones tengan acceso al número de fila donde se puede agregar un nuevo registro en Excel.

```
uFila = determinaUltimaFila()
```

Guarda el valor numérico de la última fila donde se puede agregar un registro desde Excel. Esto lo realiza la función **determinaUltimaFila**.

```
lblNumero.Caption = Format(uFila - 8, "0000")
```

Se envía a la etiqueta **lblNumero** del formulario de registro el valor obtenido desde Excel en la variable **Fila**. Asimismo, se le resta 8 con la intención de obtener el valor numérico inicial. La función **Format** imprime el número obtenido con ceros a la izquierda, exactamente 3 ceros a la izquierda, los cuales se irán acortando dependiendo de los números obtenidos. Por ejemplo, un 15 sería 0015.

```
Dim numero$, dni$, apellido$, nombres$, clave$
```

Tenga en cuenta que la declaración con el símbolo $ indica que se está declarando como cadena de caracteres (String) y que es análogo a Dim numero As String.

```
Dim respuesta As Integer
respuesta = MsgBox("¿Está seguro de enviar a Excel?", _
                              vbYesNo, "Seleccione")
```

La variable respuesta tiene la misión de obtener la respuesta que da el usuario ante la pregunta "¿Está seguro de enviar a Excel?", pues el botón Sí tiene asignado el número 6; mientras que el botón No el número 7.

```
If respuesta = 6 Then
```

Las acciones subsiguientes se ejecutarán solo si la respuesta tiene el valor 6, el cual representa al botón Sí del mensaje enviado al usuario al presionar el botón REGISTRAR.

```
Cells(uFila, 4).Value = UCase(apellidos) & Space(1) & UCase(nombres)
```

En la columna D (4, en valor numérico) y en la fila que se encuentra vacía se envían los apellidos y nombres registrados de forma concatenada. Esto se realiza usando el símbolo &, mientras que Ucase convierte a mayúsculas los apellidos y nombres. Space es una función para dejar espacios especificados dentro de su paréntesis.

```
Unload Me
```

Sentencia que permite salir del formulario sin realizar preguntas.

4. Agregue un botón desde la opción Insertar de la ficha Programador.

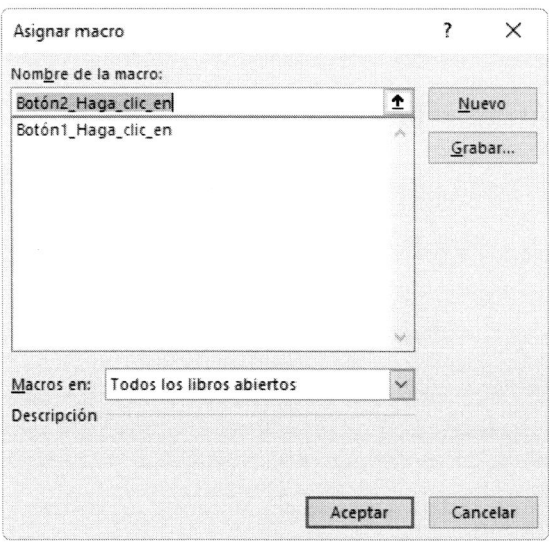

5. Seleccione el botón Nuevo y coloque el siguiente código:

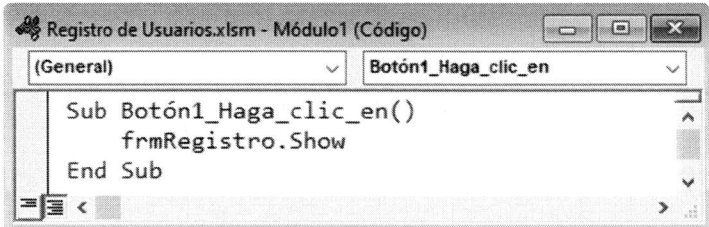

6. Luego, cambie el título de botón por Formulario de Registro.

7. El formulario debe mostrarse de la siguiente manera:

8. La hoja de Excel debe mostrarse de la siguiente manera:

9. Pruebe la aplicación presionando sobre el botón **Formulario de Registro** de Excel.

10. Finalmente, guarde el proyecto como tipo de **Libro de Excel habilitado para Macros**.

1.8.2 Caso desarrollado 2: control del registro de pago a empleados

Una empresa paga a sus empleados un sueldo básico mensual de S/700. El salario bruto es igual al salario básico más una comisión, que es igual al 9 % de la cuantía del total vendido. Por ley, todo vendedor se somete a un descuento del 11 % sobre el importe bruto. Diseñe un programa VBA que calcule la comisión, el importe bruto, la cuantía de descuento y el importe neto de un vendedor de la empresa. En este caso, usted es el encargado de solucionar dicha petición, por tanto, debe considerar los siguientes aspectos:

a. Implemente en Excel el siguiente entorno (Figura 23). Recuerde que la información de los empleados se introducirá desde el formulario, por lo que usted no debe rellenarlo desde Excel. Asimismo, los botones de acceso al formulario se crearán luego de colocar todo el código VBA.

Figura 23. Registro de pagos en Excel

b. Diseñe el siguiente UserForm.

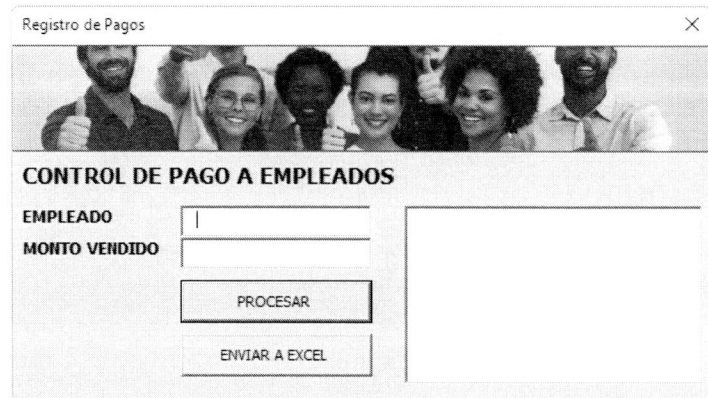

c. En el formulario de registro de pagos solo se deben intrdocuir los nombres del empleado y la cuantía vendida. Con el botón PROCESAR se debe enviar la información a la lista, donde se mostrará el nombre del empleado, la cuantía, la comisión, el importe bruto, el importe de descuento y el importe neto.

d. El botón ENVIAR A EXCEL permitirá enviar la información a la hoja de Excel de forma correlativa.

e. Debe generar un número de registro de pago por cada empleado registrado.

f. Los apellidos y nombres deben llegar a Excel en mayúsculas.

g. Use funciones y procedimientos necesarios para la solución.

Pasos:

1. Diseñe el modelo de la aplicación, tanto en la hoja de Excel como en el UserForm.

2. Asigne las siguientes propiedades a estos controles:

CommandButton1	**(Name)**	btnProcesar
	Caption	PROCESAR
	Default	True
CommandButton2	**(Name)**	btnEnviar
	Caption	ENVIAR A EXCEL
TextBox1	**(Name)**	txtEmpleado
TextBox2	**(Name)**	txtMonto
ListBox	**(Name)**	lstResumen

3. Haga doble clic sobre el botón PROCESAR y coloque el siguiente código:

```
Const basico = 700
Dim empleado$, monto@, comision@, bruto@, descuento@, neto@

Function determinaUltimaFila() As Integer
    Dim uFila%
    uFila = Sheets(1).Cells(Rows.Count, 3).End(xlUp).Offset(1, 0).Row
    determinaUltimaFila = uFila
End Function
```

```vba
Sub limpiarControles()
    txtEmpleado.Text = ""
    txtMonto.Text = ""
    lstResumen.Clear
    txtEmpleado.SetFocus
End Sub

Private Sub btnEnviar_Click()
    Dim uFila%
    uFila = determinaUltimaFila

    Sheets(1).Cells(uFila, 3).Value = uFila - 9
    Sheets(1).Cells(uFila, 4).Value = Date
    Sheets(1).Cells(uFila, 5).Value = UCase(empleado)
    Sheets(1).Cells(uFila, 6).Value = monto
    Sheets(1).Cells(uFila, 7).Value = comision
    Sheets(1).Cells(uFila, 8).Value = bruto
    Sheets(1).Cells(uFila, 9).Value = descuento
    Sheets(1).Cells(uFila, 10).Value = neto
    Call limpiarControles
End Sub

Private Sub btnProcesar_Click()
    empleado = txtEmpleado.Text
    monto = CCur(txtMonto.Text)

    comision = monto * 0.09
    bruto = basico + comision
    descuento = bruto * 0.11
    neto = bruto - descuento

    lstResumen.AddItem "** RESUMEN DE PAGO **"
    lstResumen.AddItem "EMPLEADO: " & empleado
    lstResumen.AddItem "COMISION: S/ " & Format(comision, "0.00")
    lstResumen.AddItem "-----------------------------------------------"
    lstResumen.AddItem "MONTO BRUTO: S/ " & Format(bruto, "0.00")
    lstResumen.AddItem "MONTO DESCUENTO: S/ " & Format(descuento, "0.00")
    lstResumen.AddItem "MONTO NETO: S/ " & Format(neto, "0.00")
End Sub
```

A continuación, se explicarán algunas sentencias del código:

```
Const basico = 700
```

Se declara a la variable **básico** como constante para que no sea modificaao por ningún proceso de la aplicación. Esto se debe a una condición que tiene el caso propuesto, pues indica que el sueldo básico es 700.

```
Dim empleado$, monto@, comision@, bruto@, descuento@, neto@
```

No se olvide que este tipo de declaraciones se realiza de forma global para que todos los procedimientos o funciones tengan acceso. Asimismo, el símbolo @ representa el valor decimal de la variable, puesto que se está ante respuestas de tipo moneda.

```
uFila = Sheets(1).Cells(Rows.Count, 3).End(xlUp).Offset(1, 0).Row
```

La variable **uFila** guarda la ubicación numérica de la última fila para poder seguir un orden correlativo en el momento de registrar a otro empleado. Además, se hace referencia a la columna **3** porque allí se inicia la impresión del número de empleado registrado.

```
lstResumen.Clear
```

Esta sentencia permite limpiar el cuadro de lista para una nueva impresión de resultados.

```
txtEmpleado.SetFocus
```

Esta sentencia permite ubicar el cursor en la caja de texto especificada.

4. Agregue un botón desde la opción **Insertar** de la ficha **Programador**.

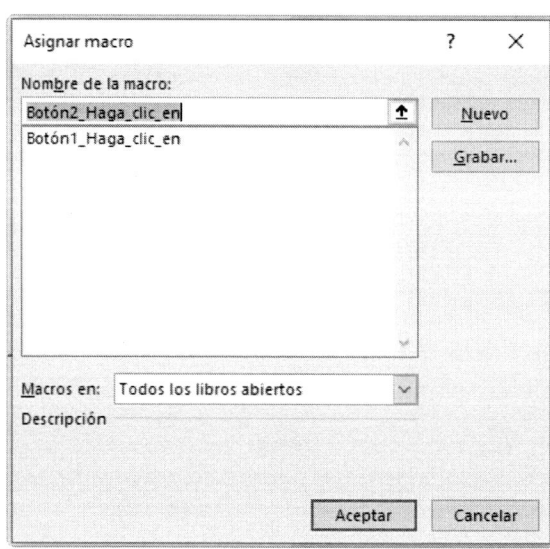

5. Seleccione el botón **Nuevo** y coloque el siguiente código:

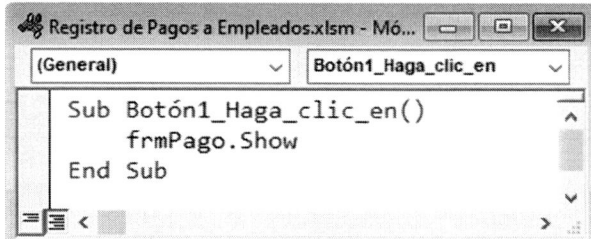

6. Luego, cambie el título de botón por Formulario de Registro.

7. El formulario debe mostrarse de la siguiente manera:

8. La hoja de Excel debe mostrarse de la siguiente manera:

9. Pruebe la aplicación presionando sobre el botón Formulario de Registro de Excel.

10. Finalmente, guarde el proyecto como tipo de Libro de Excel habilitado para Macros.

Capítulo 2

Estructuras condicionales

2.1 Introducción

En todo proyecto informático siempre se incluyen las sentencias condicionales, puesto que son indispensables en todo desarrollo. Esto se da por la necesidad de controlar la información validando el valor o realizando acciones de acuerdo con una condición particular. En Excel también se llegó a la misma necesidad, ya que la información que se colocará en las celdas de la hoja no siempre serán la correcta, o que la fórmula emita un resultado de acuerdo con un valor. A todo esto, se presentan siempre condiciones que deben ser controladas por el programador del proyecto en VBA.

Por otro lado, técnicamente las sentencias condicionales siempre pertenecerán a la lógica del programa que se desarrolle. Además, su trabajo es comparativo, por lo tanto, siempre habrá una condición y se deben determinar las múltiples salidas que esta pueda tener. Los condicionales son conocidos como estructuras que permiten elegir entre la ejecución de una acción u otra, lo cual dependerá mucho de las necesidades de la aplicación.

Existen diferentes tipos de sentencias condicionales, todas con el mismo objetivo. En este sentido, se cuenta con SI...ENTONCES (if...then), SI...ENTONCES...SI NO (if...then...else) y SEGÚN SEA (case o switch). Asimismo, se debe tener en cuenta que estos tipos pueden asociarse generando anidamiento, que resulta importante para el mejor desarrollo de la aplicación. Las sentencias condicionales son consideradas como uno de los pilares de la programación estructurada, por tal motivo, resulta muy importante dominar su uso dentro de cualquier lenguaje de programación.

En la vida se han pasado por diversas situaciones en la cual se ha aplicado algún tipo de sentencias condicionales. Por ejemplo, suponga que usted lleva su coche a una empresa de revisión y mantenimiento de vehículos. Inicialmente, toma la decisión de ir a estos lugares analizando la situación actual del automóvil. Al llegar al establecimiento, un técnico le indica todos los defectos actuales o futuros. Entonces, en ese momento toma miles de decisiones debido a que la mayoría de estas se encuentran asociadas al dinero, tiempo y demás. Por lo tanto, desde el pensamiento de llevar el coche a un establecimiento usted ya aplicó las sentencias condicionales, y es ahí donde irán las aplicaciones en el proyecto VBA.

2.2 Implementación de una condición

Las sentencias condicionales se caracterizan por condicionar las acciones de programación, por tanto, resulta importante implementar correctamente la condición, ya que, de otra manera, se estaría frente a errores lógicos y generaría desconfianza en los resultados que estas aplicaciones emitan.

A. Aspectos necesarios para implementar una condición

a. Una condición es un juego de variable-valor que siempre emite un valor true o false.

b. Por cada juego variable-valor se deben usar operadores relacionales como >, >=, <, <=, <>.

c. En una estructura condicional If se pueden especificar varios juegos de variable-valor usando los operadores lógicos como AND y OR.

d. Una sola condición emite un resultado True y False. Cuando se tienen más de dos condiciones en una misma sentencia If, el resultado True y False se basará en las tablas de la verdad del And u Or:

Para la Y lógica:

P	Q	P AND Q
True	True	True
True	False	False
False	True	False
False	False	False

Para la O lógica:

P	Q	P OR Q
True	True	True
True	False	True
False	True	True
False	False	True

B. Implementación de condiciones simples y compuestas

a. Condicionar la edad de una persona mayor de edad, la cual es considerada así cuando es mayor que 18 años:

```
Edad > 17
Edad >= 18
```

b. Condicionar la categoría de un empleado sabiendo que se busca solo a aquellos empleados de categoría B:

```
Categoría = "B"
```

c. Condicionar la nota de un alumno, el cual se puede encontrar entre 0 y 20:

```
Nota >= 0 And Nota <= 20
Nota >-1 And Nota < 21
```

d. Condicionar el sueldo de un empleado, el cual puede encontrarse entre 1500 y 3000:

```
Sueldo >= 1500 And Sueldo <= 3000
```

e. Condicionar la categoría de un empleado sabiendo que se busca solo a aquellos de las categorías A o C:

```
Categoría = "A" Or Categoría = "C"
```

2.3 Estructura If simple

Se le llama así cuando la estructura condicional If ejecuta a solo un bloque de instrucciones, siempre y cuando cumpla con la condición implementada; en caso contrario, no realiza ninguna acción y continúa con la siguiente sentencia siguiendo la secuencialidad del código.

A. Formatos de la estructura If simple

a. Primera forma

```
If condicion Then Accion
```

b. Segunda forma

```
If condicion Then
   Accion o acciones
End If
```

Donde:

- **If:** indica el inicio de la estructura condicional.
- **Condición:** es la expresión que se evaluará y, de acuerdo con el valor resultante, se realizará una u otra acción.
- **Then:** indica la acción True que toma la estructura según la condición.
- **Acción o Acciones:** son las sentencias o expresiones que se realizarán solo si la condición es verdadera.
- **End If:** indica el final de la estructura condicional.

B. Forma gráfica de la condición If simple

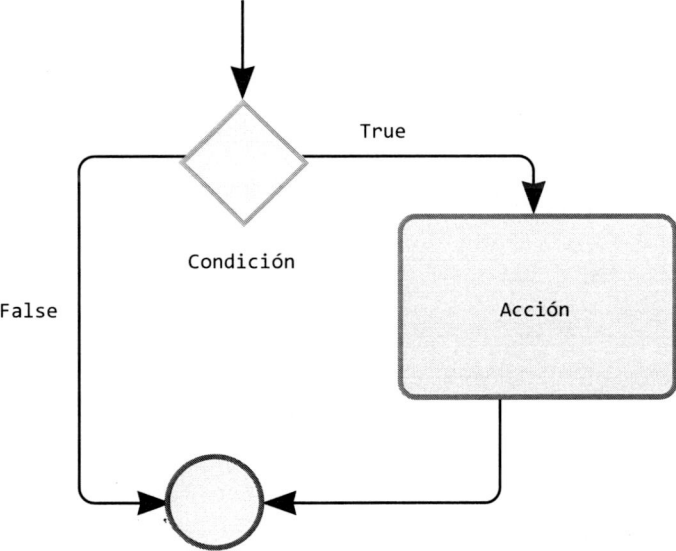

Figura 24. Condicional If simple

Fuente: Elaboración propia

C. Implementación de la sentencia If simple con código VBA

a. Determinar si la cuantía de las ventas introducida en un cuadro de texto (TextBox) supera los 1000 soles.

- **Primera forma:** en una sola línea:

```
Dim monto As Currency
Dim mensaje As String
monto = CDbl(txtMonto.Text)
if (monto > 1000) Then mensaje = "Monto supera a 1000"
```

- **Segunda forma:** con cierre de sentencia:

```
Dim monto As Currency
Dim mensaje As String
monto = CDbl(txtMonto.Text)
if (monto > 1000) Then
 mensaje = "Monto supera a 1000"
End If
```

b. Determinar si la categoría de un empleado es Operario o Técnico, seleccionada desde un cuadro combinado (Combobox).

```
Dim categoria As String
Dim mensaje As String
categoria = cboCategoria.Text
if (categoría =  "Operario" OR categoria ="Técnico") Then
 mensaje = "La categoría es Operario o Técnico"
End If
```

c. Determinar si la fecha de acceso de un empleado introducido en un cuadro de texto (TextBox) se encuentra entre los años 2023 y 2025.

```
Dim fecha As Date
Dim mensaje As String
fecha= CDate(txtFecha.Text)
if (fecha>="01/01/2023" AND fecha<="31/12/2025") Then
mensaje = "La fecha se encuentra en el rango del 2023 y 2025"
End If
```

2.4 Estructura If doble

La estructura If doble evalúa una condición lógica. En caso de que resulte True, efectúa un bloque de sentencias especificadas por el programador; en caso contrario, ejecuta otro bloque de acciones, también llamadas sentencias por defecto.

A. Formatos de la estructura If doble

a. Primera forma

```
If condicion Then Accion_True Else Accion_False
```

b. **Segunda forma**

```
If condicion Then
        Accion_True
        Else
        Accion_False
End If
```

Donde:

- **If:** indica el inicio de la estructura condicional.
- **Condición:** es la expresión que se evaluará en la estructura.
- **Then:** indica la acción True que toma la estructura según la condición.
- **Else:** indica la acción False que toma la estructura según la condición.
- **Acción_True:** son las sentencias o expresiones que se realizará solo si la condición es verdadera.
- **Acción_False:** son las sentencias o expresiones que se realizará solo si la condición es falsa.
- **End If:** indica el final de la estructura condicional.

B. **Forma gráfica de la condición If doble**

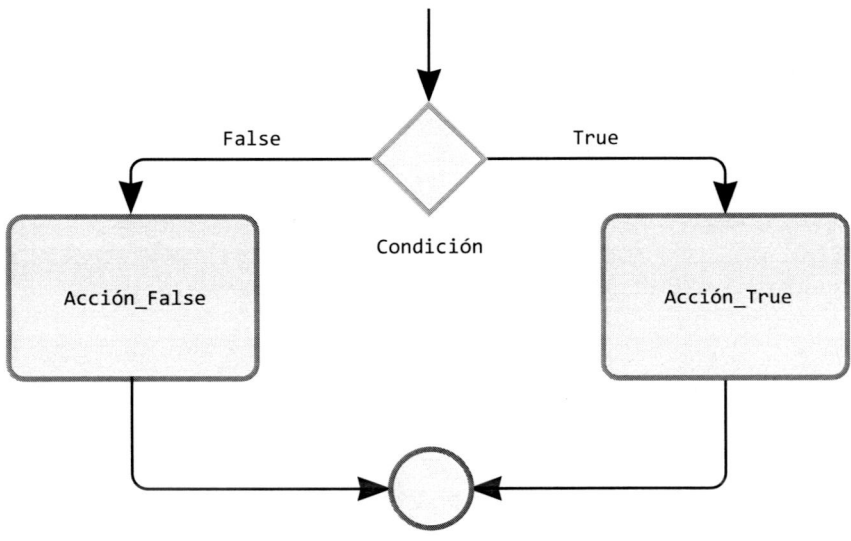

Figura 25. Condicional If doble

Fuente: Elaboración propia

C. **Implementación de la sentencia If doble con código VBA**

a. Determinar si la cuantía de las ventas introducida en un cuadro de texto (TextBox) supera o no los 1000 soles.

```
Dim monto As Currency
Dim mensaje As String
monto = CDbl(txtMonto.text)
if (monto > 1000) Then
 mensaje = "Monto supera a 1000"
Else
 mensaje = "Monto NO supera a 1000"
End If
```

b. Determinar si la categoría de un empleado es Operario o Técnico, pero no otras categorías, seleccionada desde un cuadro combinado (Combobox).

```
Dim categoria As String
Dim mensaje As String
categoria = cboCategoria.Text
if (categoria =  "Operario" OR categoria ="Técnico") Then
 mensaje = "La categoría es Operario o Técnico"
 Else
 mensaje = "La categoría NO es Operario o Técnico"
End If
```

c. Determinar si la fecha de acceso de un empleado introducido desde un cuadro de texto (TextBox) se encuentra entre los años 2023 y 2025, pero no en otros años.

```
Dim fecha As Date
Dim mensaje As String
fecha= CDate(txtFecha.Text)
if (fecha>="01/01/2023" AND fecha<="31/12/2025") Then
 mensaje = "La fecha se encuentra en el rango del 2023 y 2025"
 Else
 mensaje = "La fecha NO se encuentra en el rango del 2023 y 2025"
End If
```

2.5 Estructura If doblemente encadenada

La estructura If doblemente encadenada evalúa una condición lógica. En caso de que resulte True, efectúa un bloque de sentencias especificadas; en caso contrario, sigue evaluando, puesto que es similar a colocar un If dentro de otro.

A. Formato de la estructura If doblemente encadenada

```
If condicion Then
        Accion1
        ElseIf condicion Then
        Accion2
        ElseIf condicion Then
        Accion3
        Else
        Accion_False
    End If
```

Donde:

- **If:** indica el inicio de la estructura condicional.
- **Condición:** es la expresión que se evaluará en la estructura.
- **Then:** indica la acción True que toma la estructura según la condición.
- **ElseIf:** es la especificación de una nueva evaluación de la condición. Esto se da por el resultado False de la primera evaluación.

- **Else:** es tomada como el valor por defecto de todo el bloque de comparaciones del If doblemente encadenado.

- **Acción1:** son las sentencias o expresiones que se realizará solo si la condición inicial es verdadera.

- **Acción2:** son las sentencias o expresiones que se realizarán solo si la condición especificada en ElseIf sea True.

- **End If:** indica el final de la estructura condicional doblemente encadenada.

B. Forma gráfica de la condición If doblemente encadenada

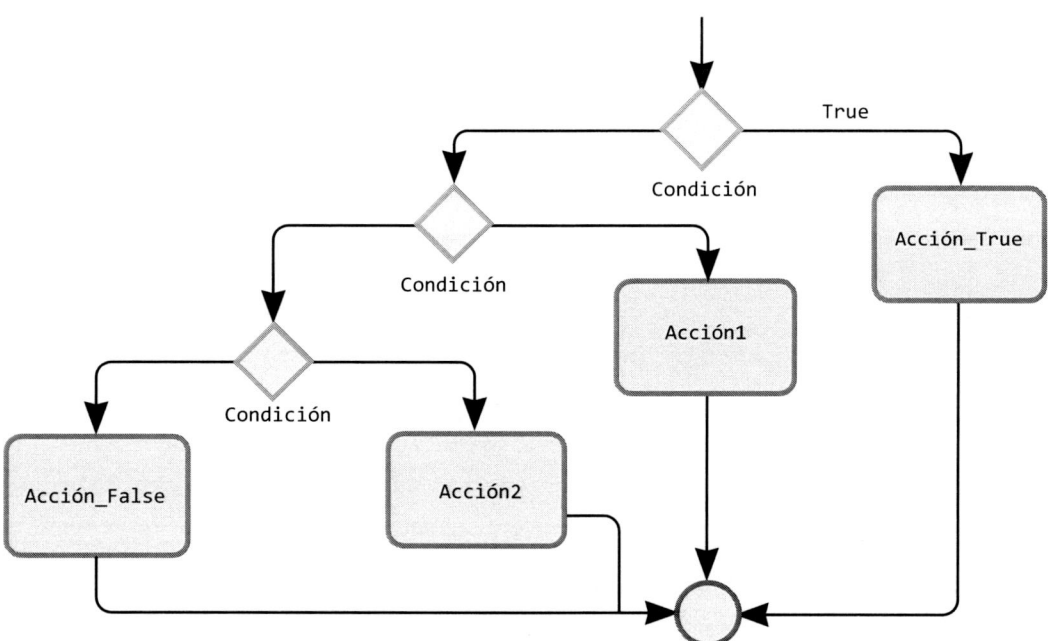

Figura 26. Condicional If doblemente enlazada

Fuente: Elaboración propia

C. Implementación de la sentencia If doblemente enlazada con código VBA

a. Determinar si la cuantía de las ventas introducida desde un cuadro de texto (TextBox) es inferior a 1000 soles si se encuentra entre 1000 y 2000, y si supera a 2000.

```
Dim monto As Currency
Dim mensaje As String
monto = CDbl(txtMonto.Text)
if (monto > 1000) Then
 mensaje = "Monto inferior a 1000"
ElseIf  (monto >= 1000 AND monto <= 2000) Then
 mensaje = "Monto entre 1000 y 2000"
Else
 mensaje = "Monto supera a 2000"
End If
```

b. Determinar si la categoría de un empleado es Operario, Técnico o Jefe, pero no otras categorías, seleccionada desde un cuadro combinado (Combobox).

```
Dim categoria As String
Dim mensaje As String
categoria = cboCategoria.Text
if (categoría =  "Operario") Then
 mensaje = "La categoría es Operario"
ElseIf (categoria =  "Técnico") Then
 mensaje = "La categoría es Técnico"
ElseIf (categoria =  "Jefe") Then
 mensaje = "La categoría es Jefe"
Else
 mensaje = "La categoría NO se encuentra registrada"
End If
```

c. Determinar si la fecha de acceso de un empleado introducida desde un cuadro de texto (TexBox) se encuentra entre los años 2023, 2024 y 2025, pero no en otros años.

```
Dim fecha As Date
Dim mensaje As String
fecha= CDate(txtFecha.Text)
if (fecha>="01/01/2023" AND fecha<="31/12/2023") Then
 mensaje = "La fecha se encuentra en el año 2023"
Else If (fecha>="01/01/2024" AND fecha<="31/12/2024") Then
 mensaje = "La fecha se encuentra en el año 2024"
Else If (fecha>="01/01/2025" AND fecha<="31/12/2025") Then
 mensaje = "La fecha se encuentra en el año 2025"
Else
 mensaje="La fecha NO se encuentra entre los años 2023, 2024 y 2025"
End If
```

2.6 Estructura de selección múltiple Select-Case

La estructura de decisión múltiple evalúa los posibles valores que puede tener una variable. A partir de este punto se tomarán distintas acciones.

En los siguientes casos se podría usar la estructura de selección múltiple:

a. Cuando se comprueba el tipo de categoría que puede tener un empleado. Por ejemplo, A, B, C, D o E.
b. Cuando se evalúa un rango de valores de un dato numérico. Por ejemplo, la nota de un alumno podría ser especificada en rangos de 0 a 10, 11 a 15 y 16 a 20; de la misma forma, se podría tratar un rango de fechas.

A continuación, se mostrarán los pasos que se debe seguir en una sentencia de selección múltiple para ejecutar una acción:

1. Evalúe el valor contenido en la variable.
2. Busque dicho valor en las alternativas especificadas, si lo encuentra, ejecute las sentencias.
3. En caso de que no encuentre una alternativa especificada, tome los valores por defecto de la sentencia siempre y cuando lo especifique. Esta alternativa es opcional.

A. Formato de la estructura de selección múltiple Select-Case

```
Select Case Variable
            Case Valor1: Accion1
            Case Valor2: Accion2
            Case ValorN: AccionN
            Else
                    AccionFalsa
End Select
```

Donde:

- **Select Case:** indica el inicio de la estructura condicional múltiple.
- **Variable:** es el valor que se evalúa, según esto, se tomará una acción especificada.
- **Case:** es el formato para especificar los valores posibles de la variable.
- **Valor1:** es el valor posible que puede tomar una variable.
- **Acción1:** es la acción que se realizará solo si la variable es igual al valor.
- **Else:** es la acción que se realizará si una vez evaluado no se encuentra el valor buscado.
- **End Select:** indica el final de la estructura condicional múltiple.

B. Forma gráfica de la condición múltiple

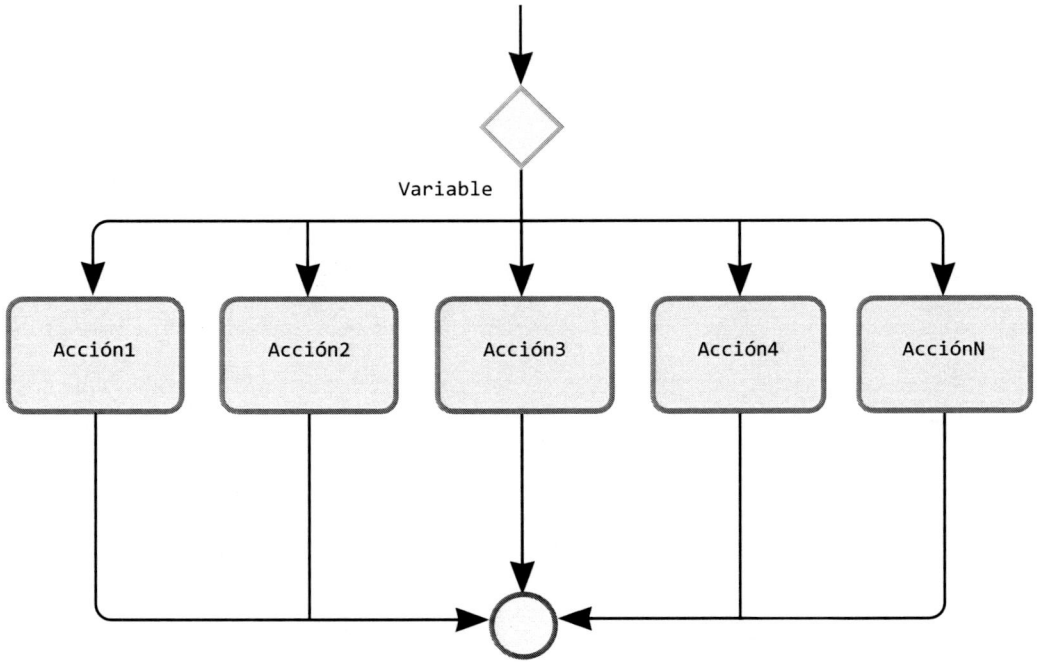

Figura 27. Condicional de selección múltiple

Fuente: Elaboración propia

C. Operadores válidos en los cases

Operador	Ejemplo
Case Valor	Case 1
Case Valor1, Valor2	Case 1, 2
Case ValorInicio To ValorFinal	Case 1 To 5
Case Is>Valor	Case Is > 100 Case Is < 100

D. Implementación de la sentencia Select Case con código VBA

a. Determinar si el importe de las ventas introducido desde un cuadro de texto (TextBox) es inferior a 1000 soles, si se encuentra entre 1000 y 2000, y si supera a 2000.

```
Dim monto As Currency
Dim mensaje As String
monto = CDbl(txtMonto.Text)
Select Case monto
 Case Is<1000: mensaje = "Monto inferior a 1000"
 Case Is<=2000: mensaje = "Monto entre 1000 y 2000"
 Else
  mensaje = "Monto supera a 2000"
End Select
```

b. Determinar si la categoría de un empleado es Operario, Técnico o Jefe, pero no otras categorías, seleccionada desde un cuadro combinado (Combobox).

```
Dim categoria As String
Dim mensaje As String
categoria = cboCategoria.Text
Select Case categoria
 Case "Operario": mensaje = "La categoría es Operario"
 Case "Técnico": mensaje = "La categoría es Técnico"
 Case "Jefe": mensaje = "La categoría es Jefe"
 Else
  mensaje = "La categoría NO se encuentra registrada"
End Select
```

c. Determinar si la fecha de acceso de un empleado se encuentra entre los años 2023, 2024 y 2025, pero no en otros añosm introducida en un cuadro de texto (TextBox).

```
Dim fecha As Date
Dim mensaje As String
fecha= CDate(txtFecha.Text)
Select Case fecha
 Case "01/01/2023" To "31/12/2023":
  mensaje = "La fecha se encuentra en el año 2023"
 Case "01/01/2024" To "31/12/2024":
  mensaje = "La fecha se encuentra en el año 2024"
```

```
Case "01/01/2025" To "31/12/2025":
  mensaje = "La fecha se encuentra en el año 2025"
 Else
  mensaje="La fecha NO se encuentra entre los años 2023, 2024 y 2025"
End Select
```

2.7 Casos desarrollados

2.7.1 Caso desarrollado 1: registro de personal

Una empresa desea controlar los datos del nuevo personal, para esto requiere una aplicación que permita registrar los datos del personal, por lo que se pide que autogenere el código con base en el orden de registro (PER-00001). Además, la selección del tipo de sexo y estado civil se debe realizar mediante controles de tipo ComboBox. En este caso, usted es el encargado de implementar una aplicación en VBA considerando los siguientes aspectos:

a. Implemente en Excel el siguiente entorno (Figura 28). Recuerde que la información del personal se introducirá desde el formulario, por lo que usted no debe rellenarlo desde Excel. Asimismo, el botón **FORMULARIO DE REGISTRO** se crea después de colocar todo el código VBA.

Figura 28. Registro de personal en Excel

b. Diseñe el siguiente UserForm.

c. En el formulario de registro solo se deben introducir los nombres, el apellido paterno, el apellido materno, el sexo, el estado civil y la fecha de nacimiento. Con el botón PROCESAR Y ENVIAR se debe enviar la información a la hoja de Excel, previa aceptación del usuario mediante un mensaje.

d. En todo momento se deben controlar los errores con la sentencia On Error Goto y mostrando el mensaje:

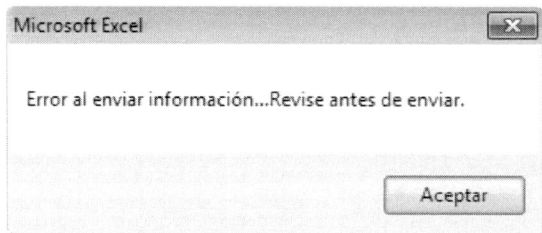

e. Al seleccionar el botón PROCESAR Y ENVIAR se le debe preguntar al usuario si está seguro del envío, tal como se muestra en la siguiente ventana:

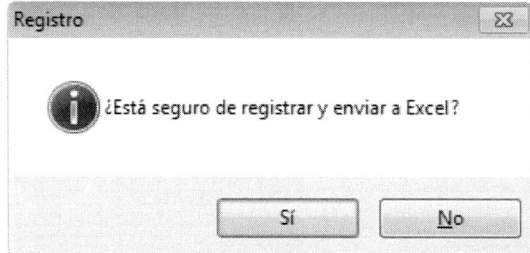

f. El botón ANULAR permitirá limpiar los controles para un nuevo registro de personal.

g. Debe generar un número de registro del empleado con el formato PER-00001 cada vez que el botón PROCESAR Y ENVIAR envía correctamente la información del nuevo personal.

h. Los apellidos y nombres deben llegar a Excel en mayúsculas.

i. Se deben usar las funciones y procedimientos necesarios para la solución.

Pasos:

1. Diseñe el modelo de la aplicación tanto en la hoja de Excel como en el UserForm.

2. Asigne las siguientes propiedades a estos controles:

UserForm1	(Name)	frmRegistro
	Caption	If simple
Label1	Caption	REGISTRO DE PERSONAL
Label2	Caption	CÓDIGO AUTOGENERADO
Label3	(Name)	lblCodigo
	Caption	Dejar vacío
Label3	Caption	NOMBRES
Label4	Caption	PATERNO
Label5	Caption	MATERNO
Label6	Caption	SEXO
Label7	Caption	ESTADO CIVIL
Label8	Caption	FECHA NAC.
Combobox1	(Name)	cboSexo

Combobox2	(Name)	cboEstadoCivil
CommandButton1	(Name)	btnProcesar
	Caption	PROCESAR y ENVIAR
	Default	True
CommandButton2	(Name)	btnAnular
	Caption	ANULAR
CommandButton3	(Name)	btnSalir
	Caption	SALIR
	Cancel	True
TextBox1	(Name)	txtNombres
TextBox2	(Name)	txtPaterno
TextBox3	(Name)	txtMaterno
TextBox4	(Name)	txtFechaNac

3. Haga doble clic sobre el botón **PROCESAR Y ENVIAR** y coloque el siguiente código:

```
Dim uFila%

Private Sub btnAnular_Click()
    Call limpiarControles
End Sub

Private Sub btnProcesar_Click()
    On Error GoTo Imprevisto
    Dim codigo$, paterno$, materno$, nombres$, sexo$, estadoCivil$
    Dim fechaNac As Date
    codigo = lblCodigo.Caption
    paterno = txtPaterno.Text
    materno = txtMaterno.Text
    nombres = txtNombres.Text

    If cboSexo = "(M)asculino" Then sexo = "Masculino"
    If cboSexo = "(F)emenino" Then sexo = "Femenino"

    If cboEstadoCivil = "(S)oltero" Then estadoCivil = "Soltero"
    If cboEstadoCivil = "(C)asado" Then estadoCivil = "Casado"
    If cboEstadoCivil = "(V)iudo" Then estadoCivil = "Viudo"
    If cboEstadoCivil = "(D)ivorciado" Then estadoCivil = "Divorciado"

    fechaNac = CDate(txtFechaNac.Text)

    Dim op%
    op = MsgBox("¿Está seguro de registrar y enviar a Excel? ", _
            vbYesNo + vbInformation, "Registro")
```

```
    If op = 6 Then
        Cells(uFila, 2).Value = codigo
        Cells(uFila, 3).Value = UCase(nombres) & Space(1) & _
                                UCase(paterno) & Space(1) & UCase(materno)
        Cells(uFila, 4).Value = sexo
        Cells(uFila, 5).Value = fechaNac
        Cells(uFila, 6).Value = estadoCivil
    End If
    Call generaCodigo
    Call limpiarControles
    Exit Sub
Imprevisto:
    MsgBox "Error al enviar información...Revise antes de enviar"
End Sub

Private Sub btnSalir_Click()
    Dim r%
    r = MsgBox("¿Está seguro de salir?", vbYesNo + vbCritical, "Salir")
    If r = 6 Then Unload Me
End Sub

Private Sub UserForm_Activate()
    uFila = determinaUltimaFila
    Call generaCodigo
    Call llenaSexo
    Call llenaEstadoCivil
End Sub

Function determinaUltimaFila() As Integer
    uFila = Sheets(1).Cells(Rows.Count, 2).End(xlUp).Offset(1, 0).Row
    determinaUltimaFila = uFila
End Function

Sub llenaSexo()
    cboSexo.AddItem "(M)asculino"
    cboSexo.AddItem "(F)emenino"
End Sub

Sub llenaEstadoCivil()
    cboEstadoCivil.AddItem "(S)oltero"
    cboEstadoCivil.AddItem "(C)asado"
    cboEstadoCivil.AddItem "(V)iudo"
    cboEstadoCivil.AddItem "(D)ivorciado"
End Sub
```

```
Sub generaCodigo()
    Dim uFila As Integer
    uFila = determinaUltimaFila
    If uFila = 13 Then
        lblCodigo.Caption = "PER-00001"
        Else
        uCodigo = Right(Cells(uFila - 1, 2).Value, 5) + 1
        lblCodigo.Caption = "PER-" & Format(uCodigo, "00000")
    End If
End Sub


Sub limpiarControles()
    txtNombres.Text = ""
    txtPaterno.Text = ""
    txtMaterno.Text = ""
    cboSexo.ListIndex = 0
    cboEstadoCivil.ListIndex = 0
    txtFechaNac.Text = ""
    txtNombres.SetFocus
End Sub
```

A continuación, se explicarán algunas sentencias que resultan importantes para la aplicación:

`Dim uFila%`

Sentencia que declara a **uFila** como global para que todos los procedimientos o funciones tengan acceso a la información de la última fila encontrada en Excel.

`On Error GoTo Imprevisto`

Es el punto de inicio sobre los posibles errores que pueda cometer el usuario en el momento de introducir valores en el formulario. En caso de que ocurriera algún error, la aplicación lo derivará al mensaje asignado dentro del marco **Imprevisto**, que se encuentra al final del procedimiento.

`If cboSexo = "(M)asculino" Then sexo = "Masculino"`

Sentencia que compara la selección que realiza el usuario al escoger un tipo de sexo asignándolo a una variable el texto completo que viajará a Excel.

`If cboEstadoCivil = "(S)oltero" Then estadoCivil = "Soltero"`

Sentencia que compara la selección que realiza el usuario al escoger un estado civil asignándolo a una variable el texto completo que viajará a Excel.

```
Dim op%
op = MsgBox("¿Está seguro de registrar y enviar a Excel? ", _
            vbYesNo + vbInformation, "Registro")
```
Sentencia que permite obtener la respuesta del usuario al tratar de enviar la información hacia la hoja de Excel. Recuerde que siempre se emite una respuesta numérica, donde **6** es para el botón **SÍ** y **7** para el botón **NO**.

```
If op = 6 Then
```

Sentencia que ejecuta otras sentencias siempre y cuando el usuario haya elegido la opción SÍ.

```
Exit Sub
```

Es obligatorio colocar esta sentencia cuando se coloque el comando **On Error Goto**, ya que permitirá seguir con la aplicación de manera correcta. Solo si hubiera errores en la aplicación se ubicará en la sentencia Imprevisto.

```
Imprevisto: MsgBox "Error al enviar información...Revise antes de enviar"
```

Esta sentencia permite mostrar el mensaje de error, el cual se mostrará solo si hubiera algún error dentro de la aplicación. En caso de que la aplicación no tuviera errores, deberá enviar la información hacia Excel; esto se da gracias a la sentencia **Exit Sub**, la cual no debe olvidarse colocar al final del procedimiento.

```
Private Sub UserForm_Activate()
```

La sentencia permite ejecutar un conjunto de sentencias únicamente cuando el formulario se activa, es decir, lo invocan para su ejecución.

```
Sub generaCodigo()
    Dim uFila As Integer
    uFila = determinaUltimaFila
    If uFila = 13 Then
        lblCodigo.Caption = "PER-00001"
        Else
        uCodigo = Right(Cells(uFila - 1, 2).Value, 5) + 1
        lblCodigo.Caption = "PER-" & Format(uCodigo, "00000")
    End If
End Sub
```

Hay que tener en cuenta que, si no hay personal registrado en Excel, se asume que el código generado es **PER-00001**, por eso se compara a la última fila con la posición **13**, pues es ahí donde comienza el registro. Si ya había registros de personal, se debe obtener el último código para generar uno nuevo; este se obtiene de los 5 primeros caracteres de la derecha, el cual se ejecuta con la función **Right**, que aumenta en uno para el nuevo personal. Asimismo, **uCodigo** representa al último código generado para su impresión en Excel.

4. Agregue un botón desde la opción **Insertar** de la ficha **Programador**.

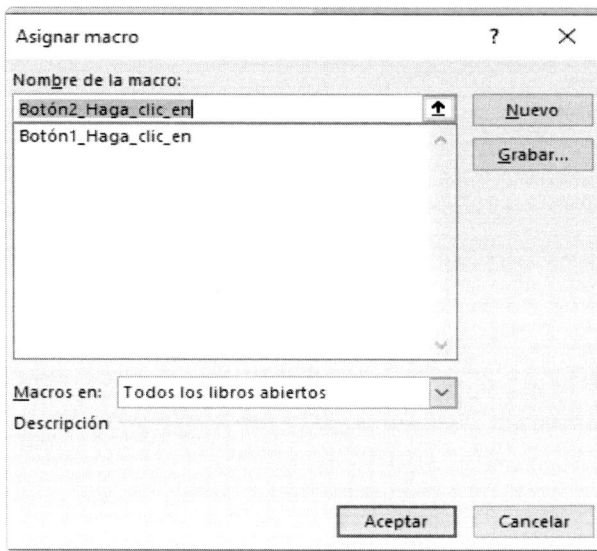

5. Seleccione el botón Nuevo y coloque el siguiente código:

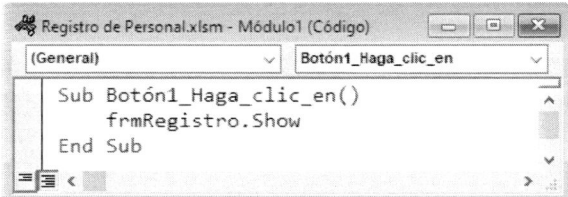

6. Luego, cambie el título del botón por FORMULARIO DE REGISTRO.

7. El formulario debe mostrarse de la siguiente manera:

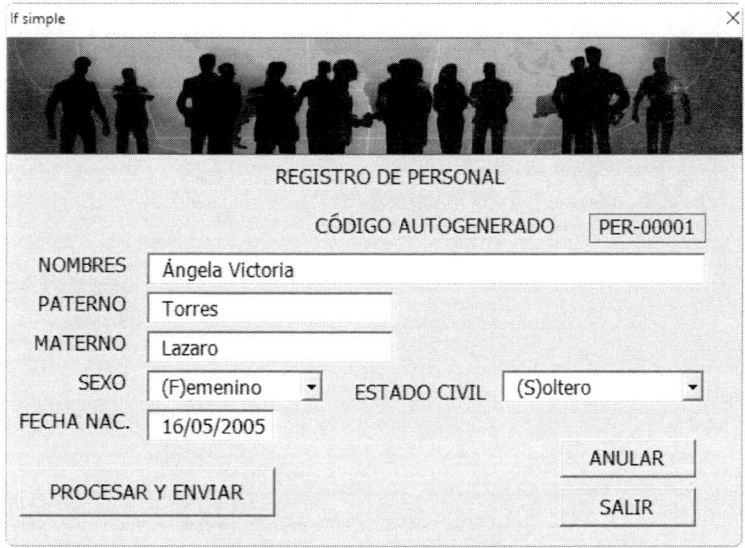

8. La hoja de Excel debe mostrarse de la siguiente manera:

9. Pruebe la aplicación presionando el botón FORMULARIO DE REGISTRO de Excel.

10. Finalmente, guarde el proyecto como tipo de **Libro de Excel habilitado para Macros**.

2.7.2 Caso desarrollado 2: registro de venta de productos con pagos aplazados

Una tienda comercial de venta de productos al por mayor desea implementar una aplicación que permita controlar las ventas. Por tanto, debe considerar los siguientes aspectos:

a. Implemente en Excel el siguiente entorno (Figura 29). Recuerde que la información del personal se introducirá desde el formulario, por lo que usted no debe rellenarlo desde Excel. Asimismo, el botón de **Formulario de Venta** se crea después de colocar todo el código VBA.

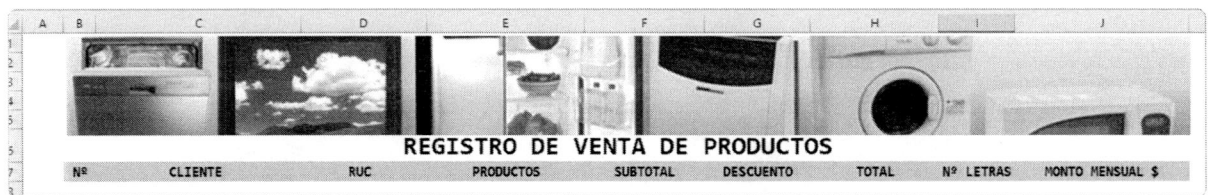

Figura 29. Registro de venta en Excel

b. Diseñe el siguiente UserForm.

c. En el formulario de registro de ventas debe introducir el nombre del cliente y su RUC. En la sección "Datos del Producto" se debe seleccionar el producto desde un cuadro combinado y colocar la cantidad mediante una caja de texto. Asimismo, con el botón **Carrito de compra** se debe enviar la información a las listas, de esta forma, se tiene la posibilidad de eliminar un producto o limpiar toda la lista mediante botones.

d. Esta venta cuenta con formas de pago con pagos aplazados y en efectivo; en caso de que sea con pagos aplazados, se aplica un porcentaje de interés según el número de letras seleccionado por el cliente, los cuales pueden ser de 6, 12 y 24, de la siguiente manera:

N.º Letras	Porcentaje de interés
6	5 %
12	10 %
24	15 %

e. El coste de los productos se muestra en la siguiente tabla:

Producto	Coste
Lavadora	S/2500.00
Televisor	S/1500.00
RadioGrabadora	S/500.00
Refrigeradora	S/4500.00
Blue Ray	S/1000.00

f. El botón **MOSTRAR RESUMEN** muestra las estadísticas de la venta.

g. El botón **Excel** enviará la información resultante a la hoja de Excel.

h. El botón **ANULAR VENTA** limpiará todos los controles para un nuevo registro.

i. Use funciones y procedimientos necesarios para la solución.

Pasos:

1. Diseñe el modelo de la aplicación tanto en la hoja de Excel como en el UserForm.

2. Asigne las siguientes propiedades a estos controles:

Control	Propiedad	Valor
UserForm1	**(name)**	frmVentaCredito
	Caption	Sistema de Ventas
	Heihgt	535.5
Label1	**Caption**	VENTA DE PRODUCTOS (CRÉDITO)
	AutoSize	True
Frame1	**Caption**	Datos del Cliente
Frame2	**Caption**	Datos del Producto
Frame3	**Caption**	Productos Seleccionados
Frame4	**Caption**	Formas de Pago
Label2	**Caption**	Cliente o Razón Social
	AutoSize	True
Label3	**Caption**	RUC
	AutoSize	True
Label4	**Caption**	Producto
	AutoSize	True
Label5	**Caption**	Cantidad
	AutoSize	True
Label6	**Caption**	Listado de Productos
	AutoSize	True
Label7	**Caption**	Cantidad
	AutoSize	True
Label8	**Caption**	SubTotal
	AutoSize	True

	(Name)	btnComprar
	Caption	
	Picture	C:\VentaCredito\Carrito.jpg
	(Name)	btnEliminar
	Caption	
	Picture	C:\VentaCredito\Eliminar.jpg
	(Name)	btnBorrar
	Caption	
	Picture	C:\VentaCredito\Borrar.jpg
	(Name)	btnAnular
	Caption	ANULAR VENTA
	Picture	C:\VentaCredito\Anular.jpg
	(Name)	btnSalir
	Caption	SALIR
	Picture	C:\VentaCredito\Salir.jpg
	(Name)	btnEnviarExcel
	Caption	
	Picture	C:\VentaCredito\Excel.jpg
CommandButton7	(Name)	btnResumen
	Caption	MOSTRAR RESUMEN
	BackColor	&H00C0E0FF&
TextBox1	(Name)	txtCliente
TextBox2	(Name)	txtRuc
TextBox3	(Name)	txtCantidad
Checkbox1	(Name)	chkCredito
	Caption	Crédito
	Value	False
Optionbutton1	(Name)	Opt6
	Caption	6
	Value	False
Optionbutton2	(Name)	Opt12
	Caption	12
	Value	False
Optionbutton3	(Name)	Opt24
	Caption	24
	Value	False
ComboBox1	(Name)	cboProducto

3. Haga doble clic sobre el botón Comprar o Carrito de compras y coloque el siguiente código:

```vb
'Declaración de variables globales
Dim montoSubtotal@, Descuento@, Neto@, PagoMensual@

Private Sub btnAnular_Click()
    Call limpiaTodo
End Sub

Private Sub btnBorrar_Click()
    Call LimpiaListas
End Sub

Private Sub btnComprar_Click()
    Dim r$, Precio@, Subtotal@, Cantidad%
    r = ValidaProducto()
    If r = "" Then
        'Capturando los datos necesarios del UserForm
        Cantidad = CInt(txtCantidad.Text)

        'Calculando el subtotal
        Precio = AsignaPrecio(cboProducto.ListIndex)
        Subtotal = Precio * Cantidad

        'Enviando los datos a las listas
        lstProductos.AddItem cboProducto.Text
        lstCantidad.AddItem txtCantidad.Text
        lstSubTotal.AddItem Format(Subtotal, "0.00")
        Else
        MsgBox r, vbCritical, "Sistema"
    End If
End Sub

Private Sub btnEliminar_Click()
    'Verificar que se ha seleccionado el producto a eliminar
    If lstProductos.ListIndex = -1 Then
        MsgBox "Debe seleccionar el producto a Eliminar", _
                vbCritical, "Sistema"
        Else

        'Capturando la posición del Elemento seleccionado
        Dim Pos%
        Pos = lstProductos.ListIndex
```

```vba
            'Eliminando el producto seleccionado
            lstProductos.RemoveItem (Pos)
            lstCantidad.RemoveItem (Pos)
            lstSubTotal.RemoveItem (Pos)
            MsgBox "Producto eliminado Correctamente", _
                    vbInformation, "Sistema"
        End If
End Sub

Private Sub btnEnviarExcel_Click()
    Dim r$
    r = validaCliente()

    If r = "" And lstR.ListCount > 0 Then
        Dim UFila%
        UFila=Sheets(1).Cells(Rows.Count, 2).End(xlUp).Offset(1, 0).Row
        Sheets(1).Cells(UFila, 2).Value = UFila - 7
        Sheets(1).Cells(UFila, 3).Value = txtCliente.Text
        Sheets(1).Cells(UFila, 4).Value = txtRuc.Text

        'Enviar todos los productos seleccionados a una celda
        Dim i%
        For i = 0 To lstProductos.ListCount - 1
    Sheets(1).Cells(UFila, 5).Value = Sheets(1).Cells(UFila, 5).Value & _
                                (lstProductos.List(i) & Chr(10))
        Next

        Sheets(1).Cells(UFila, 6).Value = montoSubtotal
        Sheets(1).Cells(UFila, 7).Value = Descuento
        Sheets(1).Cells(UFila, 8).Value = Neto
        Sheets(1).Cells(UFila, 9).Value = DeterminaLetras()
        Sheets(1).Cells(UFila, 10).Value = Neto

        Call formatoImpresion(UFila)
        Call limpiaTodo
        Else
        MsgBox r, vbCritical, "Sistema"
    End If
End Sub

Private Sub btnResumen_Click()
    lstR.Clear
```

```vba
    'Determinar el Monto Acumulado de la venta
    montoSubtotal = DeterminaMontoAcumulado()
    Descuento = montoSubtotal * 0.1
    Neto = montoSubtotal - Descuento

    'Determinar las letras seleccionadas
    Dim Letras%: Letras = DeterminaLetras()

    'Determinar el interés por Letras
    Dim Interes@: Interes = DeterminaInteres(Letras, Neto)

    'Calculando el Pago Mensual
    PagoMensual = Neto / Letras + Interes

    'Enviando a la Lista de Respuestas
 lstR.AddItem "El Monto Acumulado es:S/" & Format(montoSubtotal, "0.00")
    lstR.AddItem "El Descuento es: S/ " & Format(Descuento, "0.00")
    lstR.AddItem "El Neto a Pagar es: S/ " & Format(Neto, "0.00")
    lstR.AddItem "--------------------------------------------------"
    lstR.AddItem "La Cantidad de Letras es: " & Letras
    lstR.AddItem "El Pago Mensual es: S/" & Format(PagoMensual, "0.00")
End Sub

Private Sub btnSalir_Click()
    If MsgBox(¿Está seguro de salir?, _
            vbYesNo + vbInformation, "Sistema") = vbYes Then
        Unload Me
    End If
End Sub

Private Sub chkCredito_Click()
    If chkCredito.Value = True Then
        opt6.Locked = False
        opt12.Locked = False
        opt24.Locked = False
        Else
        Call BloqueOpciones
    End If
End Sub

Private Sub UserForm_Activate()
    Call llenaProductos
    Call BloqueListas
    Call BloqueOpciones
End Sub
```

```vba
'Procedimiento que permite llenar
'el cuadro combinado de productos
Sub llenaProductos()
    With cboProducto
        .AddItem "Lavadora"
        .AddItem "Televisor"
        .AddItem "RadioGrabadora"
        .AddItem "Refrigeradora"
        .AddItem "Blue Ray"
    End With
End Sub


'Función que permite asignar un precio
'según el producto seleccionado
Function AsignaPrecio(ByVal Pos%) As Currency
    Dim Precio@
    Select Case Pos
        Case 0: Precio = 2500      'Lavadora
        Case 1: Precio = 1500      'Televisor
        Case 2: Precio = 500       'RadioGrabadora
        Case 3: Precio = 4500      'Refrigeradora
        Case 4: Precio = 1000      'Blue Ray
    End Select
    AsignaPrecio = Precio
End Function


'Función que valida los datos ingresados
'para un determinado producto
Function ValidaProducto() As String
    Dim r$
    If cboProducto.ListIndex = -1 Then
            r = "Debe seleccionar un Producto de la Lista"
        ElseIf txtCantidad.Text = Empty Then
            r = "Debe ingresar una cantidad"
        ElseIf Not IsNumeric(txtCantidad.Text) Then
            r = "La Cantidad debe ser un valor numérico"
        Else
            r = ""
    End If
    ValidaProducto = r
End Function


'Procedimiento que limpiar los controles
'de tipo ListBox
```

```
Sub LimpiaListas()
    lstProductos.Clear
    lstCantidad.Clear
    lstSubTotal.Clear
End Sub

'Procedimiento que bloque los controles
'de tipo ListBox
Sub BloqueListas()
    lstCantidad.Locked = True
    lstSubTotal.Locked = True
End Sub

'Procedimiento que permite bloquear
'las opciones del crédito
Sub BloqueOpciones()
    opt6.Locked = True
    opt12.Locked = True
    opt24.Locked = True
    opt6.Value = False
    opt12.Value = False
    opt24.Value = False
End Sub

'Función que permite determinar el monto
'acumulado de la venta
Function DeterminaMontoAcumulado()
    Dim i%
    Dim S@
    For i = 0 To lstSubTotal.ListCount - 1
        S = S + lstSubTotal.List(i)
    Next
    DeterminaMontoAcumulado = S
End Function

'Función que asigna el número de letras seleccionado
'por el cliente
Function DeterminaLetras()
    Dim Letras%
    If opt6.Value = True Then
        Letras = 6
        ElseIf opt12.Value = True Then
        Letras = 12
        ElseIf opt24.Value = True Then
        Letras = 24
        Else
```

```vba
        Letras = 1
    End If
    DeterminaLetras = Letras
End Function


'Función que determina el monto de interés del crédito
Function DeterminaInteres(ByVal Letras%, ByVal Neto@)
    Dim Interes@
    If Letras = 6 Then
        Interes = 0.05 * Neto
        ElseIf Letras = 12 Then
        Interes = 0.1 * Neto
        ElseIf Letras = 24 Then
        Interes = 0.15 * Neto
        Else
        Interes = 0
    End If
    DeterminaInteres = Interes / Letras
End Function


'Función que valida los datos del cliente
Function validaCliente()
    Dim r$
    If txtCliente.Text = Empty Then
        r = "Debe registrar los datos del Cliente"
        ElseIf txtRuc.Text = Empty Then
        r = "Debe registrar el RUC del Cliente"
        Else
        r = ""
    End If
    validaCliente = r
End Function


'Procedimiento que permite enmarcar los resultados en la
'hoja de Excel
Sub formatoImpresion(ByVal UFila%)
    'Aplicando una alineacion a cada valor contenido en la celda
    Sheets(1).Cells(UFila, 2).VerticalAlignment = xlTop
    Sheets(1).Cells(UFila, 2).HorizontalAlignment = xlCenter
    Sheets(1).Cells(UFila, 3).VerticalAlignment = xlTop
    Sheets(1).Cells(UFila, 4).VerticalAlignment = xlTop
    Sheets(1).Cells(UFila, 4).HorizontalAlignment = xlCenter
    Sheets(1).Cells(UFila, 5).VerticalAlignment = xlTop
    Sheets(1).Cells(UFila, 6).VerticalAlignment = xlTop
```

```
        Sheets(1).Cells(UFila, 7).VerticalAlignment = xlTop
        Sheets(1).Cells(UFila, 8).VerticalAlignment = xlTop
        Sheets(1).Cells(UFila, 9).VerticalAlignment = xlTop
        Sheets(1).Cells(UFila, 9).HorizontalAlignment = xlCenter
        Sheets(1).Cells(UFila, 10).VerticalAlignment = xlTop

    'Aplicando un recuadro a los valores ya insertados en la hoja
        Range(Cells(UFila, 2), Cells(UFila, 10)).Select
        Selection.Borders(xlDiagonalDown).LineStyle = xlNone
        Selection.Borders(xlDiagonalUp).LineStyle = xlNone
        With Selection.Borders(xlEdgeLeft)
            .LineStyle = xlContinuous
            .Weight = xlThin
        End With
        With Selection.Borders(xlEdgeTop)
            .LineStyle = xlContinuous
        End With
        With Selection.Borders(xlEdgeBottom)
            .LineStyle = xlContinuous
        End With
        With Selection.Borders(xlEdgeRight)
            .LineStyle = xlContinuous
        End With
        With Selection.Borders(xlInsideVertical)
            .LineStyle = xlContinuous
        End With
        With Selection.Borders(xlInsideHorizontal)
            .LineStyle = xlContinuous
        End With
End Sub

'Procedimiento que permite limpiar todos los controles
Sub limpiaTodo()
    txtCliente.Text = Empty
    txtRuc.Text = Empty

    cboProducto.ListIndex = -1
    txtCantidad.Text = Empty

    Call LimpiaListas
    Call BloqueOpciones
    chkCredito.Value = False

    lstR.Clear
End Sub
```

A continuación, se explicarán algunas sentencias del código:

```
Dim montoSubtotal@, Descuento@, Neto@, PagoMensual@
```

Declaración de variables globales para que todos los procedimientos y funciones tengan sus valores. Cabe tener en cuenta que el símbolo @ representa la declaración de decimales exclusivos para variables de tipo moneda.

```
r = ValidaProducto()
```

La variable **r** recibe el valor enviado por la función **validaProducto**, la cual devolverá un valor vacío si no encuentra errores; en caso contrario, devolverá un texto con el mensaje de error.

```
If r = "" Then
```

Condicionando que la variable **r** no presenta o devuelve mensajes de error, es así como se puede seguir con los demás códigos de la aplicación.

```
Precio = AsignaPrecio(cboProducto.ListIndex)
```

La variable **Precio** recibe la cuantía enviando desde la función **AsignaPrecio**, la cual se lleva como parámetro el valor del producto seleccionado desde el cuadro combinado.

```
MsgBox r, vbCritical, "Sistema"
```

La sentencia muestra un mensaje cuyo contenido se basa en el valor que contenga la variable **r**, la única posibilidad de impresión de este mensaje será cuando se cometa algún error en la aplicación.

```
If lstProductos.ListIndex = -1 Then
```

Sentencia que permite comprobar si se ha seleccionado el producto a eliminar. El valor **-1** indica que el usuario no ha seleccionado ningún producto. **ListIndex** devuelve la posición del producto seleccionado empezando desde la posición cero.

```
lstProductos.RemoveItem (Pos)
```

Sentencia que permite eliminar un producto de la lista. La propiedad **RemoveItem** elimina un elemento en una determinada posición, pues es una variable que contiene la ubicación del producto seleccionado.

```
If r = "" And lstR.ListCount > 0 Then
```

La variable **r** representa la validación de errores, y si está vacío, indica que todo está correcto; en caso contrario, se mostrará un mensaje de error con la cláusula **Else**. Por otro lado, **lstR.ListCount>0** se hace con la intención de comprobar que haya productos para enviar a Excel.

```
For i = 0 To lstProductos.ListCount - 1
```

La sentencia permite recorrer toda la lista de productos. Recuerde que el primer producto registrado se ubica en la fila **0** de la lista, por tanto, el último de la lista siempre será accesible desde la posición menos uno.

```
Sheets(1).Cells(UFila, 5).Value = Sheets(1).Cells(UFila, 5).Value & _
                                (lstProductos.List(i) & Chr(10))
```

Chr(10) es una sentencia que permite saltar una línea hacia abajo como si estuviera pulsando el **Enter**. El objetivo es enviar los productos en una sola celda de Excel.

```
Dim Letras%: Letras = DeterminaLetras()
```

Esta sentencia se usa cuando se quiere declarar y enviar un valor a una variable en una misma línea. Esto significa que la función **determinaLetras** envía información a la variable **Letras**, que al mismo tiempo está siendo declarada.

```
If MsgBox("¿Está seguro de salir?", _
          vbYesNo + vbInformation, "Sistema") = vbYes Then
```

Esta sentencia emite un mensaje al usuario, el cual debe seleccionar **SÍ** o **NO**, en casos anteriores se mencionó que el botón **Sí** tiene el valor **6** y el botón **No** tiene el valor **7**. En esta ocasión, no se hace uso de los valores numéricos, puesto que esta vez se usan sus nombres reconocidos en VBA, como **vbYes** para el botón **Sí** y **vbNo** para el botón **No**.

```
If chkCredito.Value = True Then
```

Sentencia que evalúa si la caja de comprobación **Crédito** presenta el valor **True**, es decir, se encuentra activa. Si resulta verdadero, las opciones dejarán de estar bloqueadas con la sentencia **opt6.Locked = False**; en caso contrario, se invocará al procedimiento **BloqueOpciones** para bloquear dichas opciones.

```
Private Sub UserForm_Activate()
```

Esta sentencia indica que todo lo que contenga se ejecutará al activar el formulario.

```
With cboProducto
    .AddItem "Lavadora"
```

La sentencia **With** permite resumir el código. Su misión es hacer que no se repita la misma línea de sentencia en las demás líneas subsiguientes, y que solo se haga referencia al nuevo valor a evaluar.

```
If txtCliente.Text = Empty Then
```

Esta sentencia comprueba que la caja de texto del cliente contenga un valor, ya que este será enviado a Excel. La cláusula **Empty** indica si la caja está vacía o no.

4. Agregue un botón desde la opción **Insertar** de la ficha **Programador**.

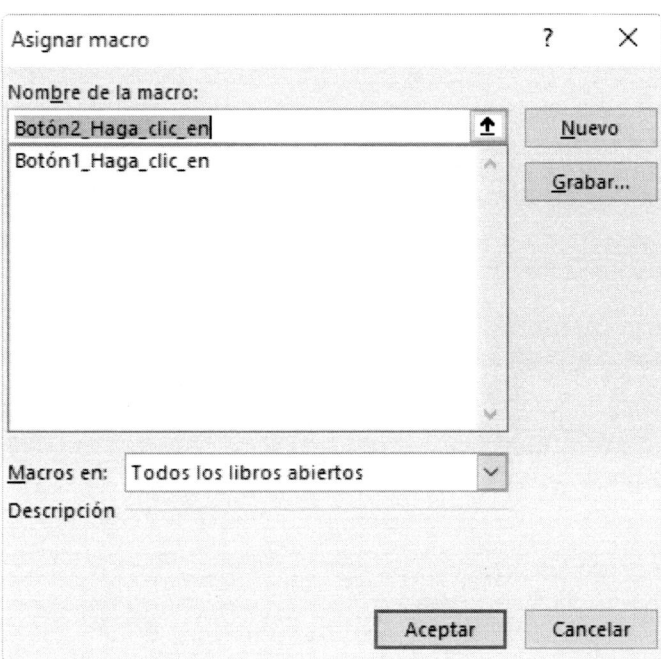

5. Seleccione el botón Nuevo y coloque el siguiente código:

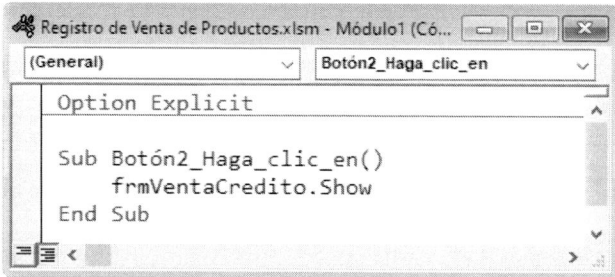

6. Luego, cambie el título de botón por FORMULARIO DE VENTA.

7. El formulario debe mostrarse de la siguiente manera:

8. La hoja de Excel debe verse de la siguiente manera:

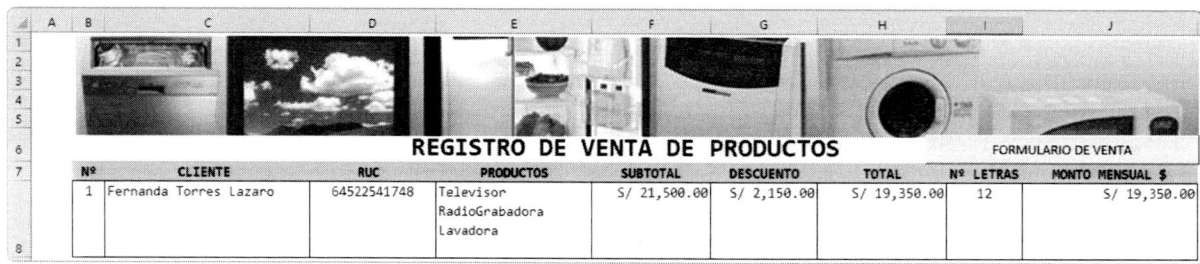

9. Pruebe la aplicación presionando sobre el botón FORMULARIO DE VENTA de Excel.

10. Finalmente, guarde el proyecto como tipo de Libro de Excel habilitado para Macros.

2.7.3 Caso desarrollado 3: comprobante de pago a los trabajadores

Implemente una aplicación en VBA para controlar el pago que se realiza a sus trabajadores considerando que, si trabajan más de 40 horas, el exceso será considerado como horas extra, cuya tarifa es el 50 % más que la tarifa de una hora normal. Además, el trabajador se somete a un descuento según el tipo de AFP que corresponde, aparte de aplicar su contribución de descuento por EsSalud, que asciende a un 9 %. Por tanto, debe considerar los siguientes aspectos:

a. Implemente en Excel el siguiente entorno (Figura 30). Recuerde que la información del trabajador se introducirá desde el formulario, por lo que usted no debe rellenarlo desde Excel. Asimismo, el botón de FORMULARIO DE PAGO se crea después de colocar todo el código VBA.

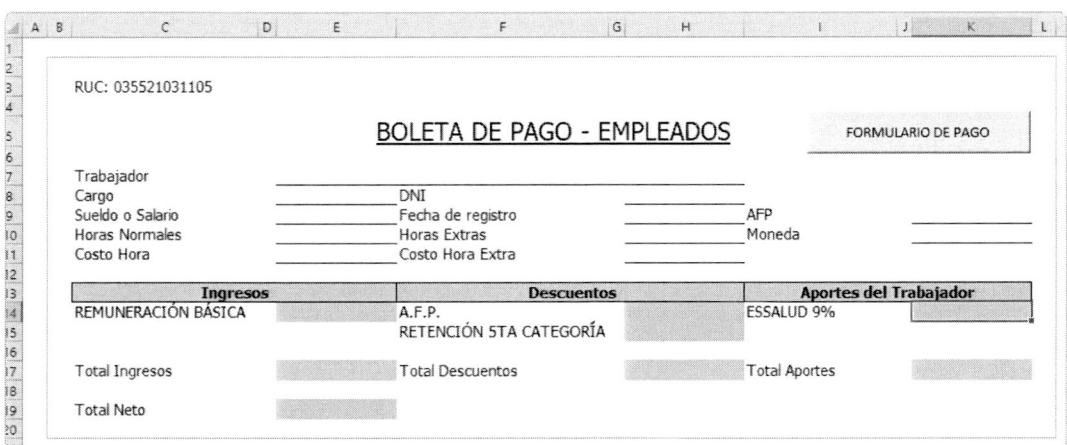

Figura 30. Boleta (comprobante) de pago en Excel

b. Diseñe el siguiente UserForm.

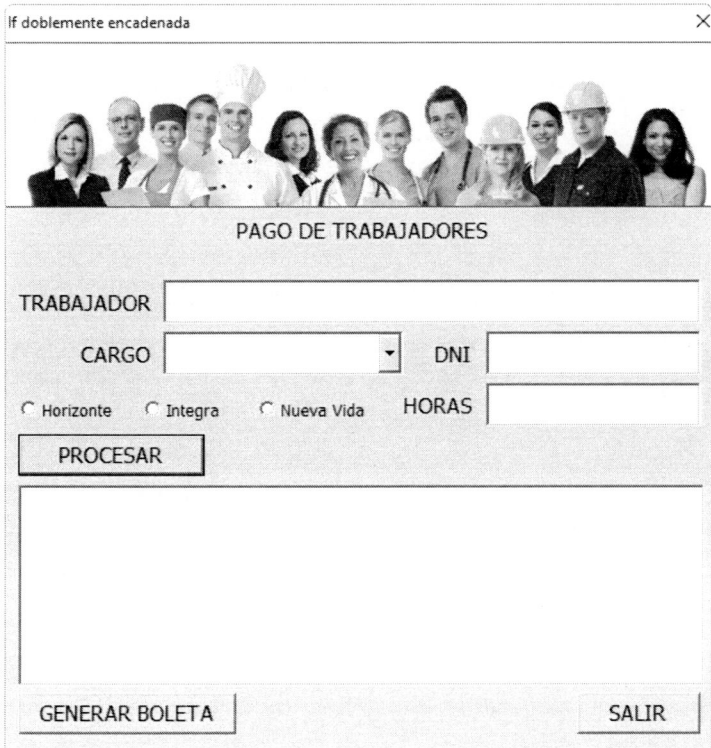

c. En el formulario del comprobante de pago debe introducir el nombre del trabajador, seleccionar su cargo desde un cuadro combinado, introducir su DNI, seleccionar el tipo de AFP desde las opciones y el número de horas de trabajo.

d. El coste por hora se aplica de acuerdo con los cargos de los trabajadores según la siguiente tabla:

Cargo	Coste por hora
Jefe	$40.00
Supervisor	$30.00
Vendedor	$20.00
Apoyo	$10.00

e. En todo momento se deben controlar los errores con la sentencia **On Error Goto** mostrando un mensaje al usuario.

f. Implemente un botón **PROCESAR** para que se muestre, en un control **ListBox**, el resultado de la aplicación, es decir, el importe bruto, el importe de descuento y el importe neto.

g. Implemente un botón **GENERAR BOLETA** para enviar los datos solicitados en el comprobante de pago del trabajador.

h. Use funciones y procedimientos necesarios para la solución.

Pasos:

1. Diseñe el modelo de la aplicación tanto en la hoja de Excel como en el UserForm.
2. Asigne las siguientes propiedades a estos controles:

Control	Propiedad	Valor
UserForm1	(Name)	frmPago
	Caption	If doblemente encadenada
Label1	Caption	PAGO DE TRABAJADORES
Label2	Caption	TRABAJADOR
Label3	Caption	CARGO
Label4	Caption	DNI
Label5	Caption	HORAS
Combobox1	(Name)	cboCargo
OptionButton1	(Name)	optHorizonte
	Caption	Horizonte
OptionButton2	(Name)	optIntegra
	Caption	Integra
OptionButton3	(Name)	optNuevaVida
	Caption	Nueva Vida
CommandButton1	(Name)	btnProcesar
	Caption	PROCESAR
	Default	True
CommandButton2	(Name)	btnGenerar
	Caption	GENERAR BOLETA
CommandButton4	(Name)	btnSalir
	Caption	SALIR
	Default	True
TextBox1	(Name)	txtTrabajador

TextBox2	(Name)	txtDNI
	MaxLength	8
TextBox3	(Name)	txtHoras
ListBox1	(Name)	LstR

3. Haga doble clic sobre el botón PROCESAR y coloque el siguiente código:

```
'Variables globales
Dim trabajador$, dni$, cargo$, horas%, hExtras%
Dim salarioBruto@, descuento@, neto@
Dim AFP$

Private Sub btnEnviar_Click()
    Range("E7").Value = trabajador
    Range("E8").Value = cargo
    Range("E9").Value = salarioBruto
    Range("E10").Value = horas
    Range("E11").Value = determinaCosto

    Range("H8").Value = dni
    Range("H9").Value = Date
    Range("H10").Value = hExtras
    Range("H11").Value = determinaCosto * 1.5

    Range("K9").Value = AFP
    Range("K10").Value = "SOLES"

    Range("E14").Value = salarioBruto
    Range("H14").Value = determinaAFP * salarioBruto
    Range("H15").Value = "0"
    Range("K14").Value = determinaAporte

    Range("E17").Value = salarioBruto
    Range("H17").Value = determinaAFP * salarioBruto
    Range("K17").Value = determinaAporte

    Range("E19").Value = neto
End Sub

Private Sub btnProcesar_Click()
    On Error GoTo Imprevisto
    trabajador = txtTrabajador.Text
    dni = txtDNI.Text
    cargo = cboCargo.Text
    horas = CInt(txtHoras.Text)
```

```vba
    Call DeterminaHoras
    salarioBruto=(horas*determinaCosto)+(hExtras*(determinaCosto*1.5))
    descuento = determinaAFP * salarioBruto
    neto = salarioBruto - descuento - determinaAporte

    lstR.Clear
    lstR.AddItem "**RESUMEN DE PAGO**"
    lstR.AddItem "IMPORTE BRUTO: S/ " & Format(salarioBruto, "0.00")
    lstR.AddItem "IMPORTE DESCUENTO: S/ " & Format(descuento, "0.00")
    lstR.AddItem "IMPORTE NETO: S/ " & Format(neto, "0.00")
    Exit Sub


Imprevisto:
    MsgBox "Error en la aplicación"
End Sub


Private Sub btnSalir_Click()
    Unload Me
End Sub


Private Sub UserForm_Activate()
    Call llenaCargos
End Sub


'Procedimiento que llena los cargos
Sub llenaCargos()
    cboCargo.AddItem "Jefe"
    cboCargo.AddItem "Supervisor"
    cboCargo.AddItem "Vendedor"
    cboCargo.AddItem "Apoyo"
End Sub


'Procedimiento que determine las horas normales y extras
Sub DeterminaHoras()
    If horas > 40 Then
        hExtras = horas - 40
        horas = 40
        Else
        hExtras = 0
    End If
End Sub
```

```vb
'Función que determine la tarifa por hora
Function determinaCosto() As Double
    Dim costo@
    If cargo = "Jefe" Then
        costo = 40
        ElseIf cargo = "Supervisor" Then
        costo = 30
        ElseIf cargo = "Vendedor" Then
        costo = 20
        Else
        costo = 10
    End If
    determinaCosto = costo
End Function


'Función que determina el porcentaje de AFP
Function determinaAFP() As Double
    Dim porcentajeAFP@
    If optHorizonte.Value = True Then
        AFP = "Horizonte"
        porcentajeAFP = 12.5 / 100
    ElseIf optIntegra.Value = True Then
        AFP = "Integra"
        porcentajeAFP = 11.75 / 100
    ElseIf optNuevaVida.Value = True Then
        AFP = "Nueva Vida"
        porcentajeAFP = 14.5 / 100
    End If
    determinaAFP = porcentajeAFP
End Function


'Función que determina los aportes
Function determinaAporte() As Double
    determinaAporte = salarioBruto * 0.09
End Function
```

4. Agregue un botón desde la opción Insertar de la ficha Programador.

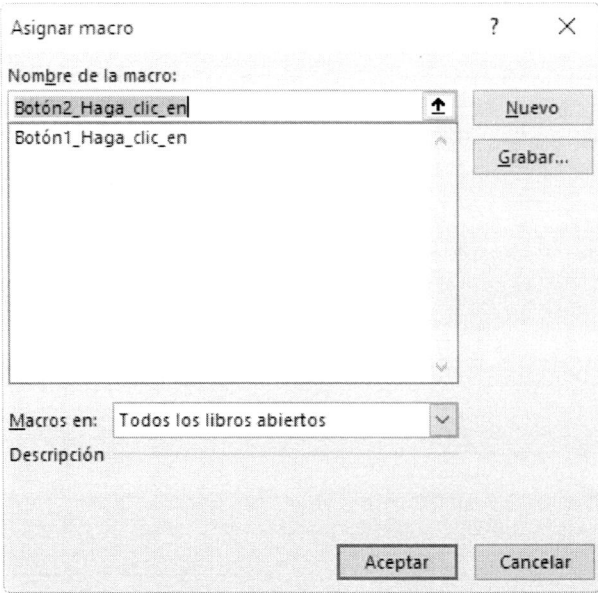

5. Seleccione el botón Nuevo y coloque el siguiente código:

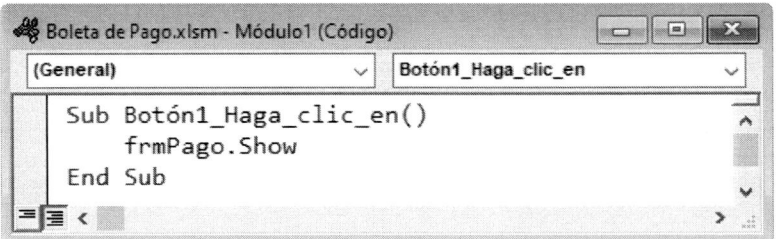

6. Luego, cambie el título del botón por FORMULARIO DE PAGO.

7. El formulario debe mostrarse de la siguiente manera:

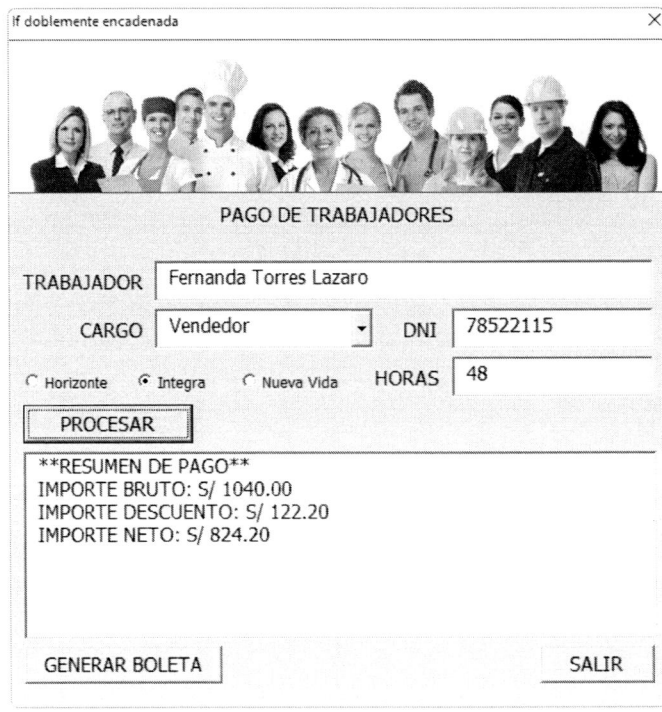

8. La hoja de Excel debe mostrarse de la siguiente manera:

RUC: 035521031105											
		BOLETA DE PAGO - EMPLEADOS							FORMULARIO DE PAGO		
Trabajador		Fernanda Torres Lazaro									
Cargo		Vendedor	DNI			78522115					
Sueldo o Salario		S/ 1,040.00	Fecha de registro			24/01/2024	AFP		Integra		
Horas Normales		40	Horas Extras			8	Moneda		SOLES		
Costo Hora		S/ 20.00	Costo Hora Extra			S/ 30.00					
Ingresos			**Descuentos**				**Aportes del Trabajador**				
REMUNERACIÓN BÁSICA		S/ 1,040.00	A.F.P.			S/ 122.20	ESSALUD 9%		S/ 93.60		
			RETENCIÓN 5TA CATEGORÍA			S/ -					
Total Ingresos		S/ 1,040.00	Total Descuentos			S/ 122.20	Total Aportes		S/ 93.60		
Total Neto		S/ 824.20									

9. Pruebe la aplicación presionando sobre el botón **FORMULARIO DE PAGO** de Excel.

10. Finalmente, guarde el proyecto como tipo de **Libro de Excel habilitado para Macros**.

2.7.4 Caso desarrollado 4: control de venta de productos por campaña

Una tienda comercial de venta de productos al por mayor desea implementar una aplicación que permita controlar las ventas realizadas, exclusivamente, de sus tres cremas dentales más vendidas del mercado. Usted es el encargado de implementar una aplicación en VBA considerando los siguientes aspectos:

a. Implemente en Excel el siguiente entorno (Figura 31). Recuerde que la información de la venta se introducirá desde el formulario, por lo que usted no debe rellenarlo desde Excel. Asimismo, el botón de **FORMULARIO DE VENTA** se crea después de colocar todo el código VBA.

Figura 31. Control de venta en Excel

b. Diseñe el siguiente UserForm.

c. En el formulario de registro de venta debe introducir y seleccionar su producto desde un cuadro combinado e introducir la cantidad del producto seleccionado.

d. El coste de los productos está relacionado con la siguiente tabla:

Producto	Precio	Detalle
Oral-B complete	S/17.49	Pack x 6 unidades
Kolynos herbal	S/18.20	Pack x 12 unidades
Colgate Triple Acción	S/21.79	Pack x 12 unidades

e. Como oferta, la tienda comercial ofrece un porcentaje de descuento sobre el importe de la compra de acuerdo con la siguiente tabla:

Pack adquirido	Porcentaje de descuento
Menores o iguales a 5	5 %
Entre 6 y 15	10 %
Mayores a 15	20 %

f. En todo momento se deben controlar los errores con la sentencia **On Error Goto** mostrando un mensaje al usuario.

g. Implemente un botón **PROCESAR** para que se muestre en un control **ListBox** el resultado de la aplicación, es decir, el importe de compra, el importe de descuento y el importe neto.

h. Implemente un botón **Enviar a Excel** para enviar los datos de la venta a la hoja de Excel.

i. Use funciones y procedimientos necesarios para la solución.

Pasos:

1. Diseñe el modelo de la aplicación tanto en la hoja de Excel como en el UserForm.

2. Asigne las siguientes propiedades a estos controles:

UserForm1	**(Name)**	frmVenta
	Caption	If simple
Label1	**Caption**	REGISTRO DE VENTA
Label2	**(Name)**	lblFecha
	Caption	Dejar vacío

Label3	Caption	PRODUCTO
Label4	Caption	CANTIDAD
Label5	(Name)	lblDescripcion
	Caption	Dejar vacío
Combobox1	(Name)	cboProducto
CommandButton1	(Name)	btnProcesar
	Caption	PROCESAR
	Default	True
CommandButton2	(Name)	btnEnviar
	Caption	ENVIAR A EXCEL
CommandButton3	(Name)	btnCancelar
	Caption	CANCELAR
CommandButton4	(Name)	btnSalir
	Caption	SALIR
	Cancel	True
TextBox1	(Name)	txtCantidad
ListBox1	(Name)	lstR

3. Haga doble clic sobre el botón **PROCESAR** y coloque el siguiente código:

```
Dim producto$, cantidad%, precio@, iCompra@, iNeto@, iDescuento@
'Procedimiento que envía toda la información a Excel
Private Sub btnExcel_Click()
    uFila = determinaUltimaFila
    Cells(uFila, 2).Value = uFila - 11
    Cells(uFila, 3).Value = producto
    Cells(uFila, 4).Value = precio
    Cells(uFila, 5).Value = cantidad
    Cells(uFila, 6).Value = lblFecha.Caption
    Cells(uFila, 7).Value = iCompra
    Cells(uFila, 8).Value = iDescuento
    Cells(uFila, 9).Value = iNeto


    'Calculando el acumulado del importe neto
    Cells(uFila + 1, 8).Value = "TOTAL"
    Cells(uFila + 1, 9).Formula = "=sum(I12:I" & uFila & ")"
End Sub


Private Sub btnProcesar_Click()
    On Error GoTo Imprevisto
    'Capturando los valores ingresados por el usuario
    producto = cboProducto.Text
    cantidad = CInt(txtCantidad.Text)
```

```vba
    'Calculando el importe de compra
    precio = determinaPrecio
    iCompra = cantidad * precio

    'Calculando el descuento
    If cantidad < 5 Then iDescuento = 0.05 * iCompra
    If cantidad > 5 And cantidad <= 15 Then iDescuento = 0.1 * iCompra
    If cantidad > 15 Then iDescuento = 0.2 * iCompra

    'Calculando importe neto
    iNeto = iCompra - iDescuento

    'Mostrando en el cuadro de lista
    lstR.Clear
    lstR.AddItem "**RESUMEN DE VENTA**"
    lstR.AddItem "----------------------------------------"
    lstR.AddItem "PRODUCTO: " & producto
    lstR.AddItem "CANTIDAD: " & cantidad
    lstR.AddItem "PRECIO: " & precio
    lstR.AddItem "----------------------------------------"
    lstR.AddItem "IMPORTE DE COMPRA $ :" & iCompra
    lstR.AddItem "IMPORTE DE DESCUENTO $ :" & iDescuento
    lstR.AddItem "IMPORTE NETO $ :" & iNeto
    Exit Sub
Imprevisto:
    MsgBox "Error en la aplicación", vbCritical, "Error"
End Sub


'Procedimiento que muestra la descripción del producto
Private Sub cboProducto_Click()
    Dim descripcion$
    If cboProducto.Text = "Oral-B complete" Then
        descripcion = "Pack 6 unidades"
    End If
    If cboProducto.Text = "Kolynos herbal" Then
        descripcion = "Pack 12 unidades"
    End If
    If cboProducto.Text = "Colgate Triple Acción" Then
        descripcion = "Pack 12 unidades"
    End If
    lblDescripcion.Caption = descripcion
End Sub
```

```
'Llenando los productos en el ComboBox
Private Sub UserForm_Activate()
    Call llenaProductos
    lblFecha.Caption = Date
End Sub


'Procedimiento que llena el ComboBox de productos
Sub llenaProductos()
    cboProducto.Text = "(Seleccione producto)"
    cboProducto.AddItem "Oral-B complete"
    cboProducto.AddItem "Kolynos herbal"
    cboProducto.AddItem "Colgate Triple Acción"
End Sub


'Función que permite determinar el precio del producto
'desde el control ComboBox
Function determinaPrecio() As Currency
    Dim precio@
    If cboProducto.Text = "Oral-B complete" Then precio = 17.49
    If cboProducto.Text = "Kolynos herbal" Then precio = 18.2
    If cboProducto.Text = "Colgate Triple Acción" Then precio = 21.79
    determinaPrecio = precio
End Function


Function determinaUltimaFila() As Integer
    uFila = Sheets(1).Cells(Rows.Count, 2).End(xlUp).Offset(1, 0).Row
    determinaUltimaFila = uFila
End Function
```

4. Agregue un botón desde la opción Insertar de la ficha Programador.

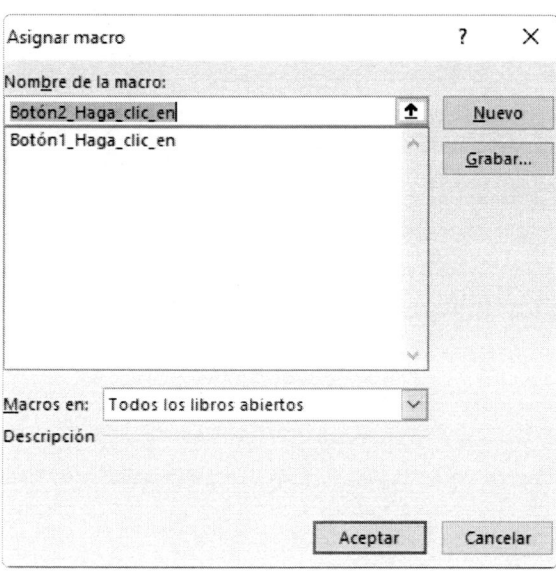

5. Seleccione el botón Nuevo y coloque el siguiente código:

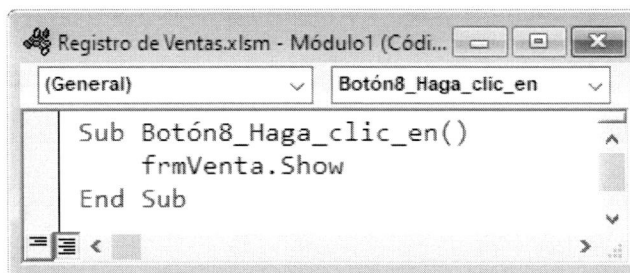

```
Sub Botón8_Haga_clic_en()
    frmVenta.Show
End Sub
```

6. Luego, cambie el título del botón por FORMULARIO DE VENTA.

7. El formulario debe mostrarse de la siguiente manera:

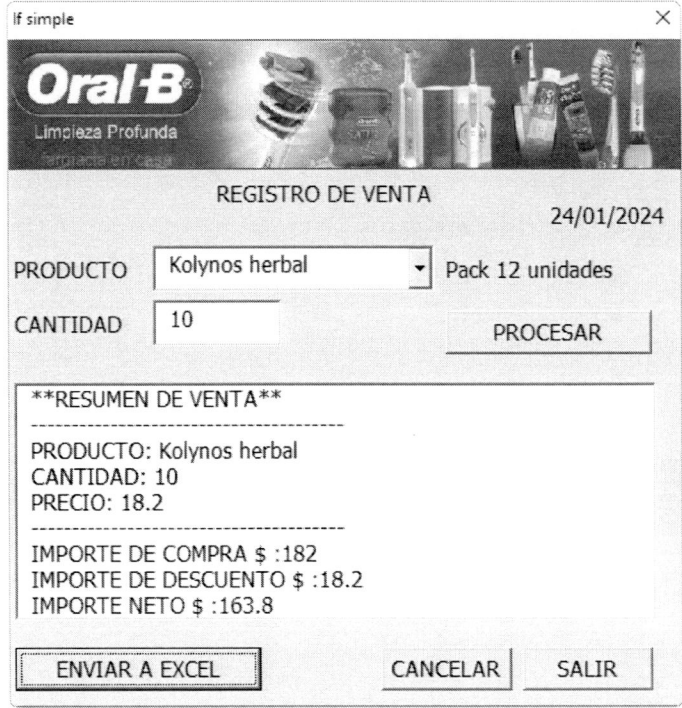

8. La hoja de Excel debe verse de la siguiente manera:

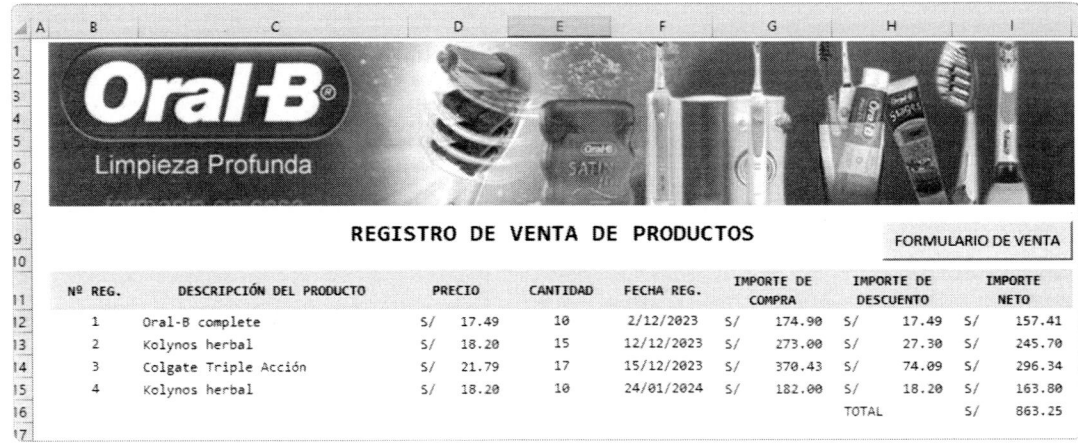

REGISTRO DE VENTA DE PRODUCTOS

Nº REG.	DESCRIPCIÓN DEL PRODUCTO	PRECIO	CANTIDAD	FECHA REG.	IMPORTE DE COMPRA	IMPORTE DE DESCUENTO	IMPORTE NETO
1	Oral-B complete	S/ 17.49	10	2/12/2023	S/ 174.90	S/ 17.49	S/ 157.41
2	Kolynos herbal	S/ 18.20	15	12/12/2023	S/ 273.00	S/ 27.30	S/ 245.70
3	Colgate Triple Acción	S/ 21.79	17	15/12/2023	S/ 370.43	S/ 74.09	S/ 296.34
4	Kolynos herbal	S/ 18.20	10	24/01/2024	S/ 182.00	S/ 18.20	S/ 163.80
						TOTAL	S/ 863.25

9. Pruebe la aplicación presionando sobre el botón FORMULARIO DE VENTA de Excel.

10. Finalmente, guarde el proyecto como tipo de Libro de Excel habilitado para Macros.

2.7.5 Caso desarrollado 5: comprobante de venta de papelería

Una papelería en el centro de Lima ha puesto en oferta la venta al por mayor (por millares) de sus productos correspondientes a papel *bond*. Usted es el encargado de implementar una aplicación en VBA considerando los siguientes aspectos:

a. Implemente en Excel el siguiente entorno (Figura 32). Recuerde que la información de la venta de la papelería se introducirá desde el formulario, por lo que usted no debe rellenarlo desde Excel. Asimismo, el botón de FORMULARIO DE VENTA se crea después de colocar todo el código VBA.

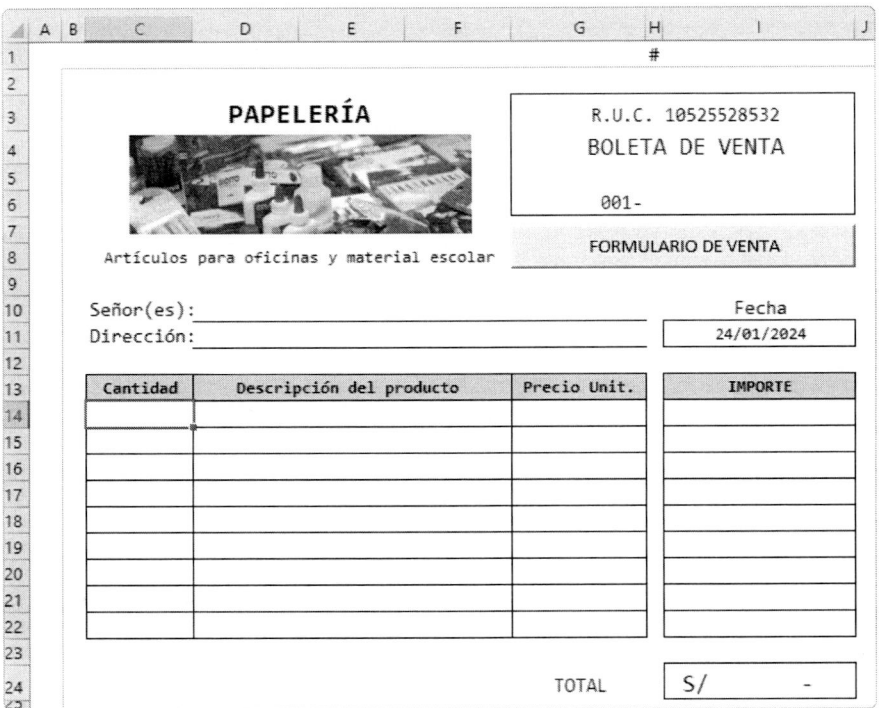

Figura 32. Boleta (comprobante) de venta en Excel

b. Diseñe el siguiente UserForm.

c. En el formulario de registro de venta se deben introducir los datos del cliente y del producto seleccionado desde un cuadro combinado; además, se debe introducir la cantidad del producto seleccionado en millares.

d. El coste de los productos está relacionado con la siguiente tabla:

Producto	Precio
InkJet A4/75GR. 500 Hojas	S/9.79
Xerox A4/75GR. 500 Hojas	S/10.75
Atlas A4/75GR. 500 Hojas	S/12.50
Graphos A4/75GR. 500 Hojas	S/10.00

e. Como oferta, la papelería ofrece un porcentaje de descuento sobre el importe de la compra de acuerdo con las siguientes condiciones:

   - Para los primeros 5 millares se hace un descuento del 10 %.
   - Para los millares superiores a 5 se hace un descuento del 15 %.

f. En todo momento se deben controlar los errores con la sentencia **On Error Goto** mostrando un mensaje al usuario.

g. Implemente un botón **PROCESAR** para que se muestre en un control **ListBox** el resultado de la aplicación, es decir, el subtotal, descuento y neto a pagar.

h. Implemente un botón **GENERAR BOLETA** para enviar los datos de la venta a la hoja de Excel.

i. Use funciones y procedimientos necesarios para la solución.

Pasos:

1. Diseñe el modelo de la aplicación tanto en la hoja de Excel como en el UserForm.

2. Asigne las siguientes propiedades a estos controles:

Control	Propiedad	Valor
UserForm1	(Name)	frmVenta
	Caption	If doble
Label1	Caption	REGISTRO DE VENTA - PAPELERÍA
Label2	(Name)	lblFecha
	Caption	Dejar vacío
Label3	Caption	CLIENTE
Label4	Caption	DIRECCIÓN
Label5	Caption	PRODUCTO
Label6	Caption	MILLARES
Label5	(Name)	lblPrecio
	Caption	Dejar vacío
Combobox1	(Name)	cboProducto
CommandButton1	(Name)	btnProcesar
	Caption	PROCESAR
	Default	True
CommandButton2	(Name)	btnGenerar
	Caption	GENERAR BOLETA

CommandButton3	(Name)	btnLimpiar
	Caption	LIMPIAR
CommandButton4	(Name)	btnSalir
	Caption	SALIR
	Cancel	True
TextBox1	(Name)	txtCliente
TextBox2	(Name)	txtDireccion
TextBox3	(Name)	txtCantidad

3. Haga doble clic sobre el botón **PROCESAR** y coloque el siguiente código:

```
'Declaración de variables globales
Dim cliente$, direccion$
Dim precio@, producto$, cantidad%
Dim subtotal@, descuento@, neto@
Dim uFila%

'Enviando la información a Excel
Private Sub btnGenerar_Click()
    Range("D10").Value = cliente
    Range("D11").Value = direccion
    Range("I11").Value = lblFecha.Caption

    uFila = determinaUltimaFila
    Sheets(1).Cells(uFila, 3).Value = cantidad
    Sheets(1).Cells(uFila, 4).Value = producto
    Sheets(1).Cells(uFila, 7).Value = precio
    Sheets(1).Cells(uFila, 9).Value = neto

    Range("I24").Formula = "=sum(I14:I23)"
End Sub

'Limpiar todos los controles
Private Sub btnLimpiar_Click()
    cboProducto.ListIndex = 0
    txtCantidad.Text = ""
    lstR.Clear
End Sub

Private Sub btnProcesar_Click()
    'Capturando los datos del formulario
    cliente = txtCliente.Text
    direccion = txtDireccion.Text
    producto = cboProducto.Text
    cantidad = CInt(txtCantidad.Text)
```

```vba
    'Calculando el subtotal a pagar
    subtotal = precio * cantidad

    'Determinando el descuento según el caso
    If cantidad <= 5 Then
        descuento = cantidad * (0.1 * precio)
        Else
        descuento = cantidad * (0.15 * precio)
    End If

    'Determinando el neto
    neto = subtotal - descuento

    'Imprimir los resultados
    lstR.Clear
    lstR.AddItem "**RESUMEN DE VENTA**"
    lstR.AddItem "PRODUCTO: " & producto
    lstR.AddItem "PRECIO: S/ " & Format(precio, "0.00")
    lstR.AddItem "CANTIDAD: " & cantidad & " millares"
    lstR.AddItem "-----------------------------------------------------"
    lstR.AddItem "SUBTOTAL: S/ " & Format(subtotal, "0.00")
    lstR.AddItem "DESCUENTO: S/ " & Format(descuento, "0.00")
    lstR.AddItem "NETO: S/ " & Format(neto, "0.00")
End Sub


Private Sub btnSalir_Click()
    Unload Me
End Sub


'Al seleccionar un producto se muestra el precio
Private Sub cboProducto_Click()
    lblPrecio.Caption = "S/" & Format(determinaPrecio, "0.00")
    lstR.Clear
End Sub


Private Sub UserForm_Activate()
    Call llenaPapel
    Call muestraFecha
    Call generaNumero
End Sub
```

```vb
'Procedimiento que llena los tipos de papel
Sub llenaPapel()
    With cboProducto
        .Text = "(Seleccione un producto)"
        .AddItem "InkJet A4/75GR. 500 Hojas"
        .AddItem "Xerox A4/75GR. 500 Hojas"
        .AddItem "Atlas A4/75GR. 500 Hojas"
        .AddItem "Graphos A4/75GR. 500 Hojas"
    End With
End Sub


'Procedimiento que muestra la fecha
Sub muestraFecha()
    lblFecha.Caption = Date
End Sub


'Función que determina el precio del producto
Function determinaPrecio() As Currency
    producto = cboProducto.Text
    If (producto = "InkJet A4/75GR. 500 Hojas") Then precio = 9.79
    If (producto = "Xerox A4/75GR. 500 Hojas") Then precio = 10.75
    If (producto = "Atlas A4/75GR. 500 Hojas") Then precio = 12.5
    If (producto = "Graphos A4/75GR. 500 Hojas") Then precio = 10
    determinaPrecio = precio
End Function


Function determinaUltimaFila() As Integer
  uFila = Sheets(1).Cells(Rows.Count, 3).End(xlUp).Offset(1, 0).Row
  determinaUltimaFila = uFila
End Function


'Genera el número de Boleta
Sub generaNumero()
    Dim numero$
    Range("I6").Select
    Selection.NumberFormat = "000000"
    Selection.Value = Range("I6").Value + 1
End Sub
```

4. Agregar un botón desde la opción Insertar de la ficha Programador.

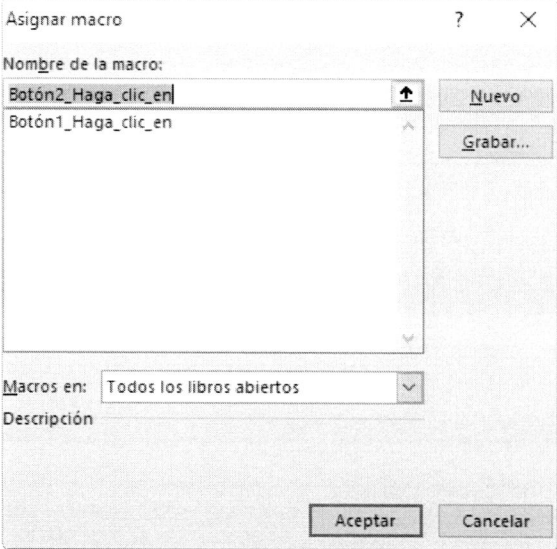

5. Seleccione el botón **Nuevo** y coloque el siguiente código:

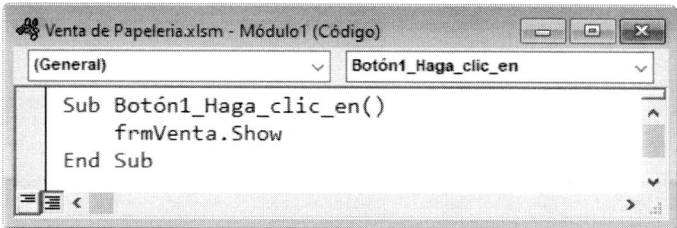

6. Luego, cambie el título del botón por **FORMULARIO DE VENTA**.

7. El formulario debe mostrarse de la siguiente manera:

8. La hoja de Excel debe verse de la siguiente manera:

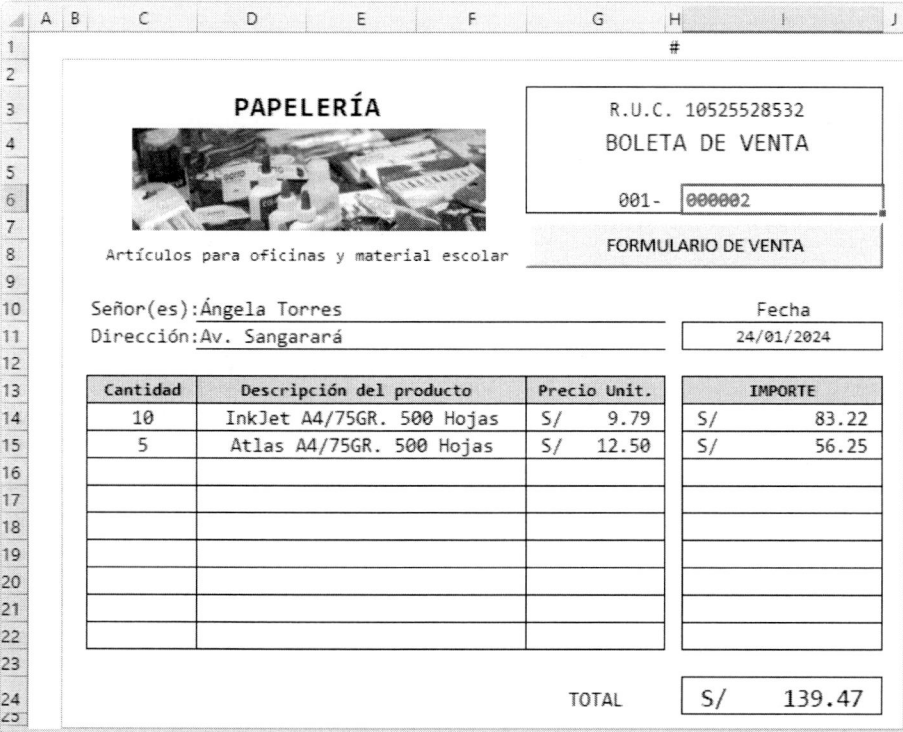

9. Pruebe la aplicación presionando sobre el botón FORMULARIO DE VENTA de Excel.

10. Finalmente, guarde el proyecto como tipo de Libro de Excel habilitado para Macros.

Capítulo 3

Estructuras repetitivas

3.1 Introducción

El uso de los ordenadores presenta capacidades muy importantes, tales como la velocidad en la que ejecuta sus procesos, la precisión que presentan sus resultados y la fiabilidad de la información. Entonces, si quiere aumentar dicha capacidad dentro de sus procesos, debe optimizar las tareas haciendo uso de las estructuras de repetición.

Las estructuras de repetición se caracterizan por ejecutar un bloque de instrucciones o sentencias un número determinado de veces; por consiguiente, se puede ahorrar espacio en código y variables ante el uso de una estructura repetitiva, la cual es llamada optimización del código. Cabe mencionar que las estructuras de repetición tienen su base fundamental para generar dichas repeticiones en la estructura While, For y Do While.

Anteriormente se pudo percibir que es necesario el uso sentencias repetitivas dentro de un bloque de código, puesto que no es solo ahorrar líneas de código, sino que el concepto es más técnico. Cada proceso tiene su propia necesidad, de modo que debe darse cuenta de si necesita o no estas estructuras. En este sentido, se podrían presentar en los siguientes casos:

a. Proceso de registros de los movimientos bancarios que realiza un determinado cliente en un mes.

b. Determinar el número de candidatos aprobados y suspensos en un examen de admisión.

c. Determinar las cuantías y las fechas de pago que debe realizar un cliente por un préstamo bancario.

d. Contabilizar los puntos ganados en un juego en línea.

En este capítulo se analizarán los contadores y acumuladores; esto permitirá comprender por qué una estructura repetitiva genera un ciclo de repeticiones o bucles. Seguidamente, se estudiará la estructura While, For, Do While y, finalmente, se desarrollarán casos prácticos sobre estructuras de repetición integrando los contadores y acumuladores.

3.2 Contadores

Son sentencias que permiten contar algún evento o suceso dentro del código VBA. Su mayor rendimiento ocurre al integrarse a las estructuras de repetición, de otra manera, los contadores deben declararse de forma global.

A. Formato de contadores

a. Recuento directo

Los recuentos siempre se ejecutan por unidades, por tanto, siempre se debe colocar el valor 1 en todo tipo de recuento, ya sea positivo o negativo.

$$Contador = Contador + 1$$

Contador+1 indica que el último valor que contenga la variable Contador aumentará en una unidad, mientras que **Contador=** registra el nuevo valor del contador.

Se debe tener en cuenta que puede usarse cualquier variable en el formato, no necesariamente la variable Contador. Por ejemplo:

- CP = CP+1, contador de números pares.
- CMOV = CMOV+1, contador de movimientos bancarios.
- GOL = GOL+1, contador de goles anotados en un partido de fútbol.

b. Recuento inverso

También se puede realizar el recuento de manera inversa, pero esto no cambia el formato estudiado inicialmente. Entonces, se podría colocar de la siguiente manera:

$$Contador = Contador - 1$$

Solo se debe tener en cuenta la situación inicial de la variable Contador, puesto que, si en algún momento llega a tener el valor cero, el contador seguirá el proceso con los números negativos.

B. Caso del uso de contadores

Suponga que se cuenta con una lista de edades en un ListBox, las cuales se generan de manera aleatoria entre 1 y 60 usando la función RND. Por tal motivo, se quiere contar el total de edades, el total de mayores y menores de edad y el total de edades igual a veinte.

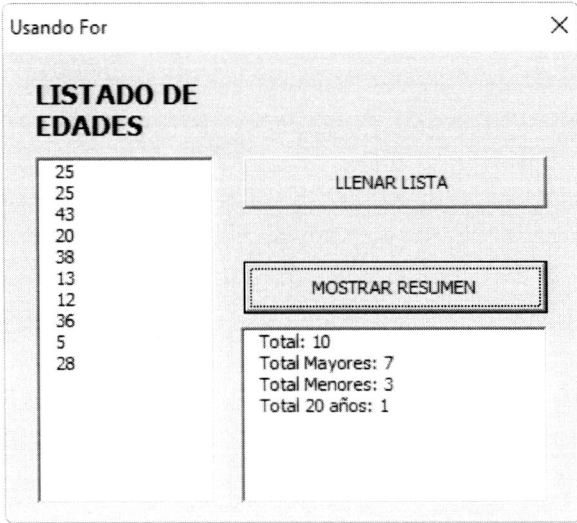

Figura 33. Aplicación de contadores

Entonces, se colocará el siguiente código:

```
Private Sub btnLlenar_Click()
    lstEdades.Clear
    For i = 1 To 10
        lstEdades.AddItem Int((60 * Rnd) + 1)
    Next
End Sub


Private Sub btnResumen_Click()
    Dim total As Integer
    Dim totalMayores As Integer
    Dim totalMenores As Integer
    Dim total20 As Integer

    For i = 0 To lstEdades.ListCount - 1
        If lstEdades.List(i) >= 18 Then
            totalMayores = totalMayores + 1
            Else
            totalMenores = totalMenores + 1
        End If


        'Determinar el total de 20 años
        If lstEdades.List(i) = 20 Then
            total20 = total20 + 1
        End If
    Next
    lstResumen.Clear
    lstResumen.AddItem "Total: " & lstEdades.ListCount
    lstResumen.AddItem "Total Mayores: " & totalMayores
    lstResumen.AddItem "Total Menores: " & totalMenores
    lstResumen.AddItem "Total 20 años: " & total20
End Sub
```

3.3 Acumuladores

También llamado totalizador, es una variable cuya misión es registrar cierto número de cantidades en sumas o multiplicaciones sucesivas. Su función es muy parecida a los contadores, la diferencia radica en que un contador realiza una sentencia de valor constante, mientras que el valor del acumulador es variable.

A. Formato de acumuladores

a. Acumulador directo

Los acumuladores siempre se ejecutan por valores diferentes; por tanto, el valor debe ser del mismo tipo de datos y debe asegurarse que siempre cambie de valor.

```
Acumulador = Acumulador + Valor
```

El **Acumulador + Valor** indica que el último valor que contenga la variable Acumulador aumentará de acuerdo con el valor, mientras que **Acumulador =** registrará el nuevo valor del acumulador.

Se debe tener en cuenta que puede usarse cualquier variable en el formato, no necesariamente la variable Acumulador. Por ejemplo:

- SUMA = SUMA+VALOR, acumulador de sumas sucesivas.
- TOTAL = TOTAL+VALOR, acumulador de totales sucesivos.
- MONTO = MONTO+VALOR, acumulador de importes sucesivos.

b. Acumulador inverso

También se puede realizar el acumulador de manera inversa, pero esto no cambia el formato estudiado inicialmente. Entonces, se podría colocar de la siguiente manera:

$$Acumulador = Acumulador - 1$$

Solo se debe tener en cuenta la situación inicial de la variable Acumulador, ya que, si en algún momento llega a tener el valor cero, el acumulador seguirá el proceso con los números negativos.

B. Caso de uso de los acumuladores

Suponga que se cuenta con una lista de importes de dinero entre S/100 y S/4000, los cuales deben mostrarse en un cuadro de lista. Por tal motivo, se quiere contar el total de dinero registrado, el total acumulado menor que 1000, el total acumulado entre 1000 y 2000 y el total acumulado mayor que 3000.

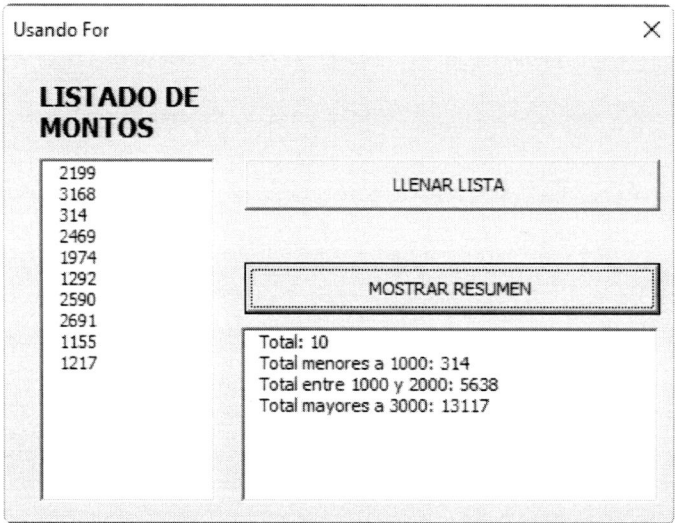

Figura 34. Aplicación de acumuladores

Entonces, se colocará el siguiente código:

```
Private Sub btnLlenar_Click()
    lstMontos.Clear
    For i = 1 To 10
        lstMontos.AddItem Int((4000 * Rnd) + 100)
    Next
End Sub
```

```
Private Sub btnResumen_Click()
    Dim total As Currency
    Dim total1000 As Currency
    Dim total2000 As Currency
    Dim total3000 As Currency

    For i = 0 To lstMontos.ListCount - 1
        If lstMontos.List(i) < 1000 Then
            total1000 = total1000 + lstMontos.List(i)
            ElseIf lstMontos.List(i) <= 2000 Then
            total2000 = total2000 + lstMontos.List(i)
            Else
            total3000 = total3000 + lstMontos.List(i)
        End If
    Next
    lstResumen.Clear
    lstResumen.AddItem "Total: " & lstMontos.ListCount
    lstResumen.AddItem "Total menores a 1000: " & total1000
    lstResumen.AddItem "Total entre 1000 y 2000: " & total2000
    lstResumen.AddItem "Total mayores a 3000: " & total3000

End Sub
```

3.4 Estructura For...Next

También son llamados bucles o ciclos controlados por un contador, ya que ejecuta un bloque de sentencias por un número determinado de veces según el rango especificado en la estructura. Asimismo, la estructura For permite recorrer ciclos de repeticiones ascendentes como descendentes, los cuales dependerán de los valores especificados en la estructura.

A. Formato de la estructura For...Next

a. Formato ascendente

```
For Variable = ValorInicio TO ValorTope [Step +Valor]
    'Cuerpo del Bucle
Next
```

b. Formato descendente

```
For Variable = ValorInicio TO ValorTope [Step -Valor]
   'Cuerpo del Bucle
Next
```

Donde:

- **For:** indica el inicio de la estructura de repetición.
- **Variable:** es el responsable de la cantidad de ciclos repetidos, dicha variable debe ser declarada como **Integer**.

- **ValorInicial:** es el valor de inicio para el rango perteneciente al ciclo de repeticiones, dicho valor puede ser un número entero positivo o negativo.

- **To:** indica el otro valor del rango.

- **ValorFinal:** es el valor que define hasta dónde recorre el rango de repeticiones, el cual puede ser expresado con un número entero positivo o negativo.

- **Step Valor:** indica cuál será la dirección del ciclo de repeticiones, que puede ser ascendente o descendente.

- **Cuerpo del bucle:** son las sentencias que se ejecutarán mientras se encuentre en el rango del ciclo de repeticiones.

- **Next:** indica la finalización de la estructura repetitiva For.

B. **Casos de uso la estructura For...Next:**

    a. Imprimir en una lista los 10 primeros números.

```
Dim i As Integer
For i = 1 To 10
    lstResumen.AddItem i
Next
```

    b. Imprimir en una lista los 10 primeros números de forma descendente.

```
Dim i As Integer
For i = 10 To 1 Step -1
    lstResumen.AddItem i
Next
```

    c. Imprimir los 10 primeros números pares.

       - **Primera forma:**

```
Dim i As Integer
For i = 2 To 20 Step +2
    lstResumen.AddItem i
Next
```

       - **Segunda forma:**

```
Dim i As Integer
For i = 1 To 10
    lstResumen.AddItem i*2
Next
```

    d. Imprimir los 10 primeros números impares.

```
Dim i As Integer
For i = 1 To 10
    lstResumen.AddItem i*2-1
Next
```

e. Imprimir dentro de una lista N veces el enunciado VBA Macros.

```
Dim i As Integer
Dim n As Integer
N=Inputbox("Ingrese Valor para N:")
For i = 1 To N
    lstResumen.AddItem "VBA Macros"
Next
```

3.5 Estructura While

La estructura While cuenta con una condición para controlar la secuencia de repeticiones. La estructura For recorre el ciclo de repeticiones hasta cumplir con el rango especificado, mientras que While condiciona cada ciclo de repetición hasta que esta sea falsa, y es ahí cuando finaliza dicho ciclo.

A. Formatos de la estructura While

a. Formato 1:

Las sentencias se repetirán siempre que la condición especificada en el While sea verdadera. Entonces, cuando la condición emita un falso, el ciclo de repeticiones terminará. Se debe tener en cuenta que para acceder al ciclo de repeticiones la condición debe ser obligatoriamente verdadera, por lo menos la primera vez.

```
Do While condicion
    'Cuerpo del Bucle
Loop
```

b. Formato 2:

Las sentencias se repetirán hasta que la condición especificada sea verdadera, es decir, la condición debe ser falsa para iniciar el ciclo. Entonces, cuando el resultado de evaluar la condición sea verdadero se terminará el ciclo de repeticiones.

```
Do Until condicion
    'Cuerpo del Bucle
Loop
```

c. Formato 3:

Las sentencias se repetirán mientras que la condición especificada sea verdadera, es decir, la condición debe ser falsa para finalizar el ciclo de repeticiones. Se debe tener en cuenta que la condición se evalúa después de un ciclo de repetición.

```
Do
    'Cuerpo del Bucle
Loop While condicion
```

d. Formato 4:

Las sentencias se repetirán mientras no se cumpla con la condición especificada. Entonces, cuando esta sea verdadera, el ciclo de repeticiones finalizará. Se debe tener en cuenta que la condición se evalúa después de un ciclo de repetición.

```
Do
    'Cuerpo del Bucle
Loop Until Condicion
```

B. **Casos de uso de la estructura While**

a. Imprimir los diez primeros números enteros de forma ascendente usando el formato 1.

```
Dim i As Integer
i = 1
Do While i <= 10
    lstResumen.AddItem i
    i = i + 1
Loop
```

b. Imprimir los diez primeros números enteros de forma ascendente usando el formato 2.

```
Dim i As Integer
i = 1
Do Until i > 10
    lstResumen.AddItem i
    i = i + 1
Loop
```

c. Imprimir los diez primeros números enteros de forma ascendente usando el formato 3.

```
Dim i As Integer
i = 1
Do
    lstResumen.AddItem i
    i = i + 1
Loop While i <= 10
```

d. Imprimir los diez primeros números enteros de forma ascendente usando el formato 4.

```
Dim i As Integer
i = 1
Do
    lstResumen.AddItem i
    i = i + 1
Loop Until i > 10
```

3.6 Casos desarrollados

3.6.1 Caso desarrollado 1: movimientos bancarios

Implemente una aplicación en VBA que permita controlar los movimientos bancarios que pueda realizar un determinado cliente. Por tanto, debe considerar los siguientes aspectos:

a. Los movimientos bancarios permitidos son de retiro y depósito, los cuales deben seleccionarse desde el control **ComboBox**.

b. La cuantía inicial con la que deben contar todos los clientes es de S/10 000. A partir de aquí, se puede retirar o depositar dinero.

c. Se tiene que tener el control exacto de la hora del movimiento; por lo tanto, será necesario que implemente un reloj digital en el UserForm que muestre de forma dinámica la hora actual.

d. Debe implementar funciones o procedimientos necesarios para la aplicación.

e. Debe implementar una función que permita comprobar la selección del tipo de movimiento y la cuantía ingresada por el cliente.

f. Debe implementar un botón PROCESAR, el cual permita mostrar el número de movimiento, tipo de movimiento, hora y cuantía en un control **ListBox**; también considere que el saldo actual debe modificarse de acuerdo con el tipo de movimiento realizado.

g. Debe implementar un botón **Enviar a Excel** para generar un registro de movimientos bancarios.

h. En la hoja de Excel, los datos deben mostrarse de la siguiente manera:

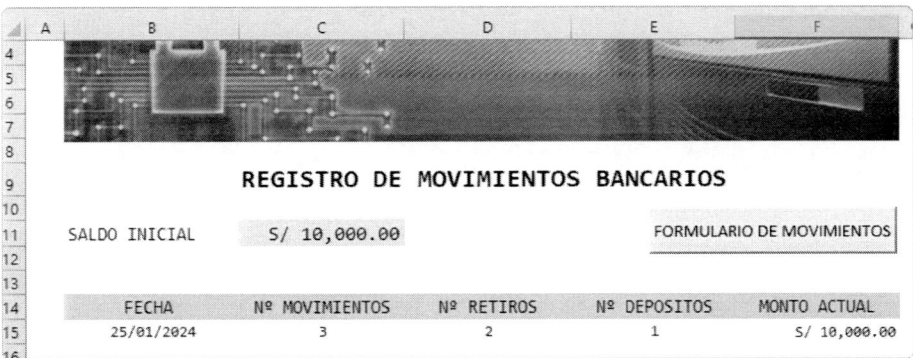

Además, considere que en la hoja de Excel se debe mostrar la cantidad total de movimientos, la cantidad total de retiros, la cantidad total de depósitos y el importe actual.

i. El UserForm debe tener el siguiente aspecto:

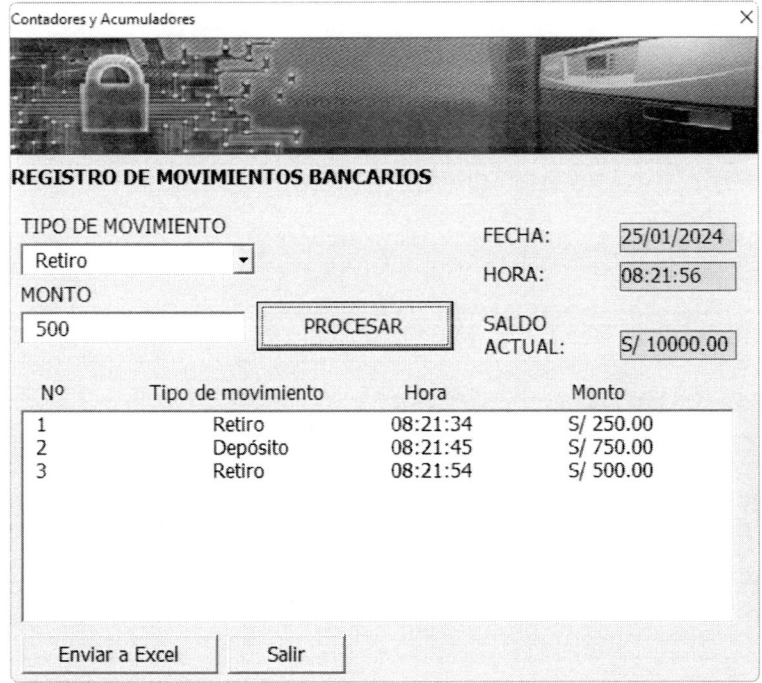

j. Asigne las siguientes propiedades a estos controles:

UserForm1	**(Name)**	frmMovimiento
	Caption	CONTADORES Y ACUMULADORES
Label1	**Caption**	REGISTRO DE MOVIMIENTOS BANCARIOS
Label2	**(Name)**	lblFecha
	Caption	Dejar vacío

Label3	(Name)	lblHora
	Caption	Dejar vacío
Label4	(Name)	lblSaldo
	Caption	Dejar vacío
Label5	Caption	TIPO DE MOVIMIENTO
Label6	Caption	MONTO
Label7	Caption	FECHA:
Label8	Caption	HORA:
Label9	Caption	SALDO ACTUAL:
Label10	Caption	Nº
Label11	Caption	Tipo de movimiento
Label12	Caption	Hora
Label13	Caption	Monto
Combobox1	(Name)	cboMovimiento
CommandButton1	(Name)	btnProcesar
	Caption	PROCESAR
	Default	True
CommandButton2	(Name)	btnExcel
	Caption	ENVIAR A EXCEL
CommandButton3	(Name)	btnSalir
	Caption	SALIR
	Cancel	True
TextBox1	(Name)	txtMonto
ListBox1	(Name)	LstR

Código VBA:

```vba
Dim cm As Boolean
Dim saldoActual@
Dim numeroMovimiento%, i%, cr%, cd%

Private Sub btnExcel_Click()
    Dim uFila%
    uFila = determinaUltimaFila

    Sheets(1).Cells(uFila, 2).Value = lblFecha.Caption
    Sheets(1).Cells(uFila, 3).Value = cr + cd
    Sheets(1).Cells(uFila, 4).Value = cr
    Sheets(1).Cells(uFila, 5).Value = cd
    Sheets(1).Cells(uFila, 6).Value = saldoActual
End Sub

Private Sub btnProcesar_Click()
    If valida = "" Then
        Dim tipo$, monto@
```

```
            tipo = cboMovimiento.Text
            monto = CCur(txtMonto.Text)

        'Acumulador
        Select Case tipo
            Case "Retiro"
                saldoActual = saldoActual - monto
                cr = cr + 1
            Case "Deposito"
                saldoActual = saldoActual + monto
                cd = cd + 1
        End Select

        'Contador
        numeroMovimiento = numeroMovimiento + 1

        'Imprimir los resultados
        lstR.ColumnCount = 4
        lstR.AddItem numeroMovimiento
        lstR.List(i, 1) = tipo
        lstR.List(i, 2) = lblHora.Caption
        lstR.List(i, 3) = "S/ " & Format(monto, "0.00")
        i = i + 1

        'Mostrando el saldo actualizado
        lblSaldo.Caption = "S/ " & Format(saldoActual, "0.00")
        Else
        MsgBox "El error se encuentra en " & valida
    End If
End Sub

Private Sub btnSalir_Click()
    End
End Sub

Private Sub UserForm_Activate()
    Call llenaMovimientos

    'Definiendo el valor inicial del saldo
    saldoActual = 10000
    lblSaldo.Caption = "S/ " & Format(saldoActual, "0.00")
    Range("C11").Value = saldoActual

    Call muestraFecha_Hora
End Sub
```

```vba
'Mostrando la fecha y hora de la transacción
Sub muestraFecha_Hora()
    lblFecha.Caption = Date
    Do
        If cm = True Then Exit Sub
        lblHora.Caption = Format(Now, "hh:mm:ss")
        DoEvents
    Loop
End Sub


'Llena tipos de movimientos
Sub llenaMovimientos()
    cboMovimiento.Text = "(Seleccione)"
    cboMovimiento.AddItem "Retiro"
    cboMovimiento.AddItem "Deposito"
End Sub


'Función que determina la última fila
Function determinaUltimaFila() As Integer
  uFila = Sheets(1).Cells(Rows.Count, 2).End(xlUp).Offset(1, 0).Row
  determinaUltimaFila = uFila
End Function


Private Sub UserForm_Terminate()
    End
End Sub

'Función que valida el ingreso de valores
Function valida() As String
    Dim mensaje$
    If cboMovimiento.ListIndex = -1 Then
        mensaje = "Tipo de movimiento"
        cboMovimiento.SetFocus
        ElseIf Len(Trim(txtMonto.Text)) = 0 Then
            mensaje = "Monto"
            txtMonto.SetFocus
        ElseIf Not IsNumeric(txtMonto.Text) Then
            mensaje = "Monto"
            txtMonto.SetFocus
        Else
            mensaje = ""
    End If
    valida = mensaje
End Function
```

A continuación, se explicarán algunas sentencias del código:

```
Dim cm As Boolean
```

Declaración de una variable de tipo lógica que solo puede tener dos valores: True o False. Esta variable se usa como apoyo en la impresión del reloj digital en el formulario.

```
Dim saldoActual@
```

Se declara a **saldoActual** como global porque es necesario que todos los procedimiento o funciones usen dicha variable con el valor más actual posible.

```
Dim numeroMovimiento%, i%, cr%, cd%
```

La variable **cr** determina el total de recuentos de los retiros, mientras que **cd** determina el total de depósitos durante todo el proceso.

```
saldoActual = saldoActual - monto
cr = cr + 1
```

La sentencia para **saldoActual** determina el acumulado de los importes de acuerdo con los movimientos realizados por el usuario. Tenga en cuenta que, como es un retiro, no se debe sumar, sino que debe disminuir, por eso se está restando con la cuantía; mientras que **cr** determina el contador de retiros, el cual sí tiene que ser positivo, pues se está contando cuántas veces ha retirado.

```
lstR.ColumnCount = 4
```

Sentencia que permite subdividir en cuatro secciones un cuadro de lista. Cuando esto sucede, la lista se convierte en una matriz bidimensional; de modo que, para colocar elementos dentro de ella, se necesita especificar la fila y la columna donde se mostrará un elemento.

```
lstR.List(i, 3) = "S/ " & Format(monto, "0.00")
```

Sentencia que permite imprimir, en la posición **i** y columna **3**, el valor contenido en la variable cuantía formateada a dos decimales. La variable **i** se encuentra dentro de un ciclo de repeticiones, por tanto, se imprimirán muchos valores de acuerdo con la cantidad de valores que tenga **i**.

3.6.2 Caso desarrollado 2: registro de notas

Implementar una aplicación en VBA que permita controlar el registro de las notas de los alumnos. Por tanto, debe considerar los siguientes aspectos:

a. En el UserForm se debe registrar el nombre del alumno, tres notas y un expediente académico (crédito) por cada uno de ellos.

b. La aplicación debe devolver la media simple y ponderada, las cuales cuentan con las siguientes fórmulas:

$$Media\ simple = \frac{n1 + n2 + n3}{3}$$

$$Media\ ponderada = \frac{n1xc1 + n2xc2 + n3xc3}{(c1 + c2 + c3)}$$

En donde n1, n2 y n3 representan las tres notas del alumno, mientras que c1, c2 y c3 representan los expedientes académicos por cada nota.

c. Después de registrar los valores, estos deberán mostrarse en los cuadros de lista en el siguiente orden: número de orden, nombre completo del alumno, nota 1, crédito 1, nota 2, crédito 2, nota 3, crédito 3, media simple y media ponderada.

d. Implemente funciones o procedimientos necesarios para la aplicación.

e. Implemente una función que permita comprobar la introducción de valores en los nombres del alumno. Las notas deben encontrarse de 0 a 20 y la introducción de valores en el expediente académico.

f. Implemente un botón llamado REGISTRAR que permita mostrar los datos introducidos más la media simple y ponderada en controles de tipo listas.

g. Implemente un botón llamado PROCESAR que permita mostrar el nombre del alumno con la mayor media ponderada, además de su media ponderada. Asimismo, mostrar el número de alumnos aprobados y suspensos.

h. Implemente un botón ENVIAR A EXCEL para enviar el número de orden, el nombre completo del alumno, la media simple y la media ponderada a la hoja de Excel tal como se muestra en la siguiente imagen:

i. El UserForm debe tener el siguiente aspecto:

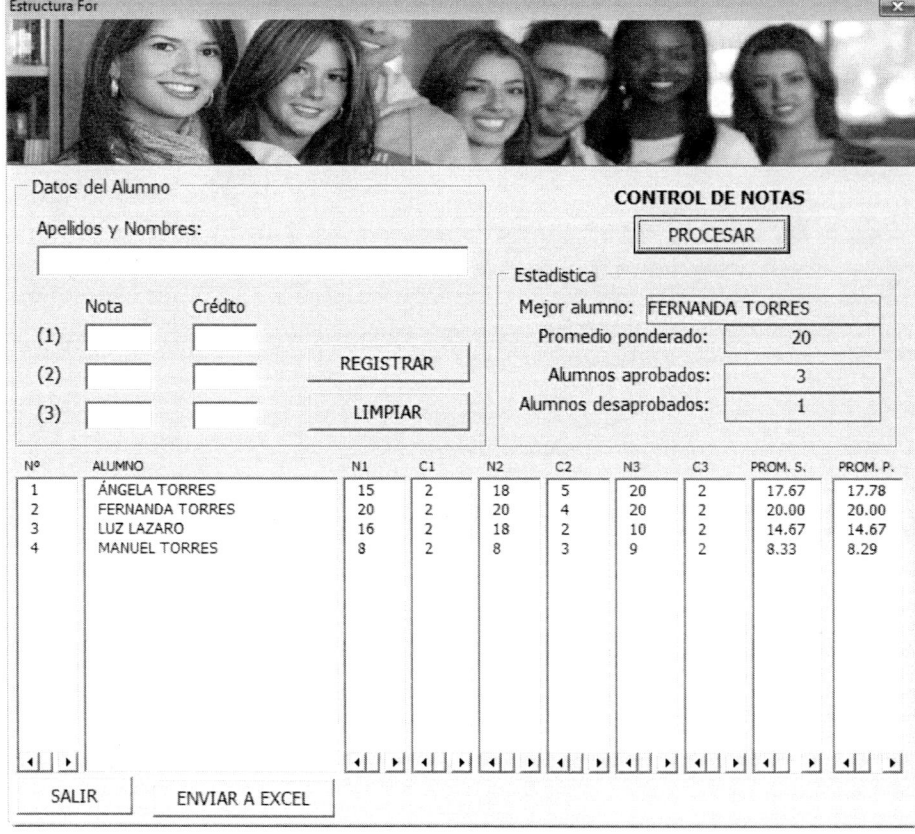

j. Asigne las siguientes propiedades a estos controles:

Control	Propiedad	Valor
UserForm1	(Name)	frmPromedio
	Caption	ESTRUCTURA FOR
Frame1	Caption	Datos del Alumno
Frame2	Caption	Estadística
Label1	Caption	Apellidos y Nombres
Label2	Caption	Nota
Label3	Caption	Crédito
Label4	Caption	(1)
Label5	Caption	(2)
Label6	Caption	(3)
Label7	Caption	Mejor alumno:
Label8	Caption	Promedio ponderado:
Label9	Caption	Alumnos aprobados:
Label10	Caption	Alumnos desaprobados:
Label11	(Name)	lblMejorAlumno
	Caption	Dejar vacío
Label12	(Name)	lblPromedio
	Caption	Dejar vacío
Label13	(Name)	lblAprobados
	Caption	Dejar vacío
Label14	(Name)	lblDesaprobados
	Caption	Dejar vacío
CommandButton1	(Name)	btnRegistrar
	Caption	REGISTRAR
	Default	True
CommandButton2	(Name)	btnLimpiar
	Caption	LIMPIAR
CommandButton3	(Name)	btnProcesar
	Caption	PROCESAR
CommandButton4	(Name)	btnSalir
	Caption	SALIR
	Cancel	True
CommandButton5	(Name)	btnEnviar
	Caption	ENVIAR A EXCEL
TextBox1	(Name)	txtAlumno
TextBox2	(Name)	txtN1
TextBox3	(Name)	txtC1
TextBox4	(Name)	txtN2
TextBox5	(Name)	txtC2
TextBox6	(Name)	txtN3
TextBox7	(Name)	txtC3

Código VBA:

```vba
Dim n%

Private Sub btnEnviar_Click()
    Dim uFila%
    uFila = determinaUltimaFila

    For i = 0 To lstNumero.ListCount - 1
        Sheets(1).Cells(uFila + i, 2).Value = lstNumero.List(i)
        Sheets(1).Cells(uFila + i, 3).Value = lstAlumno.List(i)
        Sheets(1).Cells(uFila + i, 4).Value = lstPromedioS.List(i)
        Sheets(1).Cells(uFila + i, 5).Value = lstPromedioP.List(i)
    Next
End Sub

Private Sub btnProcesar_Click()
    On Error GoTo Imprevisto
    Dim mayorPromedio#, i%, posicion%
    For i = 0 To lstPromedioP.ListCount - 1
        If CInt(lstPromedioP.List(i)) > mayorPromedio Then
            mayorPromedio = CInt(lstPromedioP.List(i))
            posicion = i
        End If
    Next
    lblPromedio.Caption = mayorPromedio
    lblMejorAlumno.Caption = lstAlumno.List(posicion)

    Dim cAprobados%, cDesaprobados%
    For i = 0 To lstPromedioS.ListCount - 1
        If CInt(lstPromedioS.List(i)) > 10 Then
            cAprobados = cAprobados + 1
        Else
            cDesaprobados = cDesaprobados + 1
        End If
    Next
    lblAprobados.Caption = cAprobados
    lblDesaprobados.Caption = cDesaprobados
    Exit Sub
Imprevisto:
    MsgBox "Error en el proceso"
End Sub

Private Sub btnRegistrar_Click()
    If valida = "" Then
```

```vb
        Dim alumno$, n1%, n2%, n3%, c1%, c2%, c3%

        'Capturando los datos
        alumno = txtAlumno.Text
        n1 = CInt(txtN1.Text)
        n2 = CInt(txtN2.Text)
        n3 = CInt(txtN3.Text)
        c1 = CInt(txtC1.Text)
        c2 = CInt(txtC2.Text)
        c3 = CInt(txtC3.Text)

        'Calculando los promedios
        Dim promedioSimple#, promedioPonderado#
        promedioSimple = (n1 + n2 + n3) / 3
        promedioPonderado = (n1*c1+n2*c2+n3*c3) / (c1+c2+c3)

        'Enviando a las listas
        n = n + 1
        lstNumero.AddItem n
        lstAlumno.AddItem UCase(alumno)
        lstN1.AddItem n1
        lstC1.AddItem c1
        lstN2.AddItem n2
        lstC2.AddItem c2
        lstN3.AddItem n3
        lstC3.AddItem c3
        lstPromedioS.AddItem Format(promedioSimple, "0.00")
        lstPromedioP.AddItem Format(promedioPonderado, "0.00")
        Call limpiaControles
    Else
        MsgBox "El error se encuentra en " & valida
    End If
End Sub


'Función que valida el ingreso de valores
Function valida() As String
    Dim mensaje$
    If Len(Trim(txtAlumno.Text)) = 0 Then
        mensaje = "Nombre del alumno"
        txtAlumno.SetFocus
        ElseIf Not IsNumeric(txtN1.Text) Or CInt(txtN1.Text) > 20
                                Or CInt(txtN1.Text) < 0 Then
        mensaje = "Nota 1"
        txtN1.SetFocus
```

```
                ElseIf Not IsNumeric(txtN2.Text) Or CInt(txtN2.Text) > 20
                                             Or CInt(txtN2.Text) < 0 Then
            mensaje = "Nota 2"
            txtN2.SetFocus
            ElseIf Not IsNumeric(txtN3.Text) Or CInt(txtN3.Text) > 20
                                             Or CInt(txtN3.Text) < 0 Then
            mensaje = "Nota 3"
            txtN3.SetFocus
            ElseIf Not IsNumeric(txtC1.Text) Or CInt(txtC1.Text) > 20
                                             Or CInt(txtC1.Text) < 0 Then
            mensaje = "Crédito 1"
            txtC1.SetFocus
            ElseIf Not IsNumeric(txtC2.Text) Or CInt(txtC2.Text) > 20
                                             Or CInt(txtC2.Text) < 0 Then
            mensaje = "Crédito 2"
            txtC2.SetFocus
            ElseIf Not IsNumeric(txtC3.Text) Or CInt(txtC3.Text) > 20
                                             Or CInt(txtC3.Text) < 0 Then
            mensaje = "Crédito 3"
            txtC3.SetFocus
            Else
            mensaje = ""
        End If
        valida = mensaje
End Function


'Procedimiento que limpia los controles para un nuevo registro
Sub limpiaControles()
    txtAlumno.Text = ""
    txtN1.Text = ""
    txtN2.Text = ""
    txtN3.Text = ""
    txtC1.Text = ""
    txtC2.Text = ""
    txtC3.Text = ""
    txtAlumno.SetFocus
End Sub


'Función que determina la última fila
Function determinaUltimaFila() As Integer
  uFila = Sheets(1).Cells(Rows.Count, 2).End(xlUp).Offset(1, 0).Row
  determinaUltimaFila = uFila
End Function
```

A continuación, se explicarán algunas sentencias del código:

```
For i = 0 To lstNumero.ListCount - 1
```

Sentencia que permite generar un ciclo de repeticiones a las sentencias que se encuentran dentro del bloque **For**. Tenga en cuenta que la idea es recorrer toda una lista; por tanto, el punto de inicio es cero, ya que las posiciones de los arreglos siempre comienzan en cero, y el último valor de la lista siempre se encontrará en el total menos una posición, por eso se resta menos uno al **ListCount**. Cabe mencionar que este último puede emitir un valor **20**, pero el elemento en realidad se encuentra en la posición **19**.

```
Sheets(1).Cells(uFila + i, 2).Value = lstNumero.List(i)
```

Se envía a Excel el contenido de la lista, para esto se usa la propiedad **List**. Además, se debe especificar entre paréntesis el valor del recorrido que se debe realizar para obtener todos los valores de la lista.

```
On Error GoTo Imprevisto
```

Punto de inicio de la comprobación de valores, pues si se encuentra algún valor errado la aplicación ejecutará las sentencias ubicadas en **Imprevisto**.

3.6.3 Caso desarrollado 3: registro de personal

Implementar una aplicación en VBA que permita controlar el registro de personal. Por tanto, debe considerar los siguientes aspectos:

a. En el UserForm se deben registrar los apellidos, los nombres, el cargo y el sexo.

b. La aplicación, inicialmente, debe mostrar el código autogenerado con el siguiente formato: **PER0001**, donde PER es un valor constante y 0001 es un valor consecutivo, que dependerá de cuántos registros se encuentren en la hoja de Excel, además de mostrar los cargos y el tipo de sexo en los controles de tipo ComboBox. Con respecto a los cargos se presentan las siguientes cuantías:

Cargo	Sueldo mensual
Jefe	S/5500.00
Administrador	S/3500.00
Operario	S/1500.00
Servicio	S/850.00

c. La aplicación puede registrar N personal, los cuales deberán ser enviados a Excel por medio del botón **ENVIAR A EXCEL**.

d. Implemente funciones o procedimientos necesarios para la aplicación.

e. Implemente un botón **REGISTRAR** que envíe el código autogenerado, el nombre completo del personal, el cargo, el sexo y el sueldo según el tipo de cargo a las listas correspondientes.

f. En la hoja de Excel, los datos deben mostrarse de la siguiente manera:

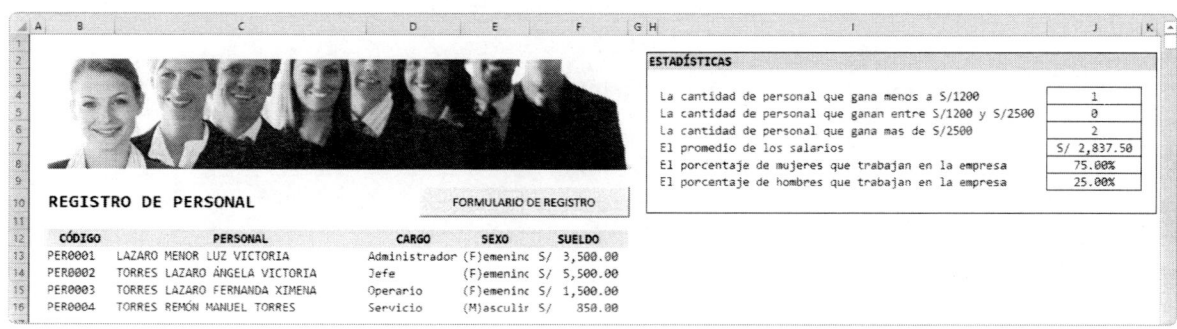

g. Asimismo, desde el botón REGISTRAR también se debe enviar información al control Listbox con la siguiente información:

- Cantidad de personal que gana menos a S/1200.
- Cantidad de personal que gana entre S/1200 a S/2500.
- Cantidad de personal que gana más de S/2500.
- Media de los salarios.
- El porcentaje de mujeres que trabajan en la empresa.
- El porcentaje de hombres que trabajan en la empresa.

h. El UserForm debe tener el siguiente aspecto:

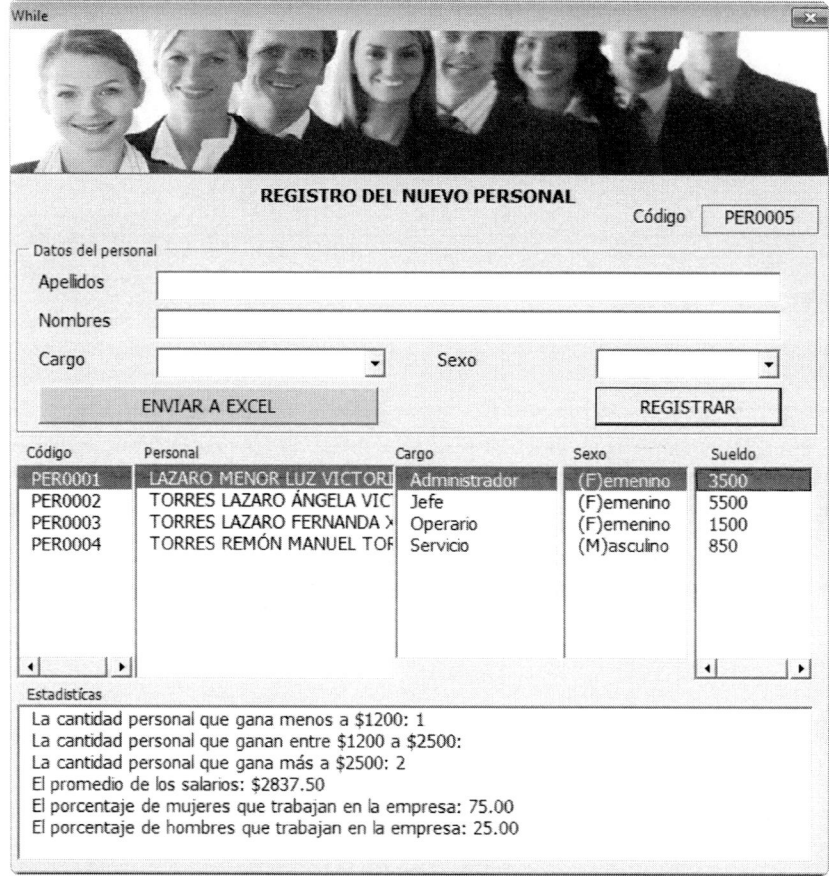

i. Asigne las siguientes propiedades a estos controles:

UserForm1	(Name)	frmRegistro
	Caption	While
Label1	Caption	REGISTRO DEL NUEVO PERSONAL
Label2	Caption	Código
Label3	(Name)	lblCodigo
	Caption	Dejar vacío
Label4	Caption	Apellidos
Label5	Caption	Nombres
Label6	Caption	Cargo
Label7	Caption	Sexo

Label8	Caption	Código
Label9	Caption	Personal
Label10	Caption	Cargo
Label11	Caption	Sexo
Label12	Caption	Sueldo
Combobox1	(Name)	cboCargo
Combobox2	(Name)	cboSexo
CommandButton1	(Name)	btnProcesar
	Caption	PROCESAR
	Default	True
CommandButton2	(Name)	btnExcel
	Caption	ENVIAR A EXCEL
TextBox1	(Name)	txtApellidos
TextBox2	(Name)	txtNombres
ListBox1	(Name)	lstCodigo
ListBox2	(Name)	lstPersonal
ListBox3	(Name)	lstCargo
ListBox4	(Name)	lstSexo
ListBox5	(Name)	lstSueldo
ListBox6	(Name)	lstEstadisticas

Código VBA:

```
'Declaración de variables globales
Dim numero%
Dim i%, C1200%, C5000%, C1200_5000%
Dim aSueldos@
Dim cMasculino%, cFemenino%

Private Sub btnExcel_Click()
    Dim uFila%
    uFila = determinaUltimoRegistro

    For i = 0 To lstCodigo.ListCount - 1
       Sheets(1).Cells(uFila + i, 2).Value = lstCodigo.List(i)
       Sheets(1).Cells(uFila + i, 3).Value = lstPersonal.List(i)
       Sheets(1).Cells(uFila + i, 4).Value = lstCargo.List(i)
       Sheets(1).Cells(uFila + i, 5).Value = lstSexo.List(i)
       Sheets(1).Cells(uFila + i, 6).Value = lstSueldo.List(i)
    Next
    Range("J4").Value = C1200
    Range("J5").Value = C1200_5000
    Range("J6").Value = C5000
    Range("J7").Value = aSueldos / lstCodigo.ListCount
    Range("J8").Value = Format(cFemenino/(cFemenino+cMasculino), "0.00")
```

```vba
        Range("J9").Value=Format(cMasculino/(cFemenino+cMasculino), "0.00")
End Sub


Private Sub btnRegistrar_Click()
    If valida = "" Then
        'Capturando los datos
        Dim apellidos$, nombres$, cargo$, sexo$
        apellidos = txtApellidos.Text
        nombres = txtNombres.Text
        cargo = cboCargo.Text
        sexo = cboSexo.Text

        'Enviando los valores a las listas
        lstCodigo.AddItem lblCodigo.Caption
        lstPersonal.AddItem UCase(apellidos) & Space(1) & UCase(nombres)
        lstCargo.AddItem cargo
        lstSexo.AddItem sexo
        lstSueldo.AddItem determinaSueldo

        Call limpiaControles
        lblCodigo.Caption = generaCodigo
        Call realizaConteos
        Else
        MsgBox "El error se encuentra en " & valida
    End If
End Sub


Private Sub UserForm_Activate()
    Call llenaCargos
    Call llenaSexo
    numero = determinaUltimoRegistro - 12
    lblCodigo.Caption = generaCodigo
End Sub


'Procedimiento que llena los cargos
Sub llenaCargos()
    cboCargo.AddItem "Jefe"
    cboCargo.AddItem "Administrador"
    cboCargo.AddItem "Operario"
    cboCargo.AddItem "Servicio"
End Sub


'Procedimiento que llena los tipos de sexo
Sub llenaSexo()
```

```vb
        cboSexo.AddItem "(M)asculino"
        cboSexo.AddItem "(F)emenino"
End Sub


'Función que determina el sueldo del personal
Function determinaSueldo() As Currency
    Dim sueldo@
    Select Case cboCargo.Text
        Case "Jefe": sueldo = 5500
        Case "Administrador": sueldo = 3500
        Case "Operario": sueldo = 1500
        Case "Servicio": sueldo = 850
    End Select
    determinaSueldo = sueldo
End Function


'Función que genera código del nuevo personal
Function generaCodigo() As String
    Dim codigo$
    codigo = "PER" & Format(numero, "0000")
    numero = numero + 1
    generaCodigo = codigo
End Function


'Función que determina el último registro
Function determinaUltimoRegistro() As Integer
  uFila = Sheets(1).Cells(Rows.Count, 2).End(xlUp).Offset(1, 0).Row
  determinaUltimoRegistro = uFila
End Function


'Procedimiento que limpia los controles del formulario
Sub limpiaControles()
    txtApellidos.Text = ""
    txtNombres.Text = ""
    cboCargo.ListIndex = -1
    cboSexo.ListIndex = -1
    txtApellidos.SetFocus
End Sub


'Conteos para estadística usando While
Sub realizaConteos()
    Do While i < lstCodigo.ListCount
        'Realizando los conteos
        If CCur(lstSueldo.List(i)) < 1200 Then
```

```vba
                C1200 = C1200 + 1
            ElseIf CCur(lstSueldo.List(i)) >= 1200
                        And CCur(lstSueldo.List(i)) < 2500 Then
            C1200_2500 = C1200_2500 + 1
            Else
            C5000 = C5000 + 1
        End If
        'Totalizando los sueldos
        aSueldos = aSueldos + CCur(lstSueldo.List(i))

        'Conteos por tipo de sexo
        If lstSexo.List(i) = "(M)asculino" Then
            cMasculino = cMasculino + 1
            Else
            cFemenino = cFemenino + 1
        End If
        i = i + 1
    Loop


    "Imprimir los resultados en las listas
    lstEstadistica.Clear
    lstEstadistica.AddItem "La cantidad personal que
                        gana menos a S/1200: " & C1200
    lstEstadistica.AddItem "La cantidad personal que
                        ganan entre S/1200 a S/2500: " & C1200_2500
    lstEstadistica.AddItem "La cantidad personal que
                        gana más a S/2500: " & C5000
    lstEstadistica.AddItem "El promedio de los salarios:
                S/ " & Format(aSueldos / lstCodigo.ListCount,"0.00")
    lstEstadistica.AddItem "El porcentaje de mujeres que
                trabajan en la empresa: " &
                Format((cFemenino*100)/(cFemenino+cMasculino),"0.00")
    lstEstadistica.AddItem "El porcentaje de hombres que
                trabajan en la empresa: " &
                Format((cMasculino*100)/(cFemenino+cMasculino),"0.00")
End Sub


'Función de validación
Function valida() As String
    Dim mensaje$
    If Len(Trim(txtApellidos.Text)) = 0 Then
        mensaje = "apellidos del personal"
        txtApellidos.SetFocus
        ElseIf Len(Trim(txtNombres.Text)) = 0 Then
```

```
            mensaje = "nombre del personal"
            txtNombres.SetFocus
        ElseIf cboCargo.ListIndex = -1 Then
            mensaje = "cargo del personal"
            cboCargo.SetFocus
        ElseIf cboSexo.ListIndex = -1 Then
            mensaje = "sexo del personal"
            cboSexo.SetFocus
        Else
            mensaje = ""
    End If
    valida = mensaje
End Function
```

3.6.4 Caso desarrollado 4: tienda comercial de electrodomésticos

Implementar una aplicación en VBA que permita controlar las ventas realizadas en una tienda comercial de electrodomésticos. Por tanto, debe considerar los siguientes aspectos:

a. En el UserForm se deben registrar los datos del cliente, como el nombre completo o la razón social y el número de la Seguridad Social (o RUC, Registro Único de Contribuyentes).

b. En el UserForm se deben registrar los datos del producto, como la descripción del producto desde un control **Combobox** y la cantidad a comprar por parte del cliente.

c. Los precios de los productos se dan de acuerdo con la siguiente tabla:

Producto	Precio en dólares
Lavadora	S/1500.00
Nevera	S/3500.00
Televisión	S/1600.00
Radio	S/500.00
Cocina	S/1000.00
Licuadora	S/300.00

d. Implementar un botón de **COMPRA** que permita enviar la información del producto seleccionado, la cantidad y el subtotal por cada producto. Además, se debe mostrar en una lista de resumen el subtotal a pagar por todos los productos seleccionados, el descuento del 6 % para todo tipo de venta y el neto a pagar.

e. Una vez enviados los productos, las cantidades y el subtotal, debe habilitar botones para **ELIMINAR** un determinado producto y otro para **BORRAR** todos los productos solo cuando el cliente desee anular los productos seleccionados.

f. En las opciones de pago se deberá mostrar un *check* que permita habilitar la venta a plazos, en caso de que sea seleccionado se deberán habilitar las opciones de 3, 6 y 9 cuotas.

g. Al seleccionar una opción de cuota (3, 6 o 9) se deberán mostrar las fechas y los importes mensuales en controles de tipo **ListBox**.

h. Implemente un botón llamado **OTRA VENTA** que permitirá limpiar todos los controles.

i. Implemente un botón llamado **ENVIAR A EXCEL**, que enviará los datos referentes de la venta, tal como se muestra en la siguiente imagen:

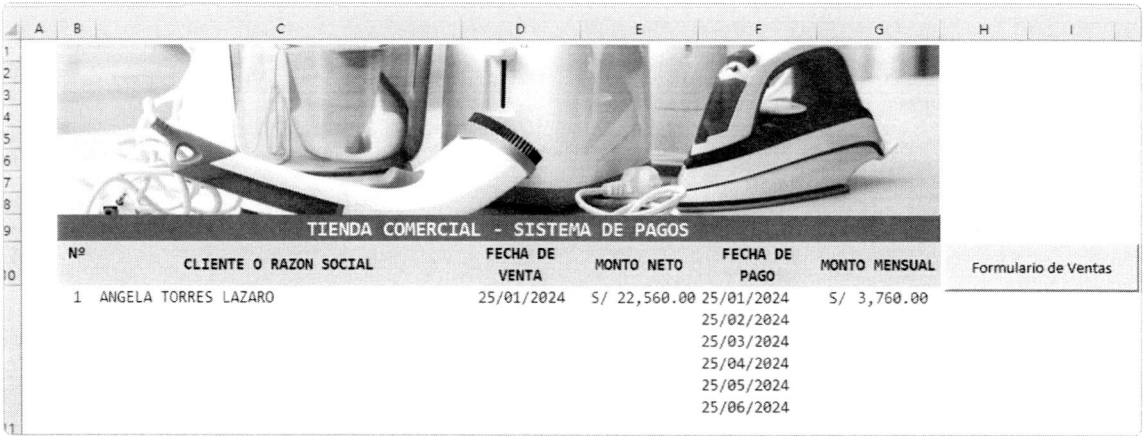

j. El UserForm debe tener el siguiente aspecto:

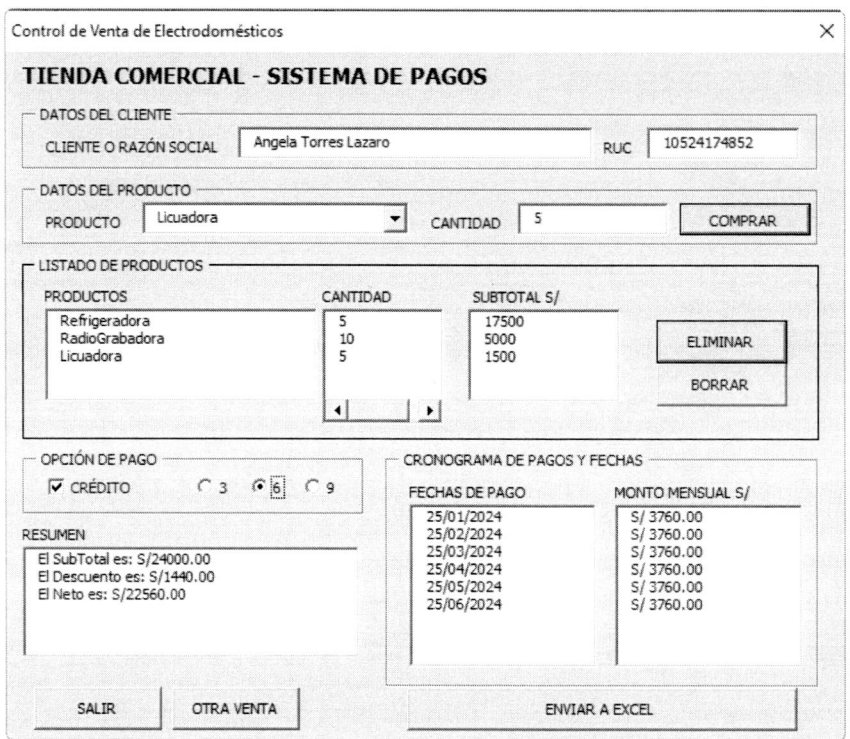

k. Asigne las siguientes propiedades a estos controles:

Control	Propiedad	Valor
UserForm1	**(Name)**	frmTienda
	Caption	Do Loop
Label1	**Caption**	TIENDA COMERCIAL – SISTEMA DE PAGOS
Label2	**Caption**	CLIENTE O RAZÓN SOCIAL
Label3	**Caption**	RUC
Label4	**Caption**	PRODUCTO
Label5	**Caption**	CANTIDAD
Label6	**Caption**	PRODUCTOS
Label7	**Caption**	CANTIDAD

Label8	**Caption**	SUBTOTAL S/
Label9	**Caption**	RESUMEN
Label10	**Caption**	FECHAS DE PAGO
Label11	**Caption**	MONTO MENSUAL S/
Frame1	**Caption**	DATOS DEL CLIENTE
Frame2	**Caption**	DATOS DEL PRODUCTO
Frame3	**Caption**	LISTADO DE PRODUCTOS
Frame4	**Caption**	OPCIÓN DE PAGO
Frame5	**Caption**	CRONOGRAMA DE PAGOS Y FECHAS
ComboBox1	**(Name)**	cboProducto
CommandButton1	**(Name)**	btnComprar
	Caption	COMPRAR
	Default	True
CommandButton2	**(Name)**	BtnEliminar
	Caption	ELIMINAR
	Default	True
CommandButton3	**(Name)**	btnBorrar
	Caption	BORRAR
CommandButton4	**(Name)**	btnExcel
	Caption	ENVIAR A EXCEL
CommandButton5	**(Name)**	btnOtro
	Caption	OTRA VENTA
CommandButton6	**(Name)**	btnSalir
	Caption	SALIR
TextBox1	**(Name)**	txtCliente
TextBox2	**(Name)**	txtRUC
TextBox3	**(Name)**	txtCantidad
ListBox1	**(Name)**	lstProductos
ListBox2	**(Name)**	lstCantidad
ListBox3	**(Name)**	lstSubtotal
ListBox4	**(Name)**	lstResumen
ListBox5	**(Name)**	lstFechas
ListBox6	**(Name)**	lstMontos
CheckBox1	**(Name)**	chkCredito
	Caption	Crédito
OptionButton1	**(Name)**	opt3
	Caption	3
OptionButton2	**(Name)**	opt6
	Caption	6
OptionButton3	**(Name)**	opt9
	Caption	9

Código VBA:

```vba
'Variables GLOBALES
Dim Neto@, letras%

Private Sub UserForm_Activate()
    'Envía los productos al combo
    Call llenaProductos

    'Inhabilita las Opciones
    HabilitaOpciones (False)
End Sub

Private Sub btnComprar_Click()
    If validaProducto = "" Then
        'Capturar la cantidad de productos
        Dim cantidad%
        cantidad = Val(txtCantidad.Text)

        'Asignando el Precio a un producto
        Dim Precio@
        Precio = asignaPrecio(cboProducto.Text)

        'Determinar el Subtotal
        Dim SubTotal@
        SubTotal = Precio * cantidad

        'Enviar los datos a las listas
        lstProductos.AddItem cboProducto.Text
        lstCantidad.AddItem txtCantidad.Text
        lstSubtotal.AddItem SubTotal

        Call imprimirResumen(SubTotal)
        chkCredito.Value = False
        Else
        MsgBox "El error está en " & validaProducto
    End If
End Sub

Private Sub btnEliminar_Click()
  If lstProductos.ListIndex = -1 Then
      MsgBox "Debe seleccionar un producto a eliminar", vbCritical
      Else
        'Capturamos el índice del producto a eliminar
        Dim Indice%
```

```
            Indice = lstProductos.ListIndex

            'Eliminar los elementos de las listas
            Call EliminaListas(Indice)
        End If
End Sub

Private Sub chkcredito_Click()
    If chkCredito.Value = True Then
        Call HabilitaOpciones(True)
        Else
        Call HabilitaOpciones(False)
        lstFechas.Clear
        lstMontos.Clear
    End If
End Sub

'Imprime el pago y fechas para 3 letras
Private Sub opt3_Click()
    Call ImprimePagos(3, Neto)
End Sub

'Imprime el pago y fechas para 6 letras
Private Sub opt6_Click()
    Call ImprimePagos(6, Neto)
End Sub

'Imprime el pago y fechas para 9 letras
Private Sub opt9_Click()
    Call ImprimePagos(9, Neto)
End Sub

Private Sub btnBorrar_Click()
    lstProductos.Clear
    lstCantidad.Clear
    lstSubtotal.Clear
End Sub

'Función que permite asignar un precio a un producto
Function asignaPrecio(ByVal producto As String) As Currency
    If producto = "Lavadora" Then
        Precio = 1500
        ElseIf producto = "Refrigeradora" Then
        Precio = 3500
```

```vba
        ElseIf producto = "Televisión" Then
            Precio = 1600
        ElseIf producto = "RadioGrabadora" Then
            Precio = 500
        ElseIf producto = "Cocina" Then
            Precio = 1000
        ElseIf producto = "Licuadora" Then
            Precio = 300
    End If
    asignaPrecio = Precio
End Function


'Función que valida el ingreso de datos del cliente
Function validaCliente()
    Dim mensaje$
    If Trim(txtCliente.Text) = Empty Then
        mensaje = "Nombre del Cliente"
        ElseIf Trim(txtRUC.Text) = Empty Or Not IsNumeric(txtRUC.Text) Then
        mensaje = "RUC del Cliente"
    End If
    validaCliente = mensaje
End Function


'Función que valida el ingreso de datos del producto
Function validaProducto()
    Dim mensaje$
    If cboProducto.ListIndex = -1 Then
        mensaje = "descripción del producto"
        ElseIf Not IsNumeric(txtCantidad.Text) Then
        mensaje = "cantidad de producto"
    End If
    validaProducto = mensaje
End Function


'Procedimiento que imprime los montos y las
'fechas de pago
Sub ImprimePagos(ByVal letras%, Neto@)
    lstFechas.Clear
    lstMontos.Clear

    'Determinar el Monto por Mes
    Dim Monto@
    Monto = Neto / letras
```

```vb
    'Imprime las fechas y los montos mensuales
    Dim i%
    i = 0
    Do
        lstFechas.AddItem DateAdd("M", i, Date)
        lstMontos.AddItem "S/ " & Format(Monto, "0.00")
        i = i + 1
    Loop While i < letras
End Sub


'Procedimiento que bloquea los controles
'de tipo OptionButton
Sub HabilitaOpciones(ByVal Opcion As Boolean)
    opt3.Enabled = Opcion
    opt6.Enabled = Opcion
    opt9.Enabled = Opcion
End Sub


'Función que asigna el número de cuotas seleccionada
'por el usuario
Function determinaLetras()
    If opt3.Value = True Then
        determinaLetras = 3
        ElseIf opt6.Value = True Then
        determinaLetras = 6
        ElseIf opt9.Value = True Then
        determinaLetras = 9
        Else
        determinaLetras = 1
    End If
End Function


'Procedimiento que llena los productos
'en el control ComboBox
Sub llenaProductos()
    With cboProducto
        .AddItem "Lavadora"
        .AddItem "Refrigeradora"
        .AddItem "Televisión"
        .AddItem "RadioGrabadora"
        .AddItem "Cocina"
        .AddItem "Licuadora"
    End With
End Sub
```

```vba
'Procedimiento que elimina un producto de la lista
Sub EliminaListas(ByVal Indice As Integer)
        lstProductos.RemoveItem (Indice)
        lstCantidad.RemoveItem (Indice)
        lstSubtotal.RemoveItem (Indice)
End Sub


'Función que calcula el monto acumulado del subtotal
Function calculaSubTotal()
    Dim i%, s@
    s = 0
    i = 0
    Do
        s = s + CCur(lstSubtotal.List(i))
        i = i + 1
    Loop While i < lstSubtotal.ListCount
    calculaSubTotal = s
End Function


'Procedimiento que imprime el resultado en el
'control ListBox
Sub imprimirResumen(ByVal SubTotal As Currency)
    lstResumen.Clear

    'Calcular el Descuento
    Dim Descuento@
    Descuento = calculaSubTotal * 0.06

    'Calcular el Neto
    Neto = calculaSubTotal - Descuento

    'Imprimir Resumen
    lstResumen.AddItem "El SubTotal es: S/" & Format(calculaSubTotal, "0.00")
    lstResumen.AddItem "El Descuento es: S/" & Format(Descuento, "0.00")
    lstResumen.AddItem "El Neto es: S/" & Format(Neto, "0.00")
End Sub


Private Sub btnExcel_Click()
    If validaCliente = "" Then
        Dim uFila%
        uFila = determinaUltimoRegistro
```

```vb
        Sheets(1).Cells(uFila, 2).Value = uFila - 10
        Sheets(1).Cells(uFila, 3).Value = UCase(txtCliente.Text)
        Sheets(1).Cells(uFila, 4).Value = Date
        Sheets(1).Cells(uFila, 5).Value = Neto


        Dim fechaLetras$
        For i = 0 To determinaLetras - 1
            fechaLetras = fechaLetras & lstFechas.List(i) & vbNewLine
        Next
        Sheets(1).Cells(uFila, 6).Value = fechaLetras
        Sheets(1).Cells(uFila, 7).Value = Neto / determinaLetras
        Call limpiarTodo
    Else
        MsgBox "El error se encuentra en " & valida
  End If
End Sub


'Función que determina el último registro
Function determinaUltimoRegistro() As Integer
  uFila = Sheets(1).Cells(Rows.Count, 2).End(xlUp).Offset(1, 0).Row
  determinaUltimoRegistro = uFila
End Function


Private Sub btnOtro_Click()
    Call limpiarTodo
End Sub


'Procedimiento que limpia todos los controles
Sub limpiarTodo()
    txtCliente.Text = Empty
    txtRUC.Text = Empty
    cboProducto.ListIndex = -1
    txtCantidad.Text = Empty
    lstProductos.Clear
    lstCantidad.Clear
    lstSubtotal.Clear
    lstResumen.Clear
    lstFechas.Clear
    lstMontos.Clear
    chkCredito.Value = False
End Sub
```

3.6.5 Caso desarrollado 5: registro de coches con multas

Implementar una aplicación en VBA que permita controlar las estadísticas a partir de una lista de registro de coches con multas (papeletas) asignadas. La información proporcionada es el número de placa del automóvil, el distrito del propietario, la marca del coche, la cuantía de la multa, el nombre del propietario y si canceló o no la multa. Por tanto, debe considerar los siguientes aspectos:

- a. Usar funciones o procedimientos para la solución.
- b. Determinar el total de coches con multas que aún no han cancelado la deuda.
- c. Determinar el total de automóviless con multas que han cancelado la deuda.
- d. Determinar la cuantía total acumulada de coches con papeletas que aún no han cancelado la deuda.
- e. Determinar el importe total acumulado de automóviles con papeletas que han cancelado la deuda.

Pasos:

1. Agregue un módulo en el entorno VBA, de tal manera que implemente los siguientes procedimientos:

```vba
'Procedimiento que determina el número de autos
'que no han cancelado la deuda
Sub determinaTotalNOCancelado()
    Range("G12").Select
    Dim i%
    Do While ActiveCell.Value <> ""
        If ActiveCell.Value = "No" Then
            i = i + 1
        End If
        ActiveCell.Offset(1, 0).Select
    Loop
    MsgBox "El total de autos no cancelados es: " & i
End Sub


'Procedimiento que determina el número de autos
'que han cancelado la deuda
Sub determinaTotalCancelado()
    Range("G12").Select
    Dim i%
    Do While ActiveCell.Value <> ""
        If ActiveCell.Value = "Sí" Then
            i = i + 1
        End If
        ActiveCell.Offset(1, 0).Select
    Loop
    MsgBox "El total de autos cancelados es: " & i
End Sub
```

```
'Procedimiento que determina el monto acumulado generado por autos
'que no han cancelado la deuda
Sub determinaMontoTotalNOCancelado()
    Range("G12").Select
    Dim s@
    Do While ActiveCell.Value <> ""
        If ActiveCell.Value = "No" Then
            s = s + CDbl(ActiveCell.Offset(0, -2).Value)
        End If
        ActiveCell.Offset(1, 0).Select
    Loop
    MsgBox "El monto total generado por autos no cancelados es: S/ " & Format(s,
"0.00")
End Sub


'Procedimiento que determina el monto acumulado generado por autos
'que han cancelado la deuda
Sub determinaMontoTotalCancelado()
    Range("G12").Select
    Dim s@
    Do While ActiveCell.Value <> ""
        If ActiveCell.Value = "Sí" Then
            s = s + CDbl(ActiveCell.Offset(0, -2).Value)
        End If
        ActiveCell.Offset(1, 0).Select
    Loop
    MsgBox "El monto total generado por autos cancelados es: S/ " & Format(s,
"0.00")
End Sub
```

2. En la hoja de Excel, agregue botones para determinar el total de coches no cancelados, el total de automóviles cancelados, la cantidad total de coches que no han cancelado y la cantidad total de automóviles que han cancelado la deuda, tal como se muestra en la siguiente imagen:

3.6.6 Caso desarrollado 6: eliminar filas vacías

Implementar una aplicación en VBA que permita eliminar las filas vacías que se dar en un registro de coches. Suponga que cuenta con un registro de datos y que contienen filas de datos que fueron eliminados, por lo que se quedaron vacías dentro de la hoja de Excel, o que han importado la información de una aplicación externa y esta envía filas vacías que se necesita eliminar.

Pasos:

1. Tenga los registros en una hoja de Excel, tal como se muestra a continuación:

2. Tenga en cuenta que el botón **Eliminar celdas vacías** se debe agregar al finalizar el código VBA.

3. Agregue un módulo en el entorno VBA, de tal manera que implemente el siguiente procedimiento:

```
Sub eliminaCeldasVacias()
    Dim uFila%
    Range("B1000").Select
    Selection.End(xlUp).Select
    uFila = ActiveCell.Row

    Range("B12").Select
    Dim i%
    i = 1
    Do
        If ActiveCell = "" Then
            Selection.EntireRow.Delete
        Else
            ActiveCell.Offset(1, 0).Select
        End If
        i = i + 1
    Loop While i <= uFila
End Sub
```

4. En la hoja de Excel agregue un botón para acceder al procedimiento **eliminaCeldasVacias**, tal como se muestra la siguiente imagen:

3.6.7 Caso desarrollado 7: copiar celdas a otra hoja

Implementar una aplicación en VBA que permita copiar los datos del registro de coches según la condición establecida. Para este caso debe introducir el nombre de la marca del automóvil y, a partir de ahí, se deberán copiar todos los datos a una nueva hoja de Excel previamente preparada.

Pasos:

1. Tenga los registros en una hoja de Excel, tal como se muestra a continuación:

2. Tenga en cuenta que existen dos hojas, la primera contiene la información del registro de automóviles. Asimismo, el botón **Copiar celdas** lo implementará después del código VBA.

3. La hoja de Excel (**Destino**) se debe visualizar de la siguiente forma:

4. Agregue un módulo en el entorno VBA, de tal manera que implemente el siguiente procedimiento:

```
Sub Copiar_Rango()
    Dim marca$
    marca = InputBox("Ingrese marca de auto: ", "Ingreso")
    Sheets("Original").Select
    Range("B12").Select
```

```
Do While ActiveCell <> ""
    If ActiveCell = UCase(marca) Then
        ActiveCell.Select
        Range(ActiveCell, ActiveCell.Offset(0, 5)).Select
        Selection.Copy

        Sheets("Copias").Select
        Range("B12").Select
        Do While ActiveCell <> ""
            ActiveCell.Offset(1, 0).Select
        Loop
        ActiveSheet.Paste
    End If
    Sheets("Original").Select
    ActiveCell.Offset(1, 0).Select
Loop
Range("B12").Select
Application.CutCopyMode = False
End Sub
```

5. La aplicación debe solicitar la marca del coche para iniciar la copia aplicando filtros.

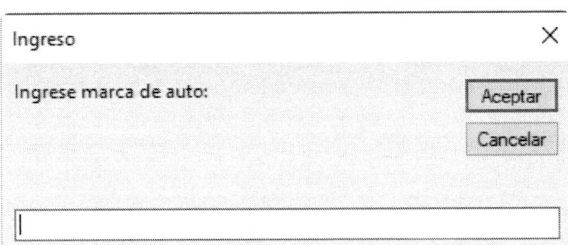

Figura 34. Ventana de ingreso de datos

6. Si se introduce la marca Hyundai, el resultado se mostrará en la hoja **Copias**, tal como se observa en la siguiente imagen:

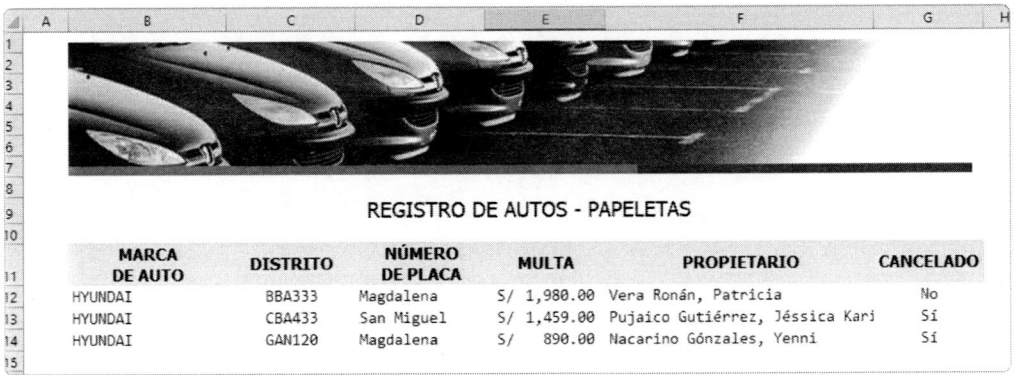

REGISTRO DE AUTOS - PAPELETAS

MARCA DE AUTO	DISTRITO	NÚMERO DE PLACA	MULTA	PROPIETARIO	CANCELADO
HYUNDAI	BBA333	Magdalena	S/ 1,980.00	Vera Ronán, Patricia	No
HYUNDAI	CBA433	San Miguel	S/ 1,459.00	Pujaico Gutiérrez, Jéssica Kari	Sí
HYUNDAI	GAN120	Magdalena	S/ 890.00	Nacarino Gónzales, Yenni	Sí

Capítulo 4

Base de datos con Excel

4.1 Introducción

Existen muchos conceptos para las bases de datos, pero el más adecuado es comprenderlas como un conjunto de datos, tal como la función que cumple la agenda de un teléfono móvil o un catálogo de precios de diversos productos.

La necesidad de una base de datos surge en los años 60 como respuesta a la anarquía que planteaban las organizaciones al tener cada vez mayor cantidad de archivos, inclusive con información redundante. La propuesta de una base de datos como concepto tecnológico es la siguiente:

a. Registrar los datos que son importantes para una organización y decidir el nivel de prioridad de los mismos.

b. Organizarlos de manera correcta.

c. Colocarlos en un repositorio único asignándole un nombre como base de datos.

d. Impedir que las aplicaciones externas accedan a los datos directamente, puesto que solo podrán ser accesibles por medio de una conexión con dicha base. Para esto, SQL, como gestor de bases de datos, establecerá las reglas de juego para dicho acceso.

En este capítulo se verá la gestión de la información cuya fuente sea propiamente Excel, es decir, en una hoja de Excel se encontrará toda la información necesaria para consultar, copiar o eliminar.

4.2 Definición de base de datos

Se puede definir como un conjunto de datos debidamente interrelacionados entre sí, que se almacenan permanentemente con un objetivo en común. Se debe tener en cuenta que esta permanencia se da en dispositivos de almacenamiento medianamente grandes, o de acuerdo con las necesidades de la organización.

Mantener la información almacenada dentro de un repositorio es importante; sin embargo, es mucha información que manejar por parte de la organización, especialmente para la toma de decisiones. Por este motivo, debe gestionarse de forma adecuada mediante el uso de un software que permita la utilización y/o la actualización de los datos almacenados, el cual se denomina sistema de gestión de bases de datos o SGBD.

Entonces, se puede decir que el objetivo de un SGBD es gestionar todo lo referente a la información de la base de datos, así como suministrar al usuario las herramientas que le permitan manipular, controlar y gestionar los datos. De esta forma, el usuario se sentirá con la capacidad de obtener información importante para la organización.

4.3 Objetivos de los sistemas de base de datos

En la actualidad existen diferentes formas de organizar la información de una base de datos, pero si se desea optar por un programa que pueda administrar mejor la información, primero se tiene que conocer el conjunto de objetivos fundamentales que deben cumplir todos los SGBD, los cuales son los siguientes:

A. Independencia de los datos y los programas de aplicación

Se caracteriza por la organización de los archivos y el método de acceso. La independencia de los datos se define como la inmunidad de las aplicaciones a los cambios en la estructura de almacenamiento y en la estrategia de acceso.

B. Minimización de la redundancia

Normalmente se traduce como una disminución, y no una eliminación, pues, aunque se definen las bases de datos como no redundantes, en realidad sí existe esto, pero en un grado no significativo que servirá para disminuir el tiempo de acceso a los datos, o para simplificar el método de direccionamiento.

C. Integración y sincronización de las bases de datos

Garantiza una respuesta a los requerimientos de diferentes aspectos de los mismos datos por diferentes usuarios; de forma que, aunque el sistema almacene la información con cierta estructura y cierto tipo de representación, debe garantizar entregar al programa de aplicación los datos que solicita y en la forma en que lo requiere.

D. Integridad de los datos

Garantiza la no contradicción entre los datos almacenados; de modo que, en cualquier momento del tiempo, sean correctos, es decir, que no se detecte una inconsistencia entre los mismos. La integridad está relacionada con la minimización de la redundancia, ya que es más fácil garantizar la integridad si esta se elimina.

E. Seguridad y recuperación

La seguridad garantiza el acceso autorizado a los datos y la forma de interrumpir cualquier intento de acceso no autorizado, ya sea por error del usuario o por mala intención. Por otra parte, la recuperación permite que el sistema de bases de datos disponga de métodos que garanticen la restauración de las bases de datos al producirse algún fallo técnico, la interrupción de la energía eléctrica, etc.

F. Facilidad de manipulación de la información

Los usuarios de una base de datos pueden acceder a ella con solicitudes para resolver muchos problemas diferentes. El SBD debe contar con la capacidad de una búsqueda rápida por diferentes criterios; además, debe permitir que los usuarios planteen sus demandas de una forma simple aislándolo de las complejidades del tratamiento de los archivos y del direccionamiento de los datos.

G. Control centralizado

Garantiza el control centralizado de la información. Asimismo, permite comprobar, de manera sistemática y única, los datos que se almacenan en la base de datos, así como el acceso a ella.

4.4 Base de datos en Excel

Las bases de datos en Excel se muestran en hojas con ciertas características:

a. Siempre tienen una cabecera que identifica los valores subsiguientes, las bases de datos lo conocen como campo o atributo.

b. Siempre se presentan en forma de registros en fila, donde se muestra un conjunto de datos que en general tienen un nombre en común; por ejemplo, un conjunto de empleados, un conjunto de estudiantes, un conjunto de productos, etc. Las bases de datos lo conocen como tuplas.

c. Siempre hay una columna de datos que es única y que no presenta valores repetidos con la intención de poder controlar mejor la información. Las bases de datos la conocen como campo clave.

Nº	Cliente	Fecha Venta	País	Ciudad	Categoría	Nombre Producto	Precio Unidad	Cantidad	Importe	Forma de Pago
1	Pedro Vigilio Poma	29/06/2014	Argentina	Córdova	Condimentos	Salsa de pimiento picante de Luisiana	S/ 21.05	S/ 15.00	S/ 315.75	Crédito
2	Pedro Vigilio Poma	05/04/2012	Brasil	Río de Janeiro	Bebidas	Cerveza Outback	S/ 53.00	S/ 35.00	S/ 1,855.00	Crédito
3	Liliana Torres Herrera	15/03/2008	Brasil	Río de Janeiro	Repostería	Chocolate blanco	S/ 9.65	S/ 10.00	S/ 96.50	Crédito
4	Ana Contreras Chuquimuni	17/08/2008	Argentina	Buenos Aires	Repostería	Regaliz	S/ 20.00	S/ 40.00	S/ 800.00	Crédito
5	David Roque Laguna	15/08/2011	Brasil	Río de Janeiro	Bebidas	Licor verde Chartreuse	S/ 18.00	S/ 42.00	S/ 756.00	Crédito
6	Ana Contreras Chuquimuni	24/11/2011	Brasil	Río de Janeiro	Lácteos	Queso gorgonzola Telino	S/ 12.50	S/ 20.00	S/ 250.00	Crédito
7	Liliana Torres Herrera	01/07/2010	Brasil	Resende	Carnes	Empanada de carne	S/ 32.80	S/ 15.00	S/ 492.00	Crédito
8	Pedro Vigilio Poma	01/12/2010	Brasil	Resende	Condimentos	Salsa verde original Frankfurter	S/ 13.00	S/ 12.00	S/ 156.00	Crédito
9	David Roque Laguna	25/05/2012	Brasil	Río de Janeiro	Bebidas	Cerveza negra Steeleye	S/ 18.00	S/ 20.00	S/ 360.00	Crédito
10	David Roque Laguna	28/12/2013	Brasil	Río de Janeiro	Repostería	Bollos de Sir Rodney's	S/ 10.00	S/ 20.00	S/ 200.00	Crédito
11	Ana Contreras Chuquimuni	07/01/2010	España	Madrid	Bebidas	Refresco Guaraná Fantástica	S/ 4.50	S/ 6.00	S/ 27.00	Contado
12	Ana Contreras Chuquimuni	02/01/2014	España	Madrid	Bebidas	Cerveza negra Steeleye	S/ 18.00	S/ 4.00	S/ 72.00	Contado
13	David Roque Laguna	14/09/2009	España	Madrid	Repostería	Pastas de té de chocolate	S/ 9.20	S/ 1.00	S/ 9.20	Contado
14	David Roque Laguna	27/12/2010	España	Madrid	Lácteos	Queso Cabrales	S/ 19.50	S/ 2.00	S/ 39.00	Contado
15	Pedro Vigilio Poma	12/03/2013	España	Madrid	Carnes	Paté chino	S/ 25.89	S/ 6.00	S/ 155.34	Contado
16	Pedro Vigilio Poma	07/05/2008	Argentina	Córdova	Lácteos	Queso Cabrales	S/ 12.00	S/ 15.00	S/ 180.00	Crédito
17	Ana Contreras Chuquimuni	31/08/2010	Brasil	Río de Janeiro	Bebidas	Cerveza Sasquatch	S/ 14.00	S/ 20.00	S/ 280.00	Crédito
18	David Roque Laguna	01/08/2008	Brasil	Río de Janeiro	Repostería	Postre de merengue Pavlova	S/ 17.45	S/ 40.00	S/ 698.00	Crédito
19	David Roque Laguna	31/08/2013	Perú	Arequipa	Condimentos	Sirope de regaliz	S/ 10.00	S/ 30.00	S/ 300.00	Crédito
20	David Roque Laguna	28/09/2014	Perú	Arequipa	Repostería	Chocolate blanco	S/ 33.25	S/ 9.00	S/ 299.25	Crédito
21	David Roque Laguna	06/05/2013	Brasil	Río de Janeiro	Condimentos	Azúcar negra Malacca	S/ 19.45	S/ 24.00	S/ 466.80	Crédito
22	Pedro Vigilio Poma	19/03/2011	Brasil	Río de Janeiro	Condimentos	Sirope de arce	S/ 53.00	S/ 2.00	S/ 106.00	Crédito
23	David Roque Laguna	08/11/2008	Brasil	Río de Janeiro	Bebidas	Cerveza Outback	S/ 6.00	S/ 20.00	S/ 120.00	Crédito

Figura 35. Modelo de base de datos en Excel

De la imagen anterior puede encontrar algunos elementos importantes para la definición de una base de datos:

- **Nombre de la base de datos:** Ventas.
- **Campos o atributos:** N.º, Cliente, Fecha venta, País, Ciudad, Categoría, Nombre producto, Precio unidad, Cantidad, Importe, Forma de pago.
- **Campo clave:** N.º
- **Tupla:** 1, Pedro Vigilio Poma, 29/06/2014, Argentina, Córdova, Condimentos, Salsa de pimiento picante de Luisiana, S/21.05, S/15.00, S/315.75, Crédito.

4.5 Casos desarrollados

4.5.1 Caso desarrollado 1: mantenimiento de empleados

Implemente una aplicación en VBA que permita administrar la información de los empleados, es decir, debe permitir agregar, buscar, modificar y eliminar registros de un determinado empleado. Por tanto, debe considerar los siguientes aspectos:

a. Los registros de los empleados deben contemplar el DNI, los apellidos, los nombres, el distrito, el teléfono y el correo electrónico.

b. En la hoja de Excel los datos deben mostrarse de la siguiente manera:

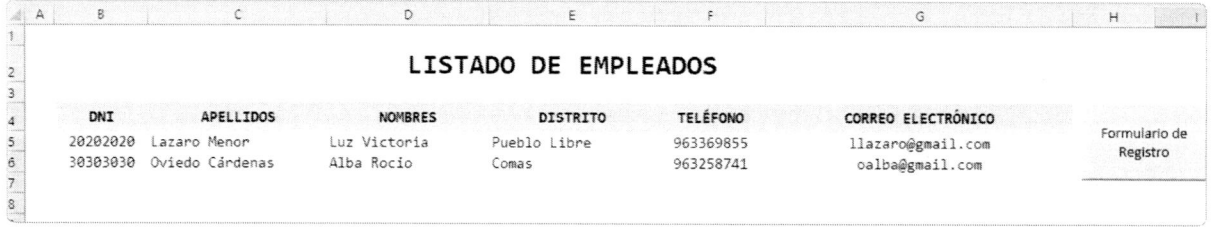

c. Debe ser posible agregar un nuevo empleado teniendo en cuenta que, al comprobarlo en el listado de empleados de la hoja de Excel, no debe repetirse el DNI. Si así sucediera, que emita un mensaje.

d. Debe buscar a un determinado empleado a partir del número de DNI. En caso de que se coloque un DNI que no exista, se deberá emitir un mensaje de error. Si el número de DNI es correcto, se obtendrán los valores desde la lista de Excel, que serán colocados en los objetos del formulario.

e. Debe modificar los datos de un determinado empleado, por lo que buscará los datos de dicha persona para modificarlos. Posteriormente, se reflejarán los valores cambiados en la hoja de Excel.

f. Debe ser posible eliminar el registro de un determinado empleado, para ello, tendrá que buscar al empleado en la lista para eliminarlo. Estos cambios se verán reflejados en la hoja de Excel.

g. Tenga en cuenta que los botones **MODIFICAR** y **ELIMINAR** deben comenzar bloqueados, puesto que se habilitarán cuando se realice una búsqueda. Una vez que se haya efectuado una actualización o eliminación, estos botones deben inhabilitarse nuevamente de forma automática.

Pasos:

1. El UserForm debe tener el siguiente aspecto:

2. Asigne las siguientes propiedades a estos controles:

UserForm1	(Name)	frmEempleados
	Caption	Registro de Empleados
Label1	Caption	CONTROL DE REGISTRO DE EMPLEADOS
Label2	Caption	DNI
Label3	Caption	APELLIDOS
Label4	Caption	NOMBRES
Label5	Caption	DISTRITO

Label6	Caption	TELÉFONO
Label7	Caption	EMAIL
TextBox1	(Name)	TxtDni
TextBox2	(Name)	txtApellidos
TextBox3	(Name)	txtNombres
TextBox4	(Name)	txtTelefono
TextBox5	(Name)	txtCorreo
CommandButton1	(Name)	btnAgregar
	Caption	AGREGAR
	Default	True
CommandButton2	(Name)	btnModificar
	Caption	MODIFICAR
CommandButton3	(Name)	btnEliminar
	Caption	ELIMINAR
CommandButton3		btnBuscar
		BUSCAR
Combobox1	(Name)	cboDistrito

3. Coloque el siguiente código en el botón **btnAgregar**:

```
Private Sub btnAgregar_Click()
    If Trim(txtDni.Text) = " " Then
        Dim dni As String
        Dim apellidos As String
        Dim nombres As String
        Dim distrito As String
        Dim telefono As String
        Dim email As String

        dni = txtDni.Text
        apellidos = txtApellidos.Text
        nombres = txtNombres.Text
        distrito = cboDistrito.Text
        telefono = txtTelefono.Text
        email = txtCorreo.Text

        If buscarEmpleado(dni) = "" Then
            Dim uFila As Integer
            uFila = determinaUltimoRegistro()

            Sheets(1).Cells(uFila, 2).Value = txtDni.Text
            Sheets(1).Cells(uFila, 3).Value = txtApellidos.Text
            Sheets(1).Cells(uFila, 4).Value = txtNombres.Text
            Sheets(1).Cells(uFila, 5).Value = cboDistrito.Text
            Sheets(1).Cells(uFila, 6).Value = txtTelefono.Text
```

```vba
            Sheets(1).Cells(uFila, 7).Value = txtCorreo.Text
        Else
        MsgBox buscarEmpleado(dni) & "Verifique y vuelva a intentar"
        End If
        Else
            MsgBox "Debe ingresar datos del empleado"
    End If
End Sub


Sub llenarDistritos()
    cboDistrito.Text = "(Seleccione un distrito)"
    cboDistrito.AddItem "Los Olivos"
    cboDistrito.AddItem "Lima"
    cboDistrito.AddItem "Lince"
    cboDistrito.AddItem "Miraflores"
    cboDistrito.AddItem "Pueblo Libre"
    cboDistrito.AddItem "Comas"
    cboDistrito.AddItem "Puente Piedra"
End Sub


Private Sub btnBuscar_Click()
    Dim dni As String
    dni = InputBox("Ingrese DNI a buscar")

    Range("B5").Select
    If Range("B5").Value = "" Then
        MsgBox "No hay empleados registrados"
        Call limpiarControles
    Else
        Do
            If ActiveCell.Value = dni Then
                txtDni.Text = dni
                txtApellidos.Text = ActiveCell.Offset(0, 1).Value
                txtNombres.Text = ActiveCell.Offset(0, 2).Value
                cboDistrito.Text = ActiveCell.Offset(0, 3).Value
                txtTelefono.Text = ActiveCell.Offset(0, 4).Value
                txtCorreo.Text = ActiveCell.Offset(0, 5).Value
                btnModificar.Enabled = True
                btnEliminar.Enabled = True
                Exit Sub
            End If
            ActiveCell.Offset(1, 0).Select
        Loop While ActiveCell.Value <> ""
        Range("B5").Select
```

```vba
            MsgBox "DNI no encontrado"
            Call limpiarControles
        End If

End Sub

Private Sub btnEliminar_Click()
    Dim dni As String
    dni = txtDni.Text

    Range("B5").Select
    Do
        If ActiveCell.Value = dni Then
            Selection.EntireRow.Delete
            Range("B5").Select
            Call limpiarControles
            btnEliminar.Enabled = False
            btnModificar.Enabled = False
            Exit Sub
        End If
        ActiveCell.Offset(1, 0).Select
    Loop While ActiveCell.Value <> ""
End Sub

Private Sub btnModificar_Click()
    Dim dni As String
    dni = txtDni.Text

    Range("B5").Select
    Do
        If ActiveCell.Value = dni Then
            ActiveCell.Offset(0, 1).Value = txtApellidos.Text
            ActiveCell.Offset(0, 2).Value = txtNombres.Text
            ActiveCell.Offset(0, 3).Value = cboDistrito.Text
            ActiveCell.Offset(0, 4).Value = txtTelefono.Text
            ActiveCell.Offset(0, 5).Value = txtCorreo.Text
            Range("B5").Select
            Call limpiarControles
            btnModificar.Enabled = False
            btnEliminar.Enabled = False
            Exit Sub
        End If
        ActiveCell.Offset(1, 0).Select
    Loop While ActiveCell.Value <> ""
End Sub
```

```vba
'Las sentencias que se incluyen en este método solo se activarán al
'activar el formulario
Private Sub UserForm_Activate()
    Call llenarDistritos
    btnModificar.Enabled = False
    btnEliminar.Enabled = False
End Sub


'Función que permite buscar un empleado en base a su número de DNI
Function buscarEmpleado(ByVal dni As String)
    Range("B5").Select
    If Range("B5").Value = "" Then
        MsgBox "No hay empleados registrados"
        Else
        Do
            If ActiveCell.Value = dni Then
        buscarEmpleado = "El DNI ingresado ya se encuentra registrado"
                Exit Function
            Else
                buscarEmpleado = ""
            End If
            ActiveCell.Offset(1, 0).Select
        Loop While ActiveCell.Value <> ""
        Range("B5").Select
    End If
    buscarEmpleado = ""
End Function


'Función que determina el último registro
Function determinaUltimoRegistro() As Integer
  uFila = Sheets(1).Cells(Rows.Count, 2).End(xlUp).Offset(1, 0).Row
  determinaUltimoRegistro = uFila
End Function


'Procedimiento que permite limpiar los controles del formulario para
'un nuevo registro de empleado
Sub limpiarControles()
    txtDni.Text = Empty
    txtApellidos.Text = Empty
    txtNombres.Text = Empty
    cboDistrito.Text = "(Seleccione distrito)"
    txtTelefono.Text = Empty
    txtCorreo.Text = Empty
End Sub
```

A continuación, se explicarán las sentencias del código:

```
If Trim(txtDni.Text) = " " Then
```

Sentencia que comprueba si la caja de texto donde se introduce el número de DNI se encuentra vacía. Su función es comprobar si el usuario registró un valor en dicha caja, es decir, aprobar el contenido.

```
If buscarEmpleado(dni) = " " Then
```

La función **buscarEmpleado** tiene la misión de devolver un valor textual indicando si encontró o no al empleado mediante su número de DNI. Si la función devuelve algo vacío quiere decir que no existe; por lo tanto, puede enviar información desde el formulario hacia la hoja de Excel, ya que se trata de un nuevo empleado.

```
uFila = determinaUltimoRegistro()
```

Sentencia que permite ubicar la última posición vacía de los empleados para poder ubicar exactamente los nuevos datos, ya que se encuentra en el proceso de agregar un nuevo empleado.

```
MsgBox buscarEmpleado(dni) & "Verifique y vuelva a intentar"
```

Sentencia que muestra un mensaje al usuario, en el cual se indica que dicho empleado ya se encuentra registrado.

```
cboDistrito.Text = "(Seleccione un distrito)"
```

Sentencia que permite imprimir el texto "Seleccione un distrito" dentro del cuadro combinado; pero en el momento de elegir un distrito de la lista el mensaje desaparece, por lo que no entra dentro del proceso de captura de datos.

```
Do
Loop While ActiveCell.Value <> ""
```

Sentencias que permiten hacer un recorrido por todas las celdas de la columna DNI y solo dejarán de recorrer cuando encuentren una celda vacía en dicha columna, lo cual indicará que no deben seguir comparando. Por otra parte, se tiene que considerar que la celda activa siempre tiene un DNI.

```
Selection.EntireRow.Delete
```

Sentencia que elimina toda una fila completa, que es donde se encuentra la celda activa, y se referencia por la cláusula **Selection**. Cuidado, que cuando se elimina una fila completa también elimina su contenido.

```
btnModificar.Enabled = False
```

Sentencia que permite inhabilitar el botón modificar; es decir, se muestra el botón, pero no es accesible.

4.5.2 Caso desarrollado 2: búsqueda de información

Implemente una aplicación en VBA que permita buscar un empleado desde una lista ubicada en Excel. Tenga en cuenta que la información obtenida deberá mostrarse en los controles del formulario; además, dentro de la información de los empleados no se encuentra el nombre del distrito de donde proviene, solo se muestra un código que representa a un determinado distrito. Por tanto, debe considerar los siguientes aspectos:

a. Debe contar con dos hojas en un libro de Excel: la primera debe contener los datos de los empleados (Empleados) y la segunda, el código y descripción del distrito (Distritos).

b. Implemente una función que permita comprobar el ingreso del código de cliente.

c. Implemente un botón Buscar, el cual permita mostrar los datos de los empleados en los controles de tipo TextBox. Tenga en cuenta que en la lista de empleados no se encuentra la descripción de los distritos, por tanto, la aplicación deberá buscar en la hoja de distritos el código adecuado.

d. Las hojas de Excel se muestran de la siguiente forma:

– En la hoja de Excel (Empleados), los datos deben mostrarse de la siguiente manera:

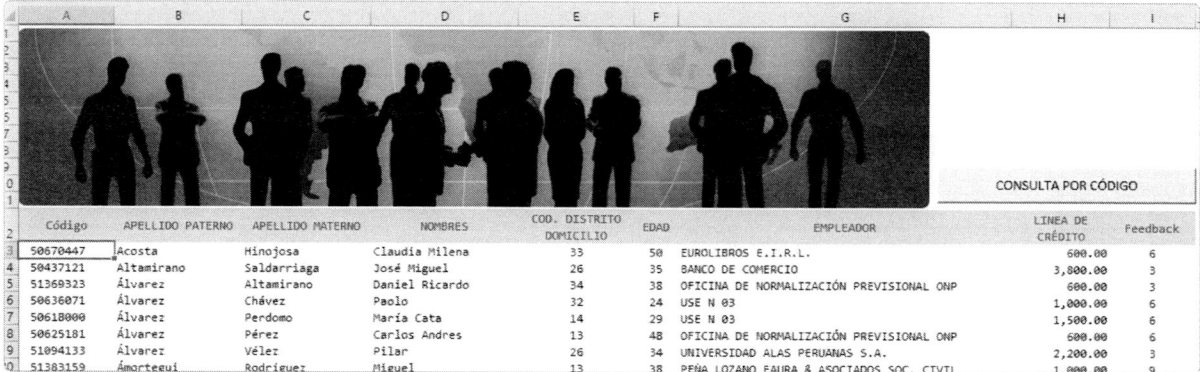

Código	APELLIDO PATERNO	APELLIDO MATERNO	NOMBRES	COD. DISTRITO DOMICILIO	EDAD	EMPLEADOR	LINEA DE CRÉDITO	Feedback
50670447	Acosta	Hinojosa	Claudia Milena	33	50	EUROLIBROS E.I.R.L.	600.00	6
50437121	Altamirano	Saldarriaga	José Miguel	26	35	BANCO DE COMERCIO	3,800.00	3
51369323	Álvarez	Altamirano	Daniel Ricardo	34	38	OFICINA DE NORMALIZACIÓN PREVISIONAL ONP	600.00	3
50636071	Álvarez	Chávez	Paolo	32	24	USE N 03	1,000.00	6
50618000	Álvarez	Perdomo	María Cata	14	29	USE N 03	1,500.00	6
50625181	Álvarez	Pérez	Carlos Andres	13	48	OFICINA DE NORMALIZACIÓN PREVISIONAL ONP	600.00	6
51094133	Álvarez	Vélez	Pilar	26	34	UNIVERSIDAD ALAS PERUANAS S.A.	2,200.00	3
51383159	Ámortegui	Rodríguez	Miguel	13	38	PEÑA LOZANO FAURA & ASOCIADOS SOC. CIVIL	1.000.00	9

– Tenga en cuenta que en la segunda hoja (Distritos) puede agregar los distritos que crea convenientes, y debe tener el siguiente aspecto.

CÓDIGO POSTAL - DISTRITOS LIMA

DISTRITO	CÓDIGO
LIMA (CERCADO)	01
ANCÓN	02
ATE	03
BARRANCO	04
BREÑA	05
CARABAYLLO	06
COMAS	07
CHACLACAYO	08
CHORRILLOS	09
EL AGUSTINO	10
JESÚS MARÍA	11
LA MOLINA	12
LA VICTORIA	13
LINCE	14
LURIGANCHO	15
LURÍN	16
MAGDALENA DEL MAR	17
MIRAFLORES	18
PACHACAMAC	19

e. El UserForm debe tener el siguiente aspecto:

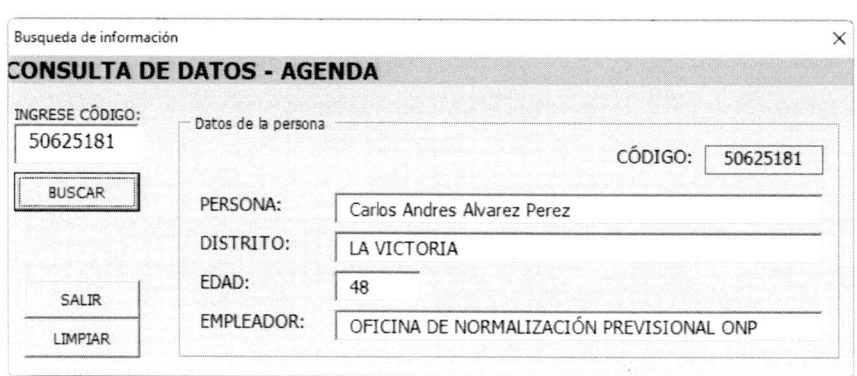

f.　Asigne las siguientes propiedades a estos controles:

UserForm1	(Name)	frmBusqueda
	Caption	Búsqueda de información
Label1	Caption	CONSULTA DE DATOS – AGENDA
Label2	Caption	INGRESE CÓDIGO
Label3	Caption	CÓDIGO
Label4	(Name)	lblCodigo
Label5	Caption	PERSONA
Label6	Caption	EDAD
Label7	Caption	EMPLEADOR
TextBox1	(Name)	txtCodigo
TextBox2	(Name)	txtPersona
TextBox3	(Name)	txtDistrito
TextBox4	(Name)	txtEdad
TextBox5	(Name)	txtEmpleador
CommandButton1	(Name)	btnBuscar
	Caption	BUSCAR
	Default	True
CommandButton2	(Name)	btnLimpiar
	Caption	LIMPIAR
CommandButton3	(Name)	btnSalir
	Caption	SALIR
	Cancel	True

g.　En el botón **BUSCAR** coloque el siguiente código:

```
Private Sub btnBuscar_Click()
    If valida = "" Then
        Dim codigo$
        codigo = Trim(txtCodigo.Text)

        Worksheets("Empleados").Activate
        Range("A13").Select
        Do
          If ActiveCell.Value = codigo Then
            lblCodigo.Caption = ActiveCell.Value
            txtPersona.Text = ActiveCell.Offset(0, 3).Value & Space(1) & _
                      ActiveCell.Offset(0, 1).Value & Space(1) & _
                      ActiveCell.Offset(0, 2).Value

            txtDistrito.Text = muestraDistrito(ActiveCell.Offset(0, 4).Value)
            txtEdad.Text = ActiveCell.Offset(0, 5).Value
            txtEmpleador.Text = ActiveCell.Offset(0, 6).Value
          End If
          ActiveCell.Offset(1, 0).Select
        Loop While ActiveCell.Value <> ""
```

```vba
            Range("A13").Select
        Else
            MsgBox "El error se encuentra en " & valida
        End If
End Sub


Function muestraDistrito(ByVal codigo$) As String
    Worksheets("Distritos").Activate
    Range("C5").Select

    Do
        If ActiveCell.Value = codigo Then
            muestraDistrito = ActiveCell.Offset(0, -1).Value
        End If
        ActiveCell.Offset(1, 0).Select
    Loop While ActiveCell.Value <> ""
    Worksheets("Empleados").Activate
End Function


Private Sub btnLimpiar_Click()
    txtPersona.Locked = Empty
    txtEdad.Locked = Empty
    txtDistrito.Locked = Empty
    txtEmpleador.Locked = Empty
    txtCodigo.Text = Empty
    lblCodigo.Caption = ""
    txtCodigo.SetFocus
End Sub


Private Sub UserForm_Activate()
    txtPersona.Locked = True
    txtEdad.Locked = True
    txtDistrito.Locked = True
    txtEmpleador.Locked = True
End Sub


'Función que valida el código del cliente
Function valida() As String
    Dim mensaje$
    If Len(Trim(txtCodigo.Text)) = 0 Then
        mensaje = "código del cliente"
        txtCodigo.SetFocus
    End If
    valida = mensaje
End Function
```

4.5.3 Caso desarrollado 3: listado de empleados por distrito

Implemente una aplicación en VBA que permita mostrar los datos de los empleados según el distrito. Tenga en cuenta que en la lista de empleados solo se muestra el código del distrito, el cual se tendrá que buscar en la hoja correspondiente y, una vez encontrado, la información se mostrará en listas, que luego serán enviadas a Excel como el resultado de la búsqueda. Por tanto, debe considerar los siguientes aspectos:

a. Debe contar con tres hojas en un libro de Excel: la primera debe contener los datos de los empleados; la segunda los datos de los distritos y sus códigos; y la tercera (Listado) la información de los empleados según el distrito seleccionado.

b. Implemente un botón BUSCAR, el cual permita mostrar los datos del empleado, como el código, el nombre completo y el código del distrito en un control de tipo ListBox.

c. Implemente un botón ENVIAR A EXCEL, el cual permita enviar la información obtenida en los controles de tipo ListBox para luego enviarlos a la hoja de Excel (Listado).

d. Las hojas de Excel se muestran de la siguiente forma:

- En la primera hoja (**Empleados**) los datos deben mostrarse de la siguiente manera:

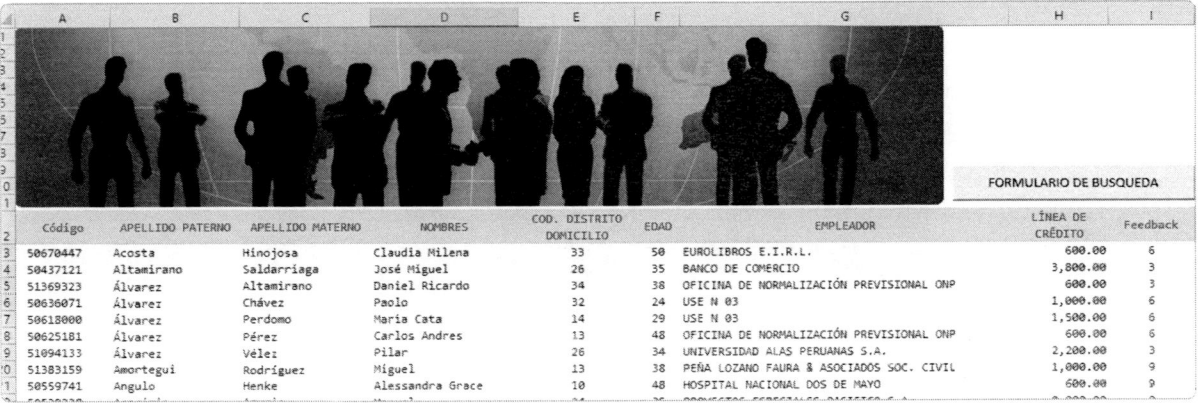

- Tenga en cuenta que en la segunda hoja (**Distritos**) puede agregar los distritos que crea conveniente, y debe tener el siguiente aspecto:

CÓDIGO POSTAL - DISTRITOS LIMA

DISTRITO	CÓDIGO
LIMA (CERCADO)	01
ANCÓN	02
ATE	03
BARRANCO	04
BREÑA	05
CARABAYLLO	06
COMAS	07
CHACLACAYO	08
CHORRILLOS	09
EL AGUSTINO	10
JESÚS MARÍA	11
LA MOLINA	12
LA VICTORIA	13
LINCE	14
LURIGANCHO	15
LURÍN	16
MAGDALENA DEL MAR	17
MIRAFLORES	18
PACHACAMAC	19

- Asimismo, la tercera hoja (Listado) se debe presentar con el siguiente aspecto:

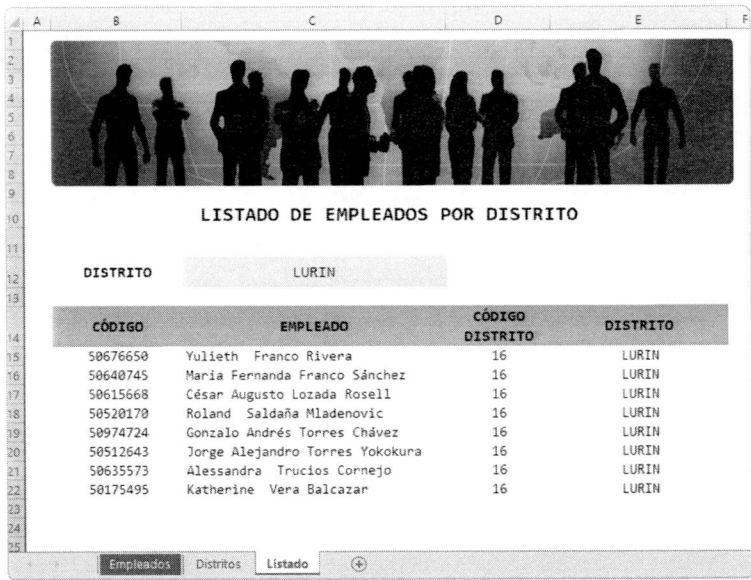

e. El UserForm debe tener el siguiente aspecto:

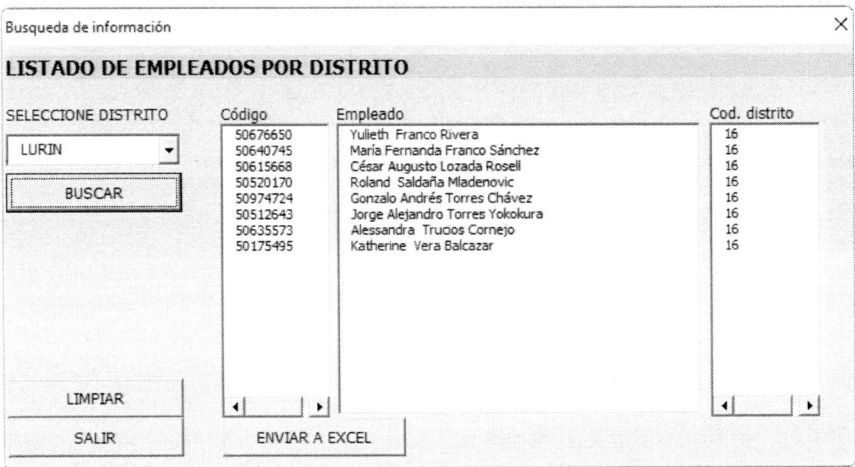

f. Asigne las siguientes propiedades a los controles presentados:

UserForm1	LISTADO DE EMPLEADOS POR DISTRITO	frmBusqueda Búsqueda de información
Label1	SELECCIONE DISTRITO	LISTADO DE EMPLEADOS POR DISTRITO
Label2	Código	SELECCIONE DISTRITO
Label3	Nombre del empleado	Código
Label4	Cod. Distrito	Nombre del empleado
Label5	cboDistrito	Cod. Distrito
ComboBox1	lstCodigo	cboDistrito
ListBox1	lstEmpleado	lstCodigo
ListBox2	lstDistrito	lstEmpleado
ListBox3	(Name)	lstDistrito

CommandButton1	(Name)	btnBuscar
	Caption	BUSCAR
	Default	True
CommandButton2	(Name)	btnLimpiar
	Caption	LIMPIAR
CommandButton3	(Name)	btnSalir
	Caption	SALIR
	Cancel	True
CommandButton4	(Name)	btnExcel
	Caption	ENVIAR A EXCEL

g. Coloque el siguiente código en el botón Buscar:

```
Private Sub btnBuscar_Click()
    Call limpiarListas
    If valida = "" Then
        Dim distrito$, codigoDistrito$
        distrito = cboDistrito.Text

        codigoDistrito = devuelveCodigo(distrito)

        Worksheets("Empleados").Activate
        Range("E13").Select
        Do
          If ActiveCell.Value = codigoDistrito Then
            lstCodigo.AddItem ActiveCell.Offset(0, -4).Value
            lstEmpleado.AddItem ActiveCell.Offset(0, -1).Value & _
                Space(1) & ActiveCell.Offset(0, -3).Value & _
                Space(1) & ActiveCell.Offset(0, -2).Value

            lstDistrito.AddItem ActiveCell.Value
          End If
          ActiveCell.Offset(1, 0).Select
        Loop While ActiveCell.Value <> ""
        Range("E13").Select
        Else
        MsgBox "El error se encuentra en " & valida
    End If
End Sub


'Procedimiento que llena el control Combobox
'con los distritos
Sub llenaDistrito()
    Worksheets("Distritos").Activate
    Range("B5").Select
```

```
    Do
        cboDistrito.AddItem ActiveCell.Value
        ActiveCell.Offset(1, 0).Select
    Loop While ActiveCell.Value <> ""

    Worksheets("Empleados").Activate
End Sub


'Procedimiento que limpia las listas
 Sub limpiarListas()
    lstEmpleado.Clear
    lstCodigo.Clear
    lstDistrito.Clear
End Sub


Private Sub btnExcel_Click()
    Sheets("Listado").Activate
    Range("B15:E1000").ClearContents
    Range("C12").Value = cboDistrito.Text
  uFila=Sheets("Listado").Cells(Rows.Count,2).End(xlUp).Offset(1, 0).Row
    For i = 0 To lstCodigo.ListCount - 1
        Sheets("Listado").Cells(uFila + i, 2).Value = lstCodigo.List(i)
        Sheets("Listado").Cells(uFila + i, 3).Value = lstEmpleado.List(i)
        Sheets("Listado").Cells(uFila + i, 4).Value = lstDistrito.List(i)
      Sheets("Listado").Cells(uFila+i,5).Value=muestraDistrito(lstDistrito.Lis-
t(i))
    Next
    Worksheets("Listado").Activate
End Sub


Private Sub btnLimpiar_Click()
    lstEmpleado.Clear
    lstDistrito.Clear
    lstCodigo.Clear
End Sub


Private Sub UserForm_Activate()
    Call llenaDistrito
End Sub


'Función que valida el código del cliente
Function valida() As String
    Dim mensaje$
```

```
        If cboDistrito.ListIndex = -1 Then
            mensaje = "descripción del distrito"
            cboDistrito.SetFocus
        End If
        valida = mensaje
End Function


'Función que devuelva el código de distrito
Function devuelveCodigo(ByVal distrito$) As String
    Worksheets("Distritos").Activate
    Range("B5").Select

    Do
        If ActiveCell.Value = distrito Then
            devuelveCodigo = ActiveCell.Offset(0, 1).Value
        End If
        ActiveCell.Offset(1, 0).Select
    Loop While ActiveCell.Value <> ""


    Worksheets("Empleados").Activate
End Function

'Función que devuelve el nombre del distrito
'a partir de su código
Function muestraDistrito(ByVal codigo$) As String
    Worksheets("Distritos").Activate
    Range("C5").Select

    Do
        If ActiveCell.Value = codigo Then
            muestraDistrito = ActiveCell.Offset(0, -1).Value
        End If
        ActiveCell.Offset(1, 0).Select
    Loop While ActiveCell.Value <> ""
    Worksheets("Empleados").Activate
End Function
```

4.5.4 Caso desarrollado 4: listado de empleados por la letra inicial de su apellido paterno

Implemente una aplicación en VBA que permita mostrar los datos de los empleados según la selección de la letra inicial de su apellido paterno. Para ello, debe contar con una lista de empleados en la que se podrá obtener la información que será enviada a las listas dentro de un formulario. Finalmente, el resultado de la búsqueda será enviado a una hoja de Excel. Por tanto, debe considerar los siguientes aspectos:

a. Debe contar con tres hojas en un libro de Excel: la primera hoja debe contener los datos de los empleados; la segunda hoja los datos de los distritos; y la tercera hoja (Listado) la información de los empleados según la letra inicial de su apellido paterno.

b. Implemente 26 botones de la A hasta la Z, los cuales permitirán mostrar los datos del empleado como código, nombre completo y el nombre del distrito en un control de tipo ListBox.

c. Implemente un botón ENVIAR A EXCEL que permita enviar la información obtenida en los controles de tipo ListBox para luego enviarla a la hoja de Excel (Listado).

d. Las hojas de Excel se tendrán que visualizar de la siguiente forma:

- En la primer hoja (Empleados) los datos deben mostrarse de la siguiente manera:

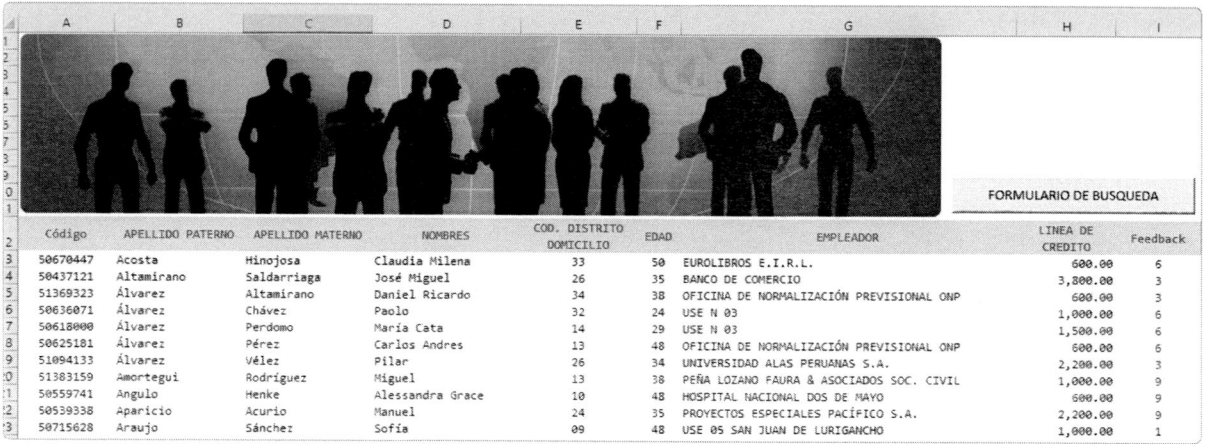

- Tenga en cuenta que en la segunda hoja (Distritos) puede agregar los distritos que crea convenientes, y debe tener el siguiente aspecto:

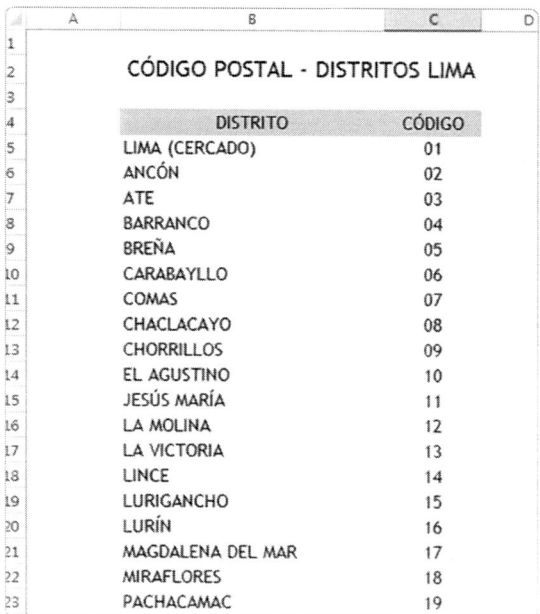

- Asimismo, la tercera hoja (Listado) se debe presentar con el siguiente aspecto:

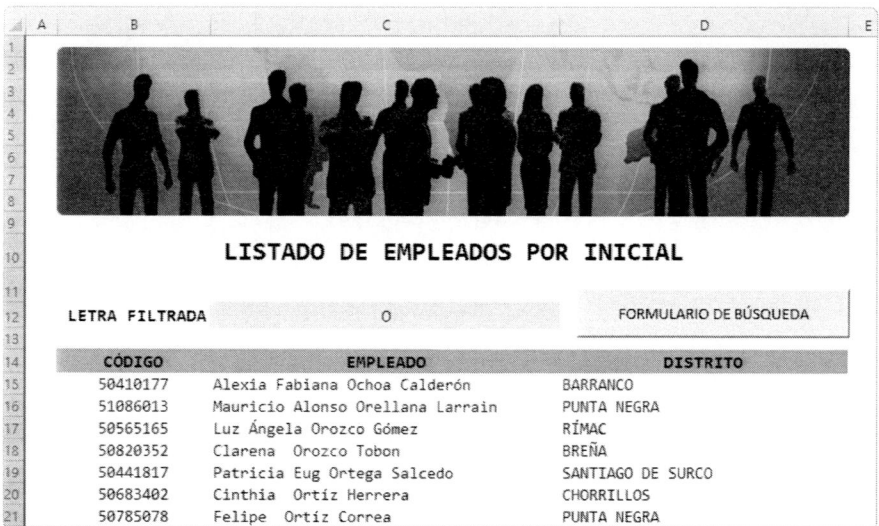

e. El UserForm debe tener el siguiente aspecto:

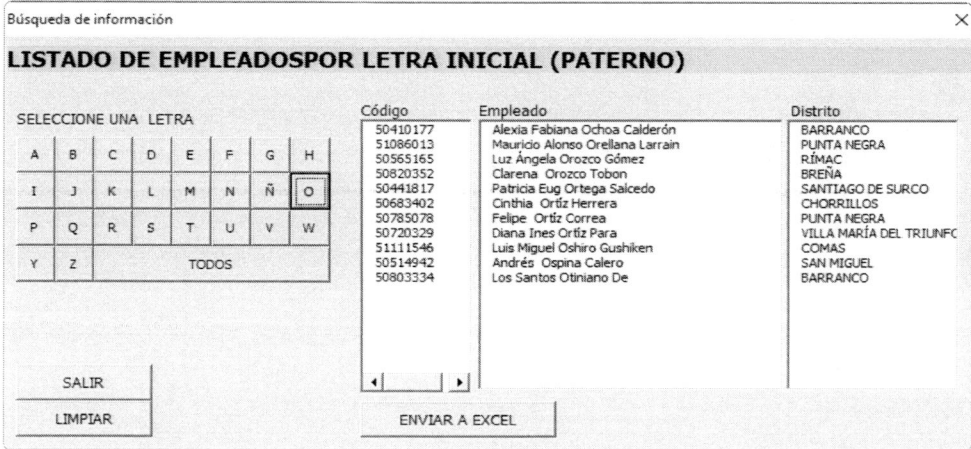

f. Asigne las siguientes propiedades a estos controles:

UserForm1	(Name)	frmBusqueda
	Caption	Búsqueda de información
Label1	Caption	LISTADO DE EMPLEADOS POR LETRA INICIAL (PATERNO)
Label2	Caption	Código
Label3	Caption	Empleado
Label4	Caption	Distrito
ListBox1	(Name)	lstCodigo
ListBox2	(Name)	lstEmpleado
ListBox3	(Name)	lstDistrito
CommandButton1	(Name)	btnA
	Caption	A
CommandButton2	(Name)	btnB
	Caption	B

CommandButton3	(Name)	btnC
	Caption	C
CommandButton4	(Name)	btnD
	Caption	D
CommandButton5	(Name)	btnE
	Caption	E
CommandButton6	(Name)	btnF
	Caption	F
CommandButton7	(Name)	btnG
	Caption	G
CommandButton8	(Name)	btnH
	Caption	H
CommandButton9	(Name)	btnI
	Caption	I
CommandButton10	(Name)	btnJ
	Caption	J
CommandButton11	(Name)	btnK
	Caption	K
CommandButton12	(Name)	btnL
	Caption	L
CommandButton13	(Name)	btnM
	Caption	M
CommandButton14	(Name)	btnN
	Caption	N
CommandButton15	(Name)	btnÑ
	Caption	Ñ
CommandButton16	(Name)	btnO
	Caption	O
CommandButton17	(Name)	btnP
	Caption	P
CommandButton18	(Name)	btnQ
	Caption	Q
CommandButton19	(Name)	btnR
	Caption	R
CommandButton20	(Name)	btnS
	Caption	S
CommandButton21	(Name)	btnT
	Caption	T
CommandButton22	(Name)	btnU
	Caption	U
CommandButton23	(Name)	btnV
	Caption	V
CommandButton24	(Name)	btnW
	Caption	W

CommandButton25	(Name)	btnY
	Caption	Y
CommandButton26	(Name)	btnZ
	Caption	Z
CommandButton27	(Name)	btnTodos
	Caption	Todos
CommandButton28	(Name)	btnLimpiar
	Caption	LIMPIAR
CommandButton29	(Name)	btnSalir
	Caption	SALIR
	Cancel	True
CommandButton30	(Name)	btnExcel
	Caption	ENVIAR A EXCEL

g. Coloque el siguiente código en el botón **A** o **ENVIAR A EXCEL**.

```vba
Dim Letra$

Sub muestracliente(ByVal Letra$)
    Worksheets("Empleados").Activate
    Range("B13").Select
    Do
        If Left(ActiveCell.Value, 1) = Letra Then
            lstCodigo.AddItem ActiveCell.Offset(0, -1).Value
            lstEmpleado.AddItem ActiveCell.Offset(0, 2).Value & _
                Space(1) & ActiveCell.Value & _
                Space(1) & ActiveCell.Offset(0, 1).Value

            lstDistrito.AddItem muestraDistrito(ActiveCell.Offset(0, 3).Value)
        End If
        ActiveCell.Offset(1, 0).Select
    Loop While ActiveCell.Value <> ""
    Range("B13").Select
End Sub

'Función que muestra el nombre del distrito
Function muestraDistrito(ByVal codigoDistrito) As String
    Worksheets("Distritos").Activate
    Range("C5").Select
    Do
        If ActiveCell.Value = codigoDistrito Then
            muestraDistrito = ActiveCell.Offset(0, -1).Value
        End If
```

```vba
            ActiveCell.Offset(1, 0).Select
        Loop While ActiveCell.Value <> ""
        Worksheets("Empleados").Activate
End Function


Private Sub btnExcel_Click()
    Sheets("Listado").Activate
    Range("B15:D1000").ClearContents
    Range("C12").Value = Letra
    uFila = Sheets("Listado").Cells(Rows.Count, 2).End(xlUp).Offset(1, 0).Row
    For i = 0 To lstCodigo.ListCount - 1
       Sheets("Listado").Cells(uFila + i, 2).Value = lstCodigo.List(i)
        Sheets("Listado").Cells(uFila + i, 3).Value = lstEmpleado.List(i)
        Sheets("Listado").Cells(uFila + i, 4).Value = lstDistrito.List(i)
    Next
End Sub


Private Sub btnA_Click()
    Call limpiarListas
    Letra = "A"
    Call muestracliente("A")
End Sub


Private Sub btnB_Click()
    Call limpiarListas
    Letra = "B"
    Call muestracliente("B")
End Sub


Private Sub btnC_Click()
    Call limpiarListas
    Letra = "C"
    Call muestracliente("C")
End Sub


Private Sub btnD_Click()
    Call limpiarListas
    Letra = "D"
    Call muestracliente("D")
End Sub


Private Sub btnE_Click()
    Call limpiarListas
    Letra = "E"
```

```
        Call muestracliente("E")
End Sub


Private Sub btnF_Click()
    Call limpiarListas
    Letra = "F"
    Call muestracliente("F")
End Sub


Private Sub btnG_Click()
    Call limpiarListas
    Letra = "G"
    Call muestracliente("G")
End Sub


Private Sub btnH_Click()
    Call limpiarListas
    Letra = "H"
    Call muestracliente("H")
End Sub


Private Sub btnI_Click()
    Call limpiarListas
    Letra = "I"
    Call muestracliente("I")
End Sub


Private Sub btnJ_Click()
    Call limpiarListas
    Letra = "J"
    Call muestracliente("J")
End Sub


Private Sub btnK_Click()
    Call limpiarListas
    Letra = "K"
    Call muestracliente("K")
End Sub


Private Sub btnL_Click()
    Call limpiarListas
    Letra = "L"
    Call muestracliente("L")
End Sub
```

```vba
Private Sub btnM_Click()
    Call limpiarListas
    Letra = "M"
    Call muestracliente("M")
End Sub

Private Sub btnN_Click()
    Call limpiarListas
    Letra = "N"
    Call muestracliente("N")
End Sub

Private Sub btnÑ_Click()
    Call limpiarListas
    Letra = "Ñ"
    Call muestracliente("Ñ")
End Sub

Private Sub btnO_Click()
    Call limpiarListas
    Letra = "O"
    Call muestracliente("O")
End Sub

Private Sub btnP_Click()
    Call limpiarListas
    Letra = "P"
    Call muestracliente("P")
End Sub

Private Sub btnQ_Click()
    Call limpiarListas
    Letra = "Q"
    Call muestracliente("Q")
End Sub

Private Sub btnR_Click()
    Call limpiarListas
    Letra = "R"
    Call muestracliente("R")
End Sub

Private Sub btnS_Click()
    Call limpiarListas
```

```
    Letra = "S"
    Call muestracliente("S")
End Sub

Private Sub btnSalir_Click()
    Unload Me
End Sub

Private Sub btnT_Click()
    Call limpiarListas
    Letra = "T"
    Call muestracliente("T")
End Sub

Private Sub btnU_Click()
    Call limpiarListas
    Letra = "U"
    Call muestracliente("U")
End Sub

Private Sub btnV_Click()
    Call limpiarListas
    Letra = "V"
    Call muestracliente("V")
End Sub

Private Sub btnW_Click()
    Call limpiarListas
    Letra = "W"
    Call muestracliente("W")
End Sub

Private Sub btnY_Click()
    Call limpiarListas
    Letra = "Y"
    Call muestracliente("Y")
End Sub

Private Sub btnZ_Click()
    Call limpiarListas
    Letra = "Z"
    Call muestracliente("Z")
End Sub
```

```
Private Sub btnTodos_Click()
    Worksheets("Empleados").Activate
    Range("B13").Select
    Do
        lstCodigo.AddItem ActiveCell.Offset(0, -1).Value
        lstEmpleado.AddItem ActiveCell.Offset(0, 2).Value & _
                        Space(1) & ActiveCell.Value & _
                        Space(1) & ActiveCell.Offset(0, 1).Value
        lstDistrito.AddItem muestraDistrito(ActiveCell.Offset(0, 3).Value)
        ActiveCell.Offset(1, 0).Select
    Loop While ActiveCell.Value <> ""
    Range("B13").Select
End Sub

Private Sub btnLimpiar_Click()
    lstEmpleado.Clear
    lstDistrito.Clear
    lstCodigo.Clear
End Sub

'Procedimiento que limpia las listas
 Sub limpiarListas()
    lstEmpleado.Clear
    lstCodigo.Clear
    lstDistrito.Clear
End Sub
```

4.5.5 Caso desarrollado 5: filtro de ventas por cliente

Implemente una aplicación en VBA que permita mostrar la información de las ventas realizadas por un determinado cliente. La idea principal es seleccionar un cliente desde un cuadro combinado y mostrar la información de las ventas que este cliente ha realizado. Finalmente, el resultado de la búsqueda será enviado a una hoja de Excel. Por tanto, debe considerar los siguientes aspectos:

a. Se debe contar con una lista de ventas en la cual se muestren la información de los clientes y la misma venta, tal como se muestra en la siguiente imagen:

b. El cuadro combinado se debe llenar con los datos del cliente obtenidos desde la hoja de Excel. Debe tener en cuenta que, dentro de todas las ventas, los clientes pueden repetirse, por tanto, la información que llegue al cuadro combinado no debe mostrar información repetida, es decir, no debe mostrarse dos veces al mismo cliente.

c. Implemente un botón ENVIAR A EXCEL, el cual permita enviar la información del cliente seleccionado, así como la información de las ventas obtenidas, en los controles de tipo ListBox para luego enviarla a la hoja de Excel.

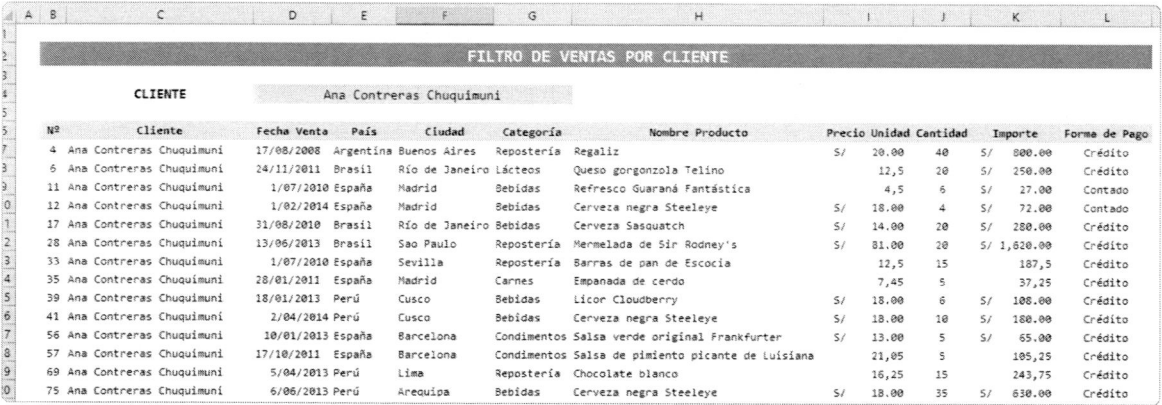

Figura 36. Filtrado de ventas por cliente

d. El UserForm debe tener el siguiente aspecto:

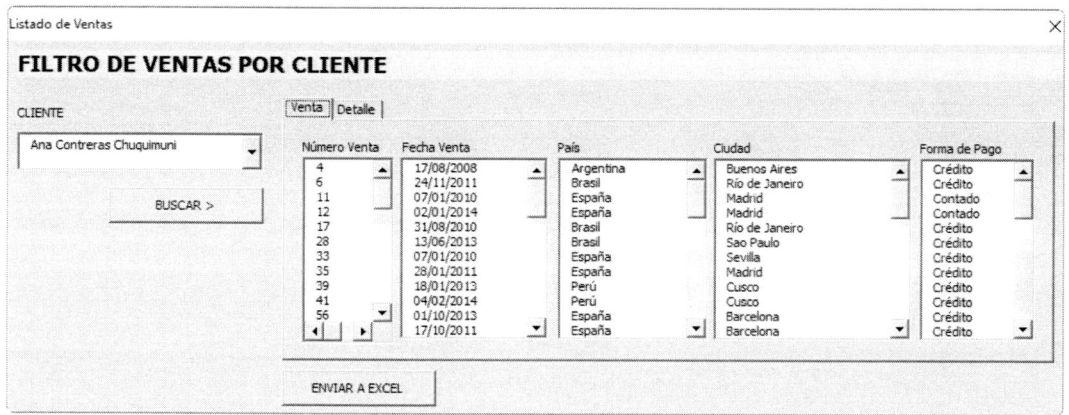

Figura 37. UserForm de listado de ventas filtrado por cliente según el número y fecha de venta, el país, la ciudad y la forma de pago

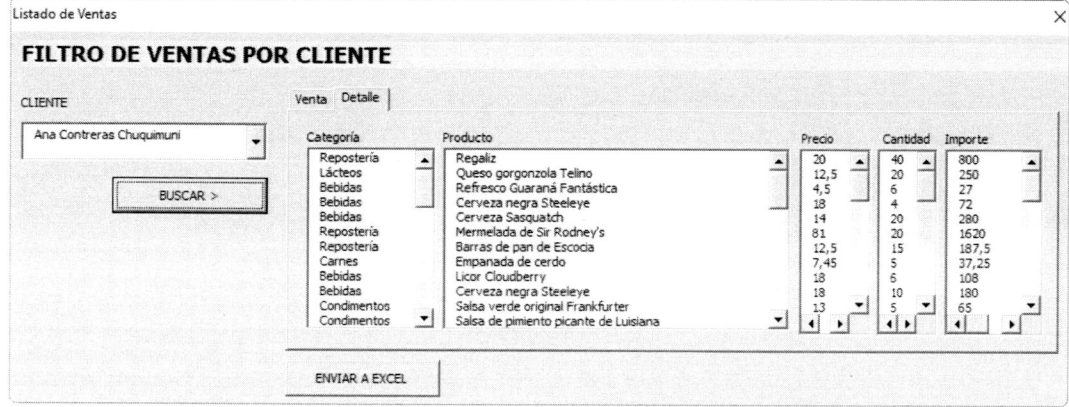

Figura 38. UserForm del listado de ventas filtrado por cliente según la categoría, el producto, el precio, la cantidad y el importe

e. Asigne las siguientes propiedades a estos controles:

UserForm1	**(Name)**	frmBusqueda
	Caption	Listado de Ventas
Label1	**Caption**	FILTRO DE VENTAS POR CLIENTE
Label2	**Caption**	CLIENTE
Label3	**Caption**	Número Venta
Label4	**Caption**	Fecha venta
Label5	**Caption**	País
Label6	**Caption**	Ciudad
Label7	**Caption**	Forma de Pago
Label8	**Caption**	Categoría
Label9	**Caption**	Producto
Label10	**Caption**	Precio
Label11	**Caption**	Cantidad
Label12	**Caption**	Importe
MultiPage1-Hoja1	**Caption**	Venta
MultiPage1-Hoja2	**Caption**	Detalle
ListBox1	**(Name)**	lstNumero
ListBox2	**(Name)**	lstFecha
ListBox3	**(Name)**	lstPais
ListBox4	**(Name)**	lstCiudad
ListBox5	**(Name)**	lstForma
ListBox6	**(Name)**	lstCategoria
ListBox7	**(Name)**	lstProducto
ListBox8	**(Name)**	lstPrecio
ListBox9	**(Name)**	lstCantidad
ListBox10	**(Name)**	lstImporte
CommandButton1	**(Name)**	btnBuscar
	Caption	BUSCAR >
CommandButton2	**(Name)**	btnExcel
	Caption	ENVIAR A EXCEL

f. Coloque el siguiente código en el botón **BUSCAR**.

```vba
Private Sub btnBuscar_Click()
    Sheets(1).Activate
    Range("C3").Select
    Do
        If ActiveCell.Value = cboCliente.Text Then
            lstNumero.AddItem ActiveCell.Offset(0, -1).Value
            lstFecha.AddItem ActiveCell.Offset(0, 1).Value
            lstPais.AddItem ActiveCell.Offset(0, 2).Value
            lstCiudad.AddItem ActiveCell.Offset(0, 3).Value
            lstForma.AddItem ActiveCell.Offset(0, 9).Value
            lstCategoria.AddItem ActiveCell.Offset(0, 4).Value
```

```vb
                lstProducto.AddItem ActiveCell.Offset(0, 5).Value
                lstPrecio.AddItem ActiveCell.Offset(0, 6).Value
                lstCantidad.AddItem ActiveCell.Offset(0, 7).Value
                lstImporte.AddItem ActiveCell.Offset(0, 8).Value
            End If
            ActiveCell.Offset(1, 0).Select
        Loop While ActiveCell.Value <> ""
        Range("C3").Select
End Sub


Private Sub btnExcel_Click()
    Sheets(2).Activate
    Range("B7:L500").ClearContents
    Range("D4").Value = cboCliente.Text
    uFila = Sheets(2).Cells(Rows.Count, 2).End(xlUp).Offset(1, 0).Row
    For i = 0 To lstNumero.ListCount - 1
        Sheets(2).Cells(uFila + i, 2).Value = lstNumero.List(i)
        Sheets(2).Cells(uFila + i, 3).Value = cboCliente.Text
        Sheets(2).Cells(uFila + i, 4).Value = lstFecha.List(i)
        Sheets(2).Cells(uFila + i, 5).Value = lstPais.List(i)
        Sheets(2).Cells(uFila + i, 6).Value = lstCiudad.List(i)
        Sheets(2).Cells(uFila + i, 12).Value = lstForma.List(i)
        Sheets(2).Cells(uFila + i, 7).Value = lstCategoria.List(i)
        Sheets(2).Cells(uFila + i, 8).Value = lstProducto.List(i)
        Sheets(2).Cells(uFila + i, 9).Value = lstPrecio.List(i)
        Sheets(2).Cells(uFila + i, 10).Value = lstCantidad.List(i)
        Sheets(2).Cells(uFila + i, 11).Value = lstImporte.List(i)
    Next
End Sub


Sub llenarClientes()
    Sheets(1).Activate
    Range("C3").Select
    E = ""

    Do
        If ActiveCell.Value <> E Then
            cboCliente.AddItem ActiveCell.Value
        End If
        E = ActiveCell.Value
        ActiveCell.Offset(1, 0).Select
    Loop While ActiveCell.Value <> ""
    Range("A1").Activate
End Sub
```

```
Private Sub UserForm_Activate()
    Call llenarClientes
    cboCliente.Text = "(Seleccione cliente)"
End Sub
```

4.5.6 Caso desarrollado 6: filtro de ventas por año de venta

Implemente una aplicación en VBA que permita mostrar la información de las ventas realizadas en un determinado año. La idea principal es seleccionar un año desde un cuadro combinado y mostrar la información de las ventas que en dicho período se ha realizado. Finalmente, el resultado de la búsqueda será enviado a una hoja de Excel. Por tanto, debe considerar los siguientes aspectos:

a. Se debe contar con una lista de ventas en la cual se muestren la información de los clientes y la misma venta, tal como se muestra en la siguiente imagen:

Nº	Cliente	Fecha Venta	País	Ciudad	Categoría	Nombre Producto	Precio Unidad	Cantidad	Importe	Forma de Pago
1	Pedro Vigilio Poma	29/06/2014	Argentina	Córdova	Condimentos	Salsa de pimiento picante de Luisiana	S/ 21.05	S/ 15.00	S/ 315.75	Crédito
2	Pedro Vigilio Poma	05/04/2012	Brasil	Río de Janeiro	Bebidas	Cerveza Outback	S/ 53.00	S/ 35.00	S/ 1,855.00	Crédito
3	Liliana Torres Herrera	15/03/2008	Brasil	Río de Janeiro	Repostería	Chocolate blanco	S/ 9.65	S/ 10.00	S/ 96.50	Crédito
4	Ana Contreras Chuquimuni	17/08/2008	Argentina	Buenos Aires	Repostería	Regaliz	S/ 20.00	S/ 40.00	S/ 800.00	Crédito
5	David Roque Laguna	15/08/2011	Brasil	Río de Janeiro	Bebidas	Licor verde Chartreuse	S/ 18.00	S/ 42.00	S/ 756.00	Crédito
6	Ana Contreras Chuquimuni	24/11/2011	Brasil	Río de Janeiro	Lácteos	Queso gorgonzola Telino	S/ 12.50	S/ 20.00	S/ 250.00	Crédito
7	Liliana Torres Herrera	01/07/2010	Brasil	Resende	Carnes	Empanada de carne	S/ 32.30	S/ 15.00	S/ 492.00	Crédito
8	Pedro Vigilio Poma	01/12/2010	Brasil	Resende	Condimentos	Salsa verde original Frankfurter	S/ 13.00	S/ 12.00	S/ 156.00	Crédito
9	David Roque Laguna	25/05/2012	Brasil	Río de Janeiro	Bebidas	Cerveza negra Steeleye	S/ 18.00	S/ 20.00	S/ 360.00	Crédito
10	David Roque Laguna	28/12/2013	Brasil	Río de Janeiro	Repostería	Bollos de Sir Rodney's	S/ 10.00	S/ 20.00	S/ 200.00	Crédito
11	Ana Contreras Chuquimuni	07/01/2010	España	Madrid	Bebidas	Refresco Guaraná Fantástica	S/ 4.50	S/ 6.00	S/ 27.00	Contado
12	Ana Contreras Chuquimuni	02/01/2014	España	Madrid	Bebidas	Cerveza negra Steeleye	S/ 18.00	S/ 4.00	S/ 72.00	Contado
13	David Roque Laguna	14/09/2009	España	Madrid	Repostería	Pastas de té de chocolate	S/ 9.20	S/ 1.00	S/ 9.20	Contado
14	David Roque Laguna	27/12/2010	España	Madrid	Lácteos	Queso Cabrales	S/ 19.50	S/ 2.00	S/ 39.00	Contado
15	Pedro Vigilio Poma	12/03/2013	España	Madrid	Carnes	Paté chino	S/ 25.89	S/ 6.00	S/ 155.34	Contado
16	Pedro Vigilio Poma	07/05/2008	Argentina	Córdova	Lácteos	Queso Cabrales	S/ 12.00	S/ 15.00	S/ 180.00	Crédito
17	Ana Contreras Chuquimuni	31/08/2010	Brasil	Río de Janeiro	Bebidas	Cerveza Sasquatch	S/ 14.00	S/ 20.00	S/ 280.00	Crédito
18	David Roque Laguna	01/08/2008	Brasil	Río de Janeiro	Repostería	Postre de merengue Pavlova	S/ 17.45	S/ 40.00	S/ 698.00	Crédito
19	David Roque Laguna	31/08/2013	Perú	Arequipa	Condimentos	Sirope de regaliz	S/ 10.00	S/ 30.00	S/ 300.00	Crédito
20	David Roque Laguna	28/09/2014	Perú	Arequipa	Repostería	Chocolate blanco	S/ 33.25	S/ 9.00	S/ 299.25	Crédito
21	David Roque Laguna	06/05/2013	Brasil	Río de Janeiro	Condimentos	Azúcar negra Malacca	S/ 19.45	S/ 24.00	S/ 466.80	Crédito
22	Pedro Vigilio Poma	19/03/2011	Brasil	Río de Janeiro	Condimentos	Sirope de arce	S/ 53.00	S/ 2.00	S/ 106.00	Crédito

b. El cuadro combinado se debe llenar con los años en que se realizó la venta, los cuales fueron obtenidos desde la hoja de Excel. Tenga en cuenta que los años se obtienen a partir de la fecha de venta, y que solo se deben mostrar los que no se repiten. Para lograr esto, se debe hacer uso de las columnas M para los años y N para las fechas.

c. Implemente un botón ENVIAR A EXCEL, el cual permita enviar la información del año seleccionado, así como la información de las ventas obtenidas en los controles de tipo ListBox para después enviarla a la hoja de Excel.

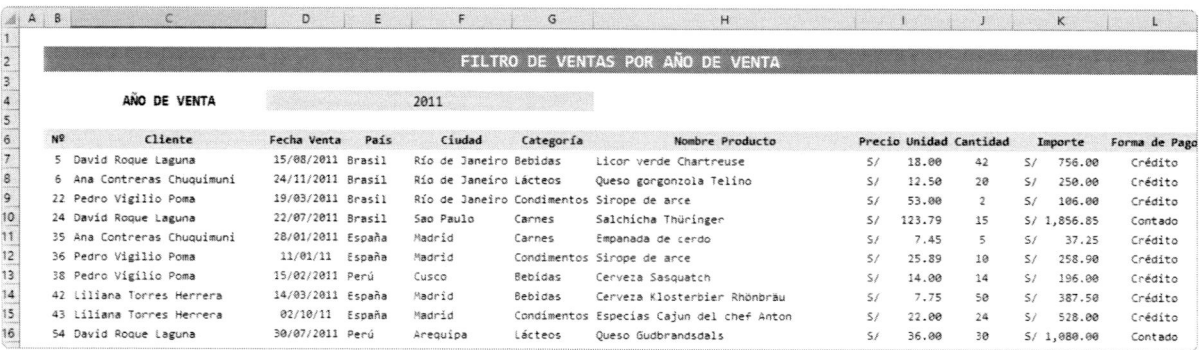

FILTRO DE VENTAS POR AÑO DE VENTA

AÑO DE VENTA	2011									
Nº	Cliente	Fecha Venta	País	Ciudad	Categoría	Nombre Producto	Precio Unidad	Cantidad	Importe	Forma de Pago
5	David Roque Laguna	15/08/2011	Brasil	Río de Janeiro	Bebidas	Licor verde Chartreuse	S/ 18.00	42	S/ 756.00	Crédito
6	Ana Contreras Chuquimuni	24/11/2011	Brasil	Río de Janeiro	Lácteos	Queso gorgonzola Telino	S/ 12.50	20	S/ 250.00	Crédito
22	Pedro Vigilio Poma	19/03/2011	Brasil	Río de Janeiro	Condimentos	Sirope de arce	S/ 53.00	2	S/ 106.00	Crédito
24	David Roque Laguna	22/07/2011	Brasil	Sao Paulo	Carnes	Salchicha Thüringer	S/ 123.79	15	S/ 1,856.85	Contado
35	Ana Contreras Chuquimuni	28/01/2011	España	Madrid	Carnes	Empanada de cerdo	S/ 7.45	5	S/ 37.25	Crédito
36	Pedro Vigilio Poma	11/01/11	España	Madrid	Condimentos	Sirope de arce	S/ 25.89	10	S/ 258.90	Crédito
38	Pedro Vigilio Poma	15/02/2011	Perú	Cusco	Bebidas	Cerveza Sasquatch	S/ 14.00	14	S/ 196.00	Crédito
42	Liliana Torres Herrera	14/03/2011	España	Madrid	Bebidas	Cerveza Klosterbier Rhönbräu	S/ 7.75	50	S/ 387.50	Crédito
43	Liliana Torres Herrera	02/10/11	España	Madrid	Condimentos	Especias Cajun del chef Anton	S/ 22.00	24	S/ 528.00	Crédito
54	David Roque Laguna	30/07/2011	Perú	Arequipa	Lácteos	Queso Gudbrandsdals	S/ 36.00	30	S/ 1,080.00	Contado

d. El UserForm debe tener el siguiente aspecto:

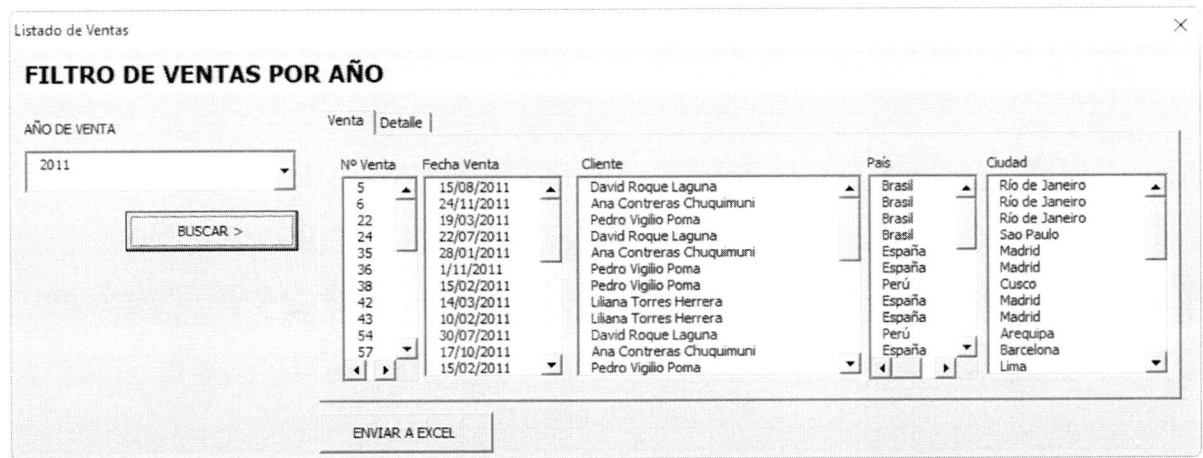

Figura 39. UserForm de listado de ventas filtrado por año según el número y la fecha de venta, el cliente, el país y la ciudad

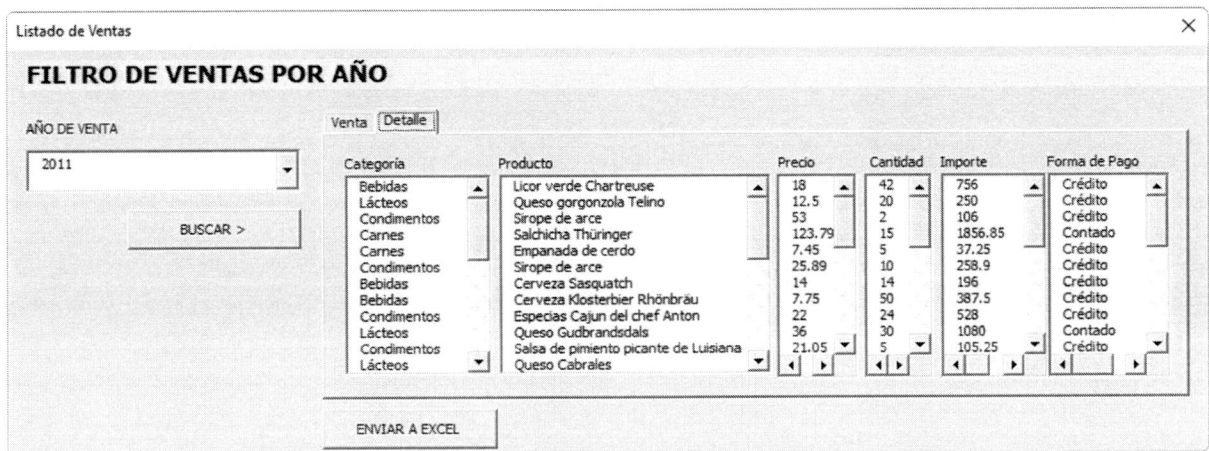

Figura 40. UserForm del listado de ventas filtrado por año según la categoría, el producto, el precio, la cantidad, el importe y la forma de pago

e. Asigne las siguientes propiedades a estos controles:

UserForm1	**(Name)**	frmBusqueda
	Caption	Listado de Ventas
Label1	**Caption**	FILTRO DE VENTAS POR CLIENTE
Label2	**Caption**	CLIENTE
Label3	**Caption**	Número Venta
Label4	**Caption**	Cliente
Label5	**Caption**	Fecha venta
Label6	**Caption**	País
Label7	**Caption**	Ciudad
Label8	**Caption**	Forma de Pago
Label9	**Caption**	Categoría
Label10	**Caption**	Producto
Label11	**Caption**	Precio

Label12	Caption	Cantidad
Label13	Caption	Importe
MultiPage1-Hoja1	Caption	Venta
MultiPage1-Hoja2	Caption	Detalle
ListBox1	(Name)	lstNumero
ListBox2	(Name)	lstCliente
ListBox3	(Name)	lstFecha
ListBox4	(Name)	lstPais
ListBox5	(Name)	lstCiudad
ListBox6	(Name)	lstForma
ListBox7	(Name)	lstCategoria
ListBox8	(Name)	lstProducto
ListBox9	(Name)	lstPrecio
ListBox10	(Name)	lstCantidad
ListBox11	(Name)	lstImporte
CommandButton1	(Name)	btnBuscar
	Caption	BUSCAR >
CommandButton2	(Name)	btnExcel
	Caption	ENVIAR A EXCEL

f. Coloque el siguiente código en el botón **Buscar**:

```vba
Private Sub btnBuscar_Click()
    Sheets(1).Activate
    Call limpiarListas
    Range("N3").Select
    Do
        If ActiveCell.Value = cboAño.Text Then
            lstNumero.AddItem ActiveCell.Offset(0, -12).Value
            lstCliente.AddItem ActiveCell.Offset(0, -11).Value
            lstFecha.AddItem ActiveCell.Offset(0, -10).Value
            lstPais.AddItem ActiveCell.Offset(0, -9).Value
            lstCiudad.AddItem ActiveCell.Offset(0, -8).Value
            lstForma.AddItem ActiveCell.Offset(0, -2).Value
            lstCategoria.AddItem ActiveCell.Offset(0, -7).Value
            lstProducto.AddItem ActiveCell.Offset(0, -6).Value
            lstPrecio.AddItem ActiveCell.Offset(0, -5).Value
            lstCantidad.AddItem ActiveCell.Offset(0, -4).Value
            lstImporte.AddItem ActiveCell.Offset(0, -3).Value
        End If
        ActiveCell.Offset(1, 0).Select
    Loop While ActiveCell.Value <> ""
    Range("D3").Select
End Sub
```

```vba
Private Sub btnExcel_Click()
    Sheets(2).Activate
    Range("B7:L500").ClearContents
    Range("D4").Value = cboAño.Text
    uFila = Sheets(2).Cells(Rows.Count, 2).End(xlUp).Offset(1, 0).Row
    For i = 0 To lstNumero.ListCount - 1
        Sheets(2).Cells(uFila + i, 2).Value = lstNumero.List(i)
        Sheets(2).Cells(uFila + i, 3).Value = lstCliente.List(i)
        Sheets(2).Cells(uFila + i, 4).Value = lstFecha.List(i)
        Sheets(2).Cells(uFila + i, 5).Value = lstPais.List(i)
        Sheets(2).Cells(uFila + i, 6).Value = lstCiudad.List(i)
        Sheets(2).Cells(uFila + i, 7).Value = lstCategoria.List(i)
        Sheets(2).Cells(uFila + i, 8).Value = lstProducto.List(i)
        Sheets(2).Cells(uFila + i, 9).Value = lstPrecio.List(i)
        Sheets(2).Cells(uFila + i, 10).Value = lstCantidad.List(i)
        Sheets(2).Cells(uFila + i, 11).Value = lstImporte.List(i)
        Sheets(2).Cells(uFila + i, 12).Value = lstForma.List(i)
    Next
End Sub


Sub llenarAños()
    Sheets(1).Activate


    Range("N3").Select
    ActiveCell.FormulaR1C1 = "=+YEAR(RC[-10])"
    Selection.AutoFill Destination:=Range("N3:N202"), Type:=xlFillDefault
    Range("N3:N202").Select
    Selection.Copy
    Range("M3").Select
    Selection.PasteSpecial Paste:=xlPasteValues, Operation:=xlNone, SkipBlanks _
        :=False, Transpose:=False
    Range("M3").Select
    Application.CutCopyMode = False


    'Remover los duplicados
    Range("M3:M202").Select
    ActiveSheet.Range("$M$3:$M$202").RemoveDuplicates Columns:=1, Header:=xlNo


    'Ordenar
    With ActiveWorkbook.Worksheets("Fuente").Sort
        .SetRange Range("M3:M202")
        .Orientation = xlTopToBottom
        .Apply
    End With
```

```vba
    'Llevar los años al combobox
    Range("M3").Select
    E = ""
    Do
        cboAño.AddItem ActiveCell.Value
        ActiveCell.Offset(1, 0).Select
    Loop While ActiveCell.Value <> ""
    Range("D3").Activate
End Sub


Private Sub UserForm_Activate()
    Call llenarAños
    cboAño.Text = "(Seleccione año)"
End Sub


Sub limpiarListas()
    lstNumero.Clear
    lstCliente.Clear
    lstFecha.Clear
    lstPais.Clear
    lstCiudad.Clear
    lstForma.Clear
    lstCategoria.Clear
    lstProducto.Clear
    lstPrecio.Clear
    lstCantidad.Clear
    lstImporte.Clear
End Sub
```

Capítulo 5

Base de datos con Access

5.1 Introducción

Entre los motores de bases de datos para el trabajo de oficina tiene Access, propiedad de Microsoft, el cual es considerado un programa de gestión de bases de datos que le permite al usuario crear y mantener información relevante dentro de objetos llamados tablas y formularios.

Este programa es adecuado para cualquier trabajo a mediana escala, ya que para proyectos mayores se usa SQL Server u Oracle. Así, este programa trabaja adecuadamente para proyectos pequeños. Asimismo, es amigable con el usuario debido a su interfaz.

Cabe agregar que cuenta con un conjunto de plantillas preestablecidas que permiten la fácil introducción de información; por lo tanto, es un buen punto de inicio para la administración de una base de datos. Estas plantillas son editables y se pueden encontrar tanto dentro del paquete de Office como en la nube. Sin embargo, en este caso estará orientado hacia la construcción de una base de datos personalizada, puesto que brindará diferentes opciones, como combinar y editar todas las características que se necesitan para que contenga los campos y registros.

Entre las características que presenta Access para la administración de una base de datos se tiene:

A. Almacenamiento de datos

Una base de datos guarda información relacionada con un asunto o propósito particular.

B. Buscar datos

Una de las principales características es la búsqueda de información rápida y precisa.

C. Analizar e imprimir información

Es importante que la información obtenida pueda ser reutilizable para generar nueva información en la toma decisiones de una organización.

D. Manejar datos

Una base de datos permite administrar con relativa facilidad volúmenes de datos, pero no se debe exagerar con Access.

E. Compartir datos

La mayoría de los programas de bases de datos permiten que más de un usuario acceda simultáneamente a los mismos datos, los cuales serán denominados bases de datos multiusuario.

En este capítulo se verá la gestión de la información cuya fuente sea un archivo Access, es decir, la información deberá obtenerse desde el motor de Access y llevarla a la hoja de Excel bajo ciertos criterios.

5.2 Objetos en Access

Access denomina objeto a cualquier elemento sobre los que actúa la aplicación, es decir, todo se basa en objetos. Un archivo de base de datos en Access puede contener los siguientes objetos: tablas, consultas, informes, formularios, macros y módulos. En conjunto, estos objetos constituyen una base de datos de Access. Para este caso, solo usará las tablas, pues no está haciendo referencia al motor de Access, solo a la información que este guarda.

Entonces, la información de una base de datos está organizada de forma tabular, es decir, en forma de filas y columnas, como lo enfoca Excel. Cada una de estas tablas contiene información acerca de alguna entidad. El término entidad se refiere a todo elemento físico o abstracto que tenga una razón de ser. Por ejemplo, los clientes de una tienda, los estudiantes de un colegio, los productos de un almacén o los empleados de una empresa.

El tármino entidad es una referencia a las tablas donde se guarda la información en forma de registros de manera consecutiva, como si fuera una hoja de Excel. Así, una columna o campo es la representación de una característica de los datos y una fila o registro son conocidos como tuplas.

5.3 Abrir una base de datos en Access

Cuando se abre una base de datos en Access, inicialmente, se mostrarán los objetos de tipo tabla, ya que es el contenido principal de toda base de datos.

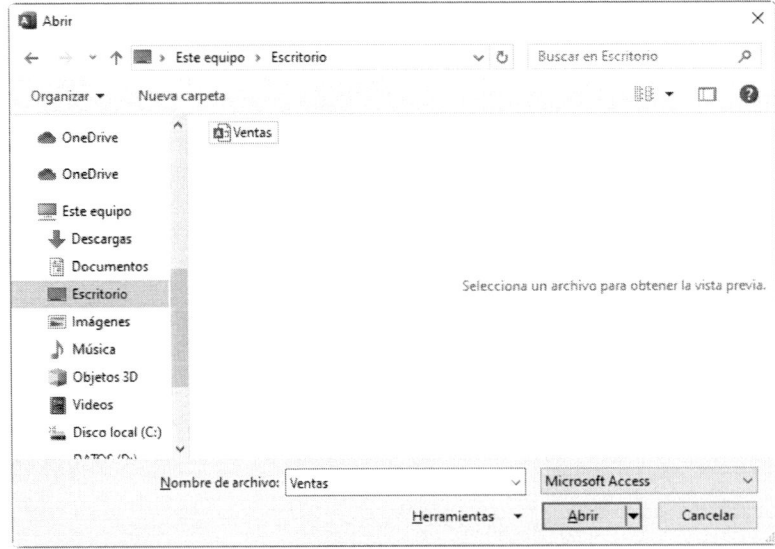

Figura 41. Abrir un archivo de base de datos en Access

Las tablas deben presentar una característica especial, que son las de mantenerse en singular y por ningún motivo en plural. Por otro lado, siempre debe haber más de dos tablas para generar el modelo entidad relación, el cual permite tener la información asociada. Por ejemplo, cliente está asociado a factura, a la vez, factura está asociado a detalle y, finalmente, detalle está asociado a producto.

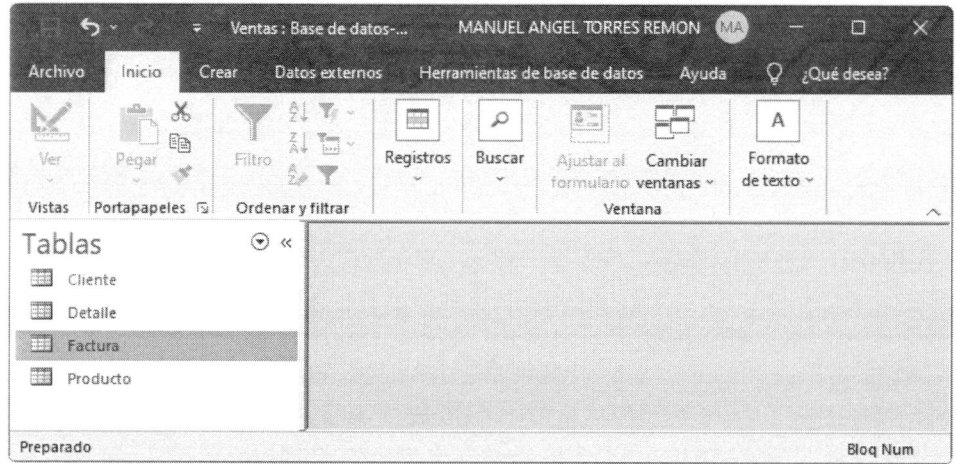

Figura 42. Contenido de base de datos en Access

5.4 Modelo entidad relación en Access

El modelo entidad relación, más conocido como MER, es una representación simplificada de cómo las personas y los objetos físicos o abstractos pueden relacionarse entre sí. Normalmente, se usa para mostrar la organización de la información que puede tener una base de datos.

El modelo entidad relación incluye tres elementos básicos:

A. Entidades

Son estereotipos de personas, objetos o conceptos de un asunto especial de una base de datos. Por ejemplo, son estereotipos de las personas, empleados, vendedores, clientes, pasajeros, etc. Con respecto a los objetos, tiene a los productos, aulas, artículos, etc. Finalmente, con respecto a los conceptos, tiene a los robos, incendios, venta, vuelo de avión, etc.

B. Atributos

Describen las características de una determinada entidad. Por ejemplo, el cliente puede contar con los siguientes atributos: código, nombres, teléfono, correo electrónico, etc. Por otra parte, el objeto producto puede tener un código, descripción, precio, *stock*, etc. Finalmente, en el robo tiene la fecha del robo, lugar, hora, número de personas afectadas, etc.

C. Relaciones

Normalmente, todo en la vida humana se basa en relaciones, por tanto, las entidades siempre tienen la tendencia a asociarse entre dos entidades. Por ejemplo, asociar el producto con una factura, asociar el aula con los estudiantes, etc.

5.5 Visualizar las columnas en las tablas de Access

Es necesario conocer la estructura de una tabla de una base de datos para visualizar las columnas de la tabla. En Access una vez que abre una base de datos se muestran las tablas:

Pasos:

1. Seleccione una tabla de la lista.
2. Haga clic derecho sobre una tabla y seleccione **Vista Diseño**.

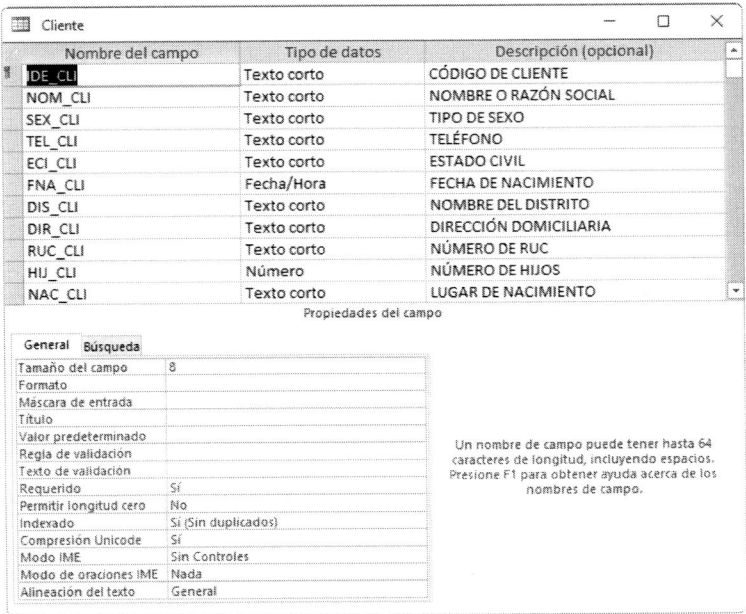

Figura 43. Listado de campos de una tabla en Access

3. Finalmente, si realiza alguna modificación, la puede guardar presionando las teclas **Ctrl+W**.

5.6 Llenar de información las tablas de Access

Una vez listadas las tablas, se debe comprobar o modificar la información contenida. En Access, una vez que abre una base de datos se muestran las tablas:

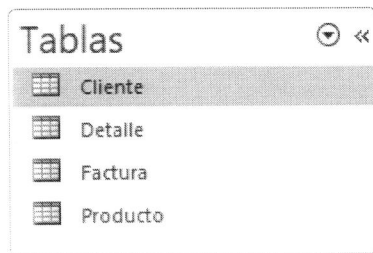

Pasos:

1. Seleccione una tabla de la lista.
2. Haga clic derecho sobre la tabla y seleccione **Abrir** o haga doble clic.

IDE_CLI	NOM_CLI	SEX	TEL_CLI	ECI_CLI	FNA_CLI	DIS_CLI	DIR_CLI
AB-65-41	VIVAS/MARTÍNEZ/MARCO	M	4832861	Divorciado	21/01/1965	LA MOLINA	Barcelona 524
AB-90-26	VALENZUELA/MONGE/RUBÉN DARIO	M	4318810	Soltero	25/07/1973	JESÚS MARÍA	Av. Principal 734
AD-42-68	CALDERÓN/MEDINA/RAÚL	M	4406345	Soltero	16/05/1957	SAN ISIDRO	Barcelona 700
AD-52-77	MEDINA/MORENO/ALEJANDRO ALONSO	M	4369090	Soltero	18/04/1973	LA MOLINA	Revolución 840
AF-86-75	RODRÍGUEZ/CARRE/JÉSSICA	F	4361402	Divorciado	16/04/1965	SAN MIGUEL	Calle Tortuosa 450
AG-73-54	ARIAS/CORONADO/ALFREDO ENRIQUE	M	4626683	Soltero	2/10/1965	SAN ISIDRO	Boulevard Pierre 955
AG-98-55	FERNÁNDEZ/MUÑOZ/ANTONIO FERNANDO	M	4599160	Viudo	8/03/1967	JESÚS MARÍA	Caminito 759
AI-78-59	ÁLVAREZ/ÁLVAREZ/LUIS RAMÓN	M	4752383	Soltero	14/06/1970	MAGDALENA	Av. Pennsilvania 416
AJ-39-65	BARRIOS/ISMODES/JOSÉ LUIS	M	4513871	Soltero	22/06/1970	BARRANCO	Cuesta Empinada 670
AK-94-77	HUAYANAY/SOTO/EUGENIO ANDRÉS	M	4200539	Soltero	4/09/1973	BARRANCO	Av. Pennsilvania 653
AK-97-58	PAREDES/GÓMEZ/KAREM ROSILU	F	4513544	Casado	5/10/1964	LA PERLA	La Victoria 513
AO-80-53	PASCO-FONT/LOZANO/MARÍA	F	4757800	Casado	15/06/1968	PUEBLO LIBRE	Av. del Bosque 560
AP-19-78	CRUZ/DÍAS/JAIME EDUARDO	M	4356459	Viudo	10/08/1961	SAN ISIDRO	Castillo Encantado 887
AR-83-59	GRANADINO/ARANA/ALDO	M	4208613	Soltero	3/07/1961	SAN ISIDRO	Av. La Paz 530
AV-45-48	BARRETO/DEL POZO/CLAUDIA XIMENA	F	4437836	Casado	25/11/1955	LA PUNTA	Boulevard Pierre 407
AV-61-89	ROJAS/EDA/GUSTAVO CÉSAR	M	4449496	Soltero	12/10/1972	MAGDALENA	Embarcadero 450
AW-36-97	BERNALES/ALBITES/ENRIQUE MANUEL	M	4729695	Soltero	23/10/1955	MAGDALENA	Av. del Bosque 187
AW-76-16	VIGO/MANRIQUE/CECILIA	F	4373147	Casado	24/03/1955	LA PUNTA	Av. Illinois 309
AW-79-83	VELARDE/HEIDEMAN/HANS RONNY	M	4828039	Soltero	1/03/1963	SAN ISIDRO	Quinta Avenida 962
AX-93-49	SIPÁN/RAMÍREZ/OSWALDO MANUEL	M	4735247	Soltero	16/11/1966	JESÚS MARÍA	Paseo del Atardecer 483

Figura 44. Listado de registros de una tabla en Access

3. Finalmente, si realiza alguna modificación, la puede guardar presionando las teclas **Ctrl+W**.

5.7 Mostrar el modelo entidad relación en Access

Es necesario observar las asociaciones que existen entre los objetos de tipo tabla, pues es necesario saber cómo obtener toda la información de la base de datos, ya que toda la información no está en una sola tabla, sino que está distribuida adecuadamente:

Pasos:

1. Muestre la lista de tablas de una base de datos.
2. Seleccione la ficha **Herramientas de base de datos**.
3. Seleccione **Relaciones**.

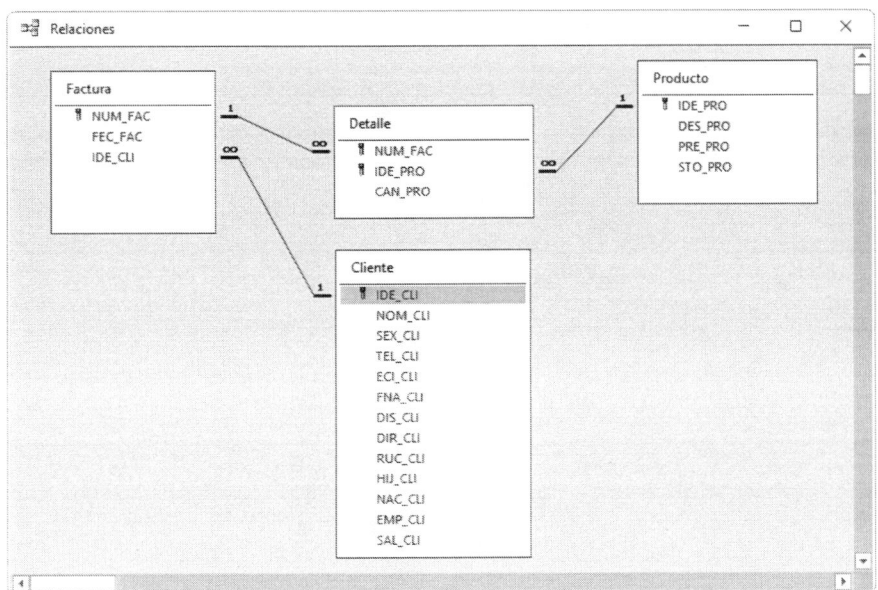

4. En caso de tener más tablas, y que no se encuentre dentro de la relación, solo debe arrastrarla hacia el entorno de las relaciones.

5. Finalmente, si realiza alguna modificación la puede guardar presionando las teclas Ctrl+W.

5.8 Recuperación de datos mediante la sentencia Select de SQL desde Access

Select es una sentencia que pertenece a SQL Server, la cual le permitirá filtrar datos desde un conjunto de datos. En este caso, usará Select para filtrar las información obtenida desde Excel. Cuenta con el siguiente formato:

```
SELECT ListaCampos
[ FROM Tabla ]
[ WHERE Condicion ]
[ GROUP BY ExpresionGrupo ]
[ HAVING CondicionBusqeuda ]
[ ORDER BY [ASC|DESC]]
```

Donde:

- **Select:** indica el inicio de la sentencia.
- **ListaCampos:** se especifican los campos o columnas de la tabla.
- **From Tabla:** se especifica el nombre de la tabla de donde se obtendrán los datos.
- **Where condición:** se especifica la condición de filtrado desde los registros.
- **Group by ExpresionGrupo:** se especifica la forma de agrupación de los campos de una tabla.
- **Having condicionBusqueda:** se especifica la condición de filtrado, solo si se especifica un Group By.
- **Order By ASC|DESC:** se especifica el orden de los registros ASC, el cual define la ascendencia; y DESC la descendencia.

Para demostrar la forma de trabajo de la sentencia Select se usará la siguiente base de datos implementada en Access.

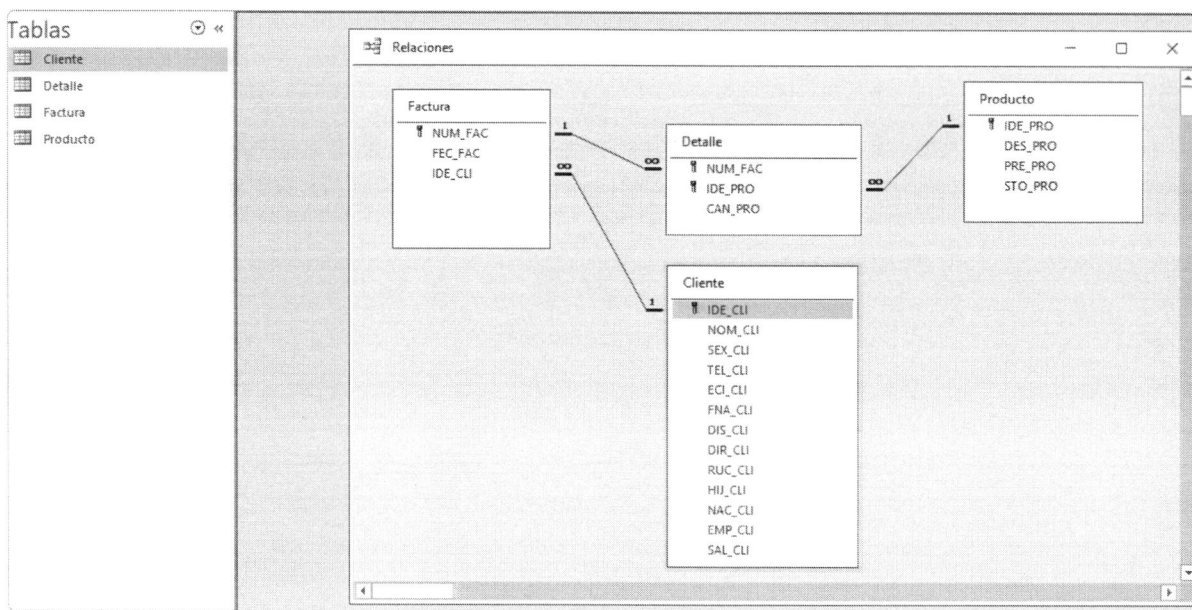

Figura 45. Relación de las tablas en Access de la base de datos Ventas

Esta base de datos contiene la siguiente información distribuida en tablas:

IDE_CLI	NOM_CLI	SEX	TEL_CLI	ECI_CLI	FNA_CLI	DIS_CLI	DIR_CLI	
AB-65-41	VIVAS/MARTÍNEZ/MARCO	M	4832861	Divorciado	21/01/1965	LA MOLINA	Barcelona 524	1
AB-90-26	VALENZUELA/MONGE/RUBÉN DARIO	M	4318810	Soltero	25/07/1973	JESÚS MARÍA	Av. Principal 734	1
AD-42-68	CALDERÓN/MEDINA/RAÚL	M	4406345	Soltero	16/05/1957	SAN ISIDRO	Barcelona 700	1
AD-52-77	MEDINA/MORENO/ALEJANDRO ALONSO	M	4369090	Soltero	18/04/1973	LA MOLINA	Revolución 840	1
AF-86-75	RODRÍGUEZ/CARRE/JÉSSICA	F	4361402	Divorciado	16/04/1965	SAN MIGUEL	Calle Tortuosa 450	1
AG-73-54	ARIAS/CORONADO/ALFREDO ENRIQUE	M	4626683	Soltero	2/10/1965	SAN ISIDRO	Boulevard Pierre 955	1
AG-98-55	FERNÁNDEZ/MUÑOZ/ANTONIO FERNANDO	M	4599160	Viudo	8/03/1967	JESÚS MARÍA	Caminito 759	1
AI-78-59	ÁLVAREZ/ÁLVAREZ/LUIS RAMÓN	M	4752383	Soltero	14/06/1970	MAGDALENA	Av. Pennsilvania 416	1
AJ-39-65	BARRIOS/ISMODES/JOSÉ LUIS	M	4513871	Soltero	22/06/1970	BARRANCO	Cuesta Empinada 670	1
AK-94-77	HUAYANAY/SOTO/EUGENIO ANDRÉS	M	4200539	Soltero	4/09/1973	BARRANCO	Av. Pennsilvania 653	1
AK-97-58	PAREDES/GÓMEZ/KAREM ROSILU	F	4513544	Casado	5/10/1964	LA PERLA	La Victoria 513	1
AO-80-53	PASCO-FONT/LOZANO/MARÍA	F	4757800	Casado	15/06/1968	PUEBLO LIBRE	Av. del Bosque 560	1
AP-19-78	CRUZ/DÍAS/JAIME EDUARDO	M	4356459	Viudo	10/08/1961	SAN ISIDRO	Castillo Encantado 887	1
AR-83-59	GRANADINO/ARANA/ALDO	M	4208613	Soltero	3/07/1961	SAN ISIDRO	Av. La Paz 530	1
AV-45-48	BARRETO/DEL POZO/CLAUDIA XIMENA	F	4437836	Casado	25/11/1955	LA PUNTA	Boulevard Pierre 407	1
AV-61-89	ROJAS/EDA/GUSTAVO CÉSAR	M	4449496	Soltero	12/10/1972	MAGDALENA	Embarcadero 450	1
AW-36-97	BERNALES/ALBITES/ENRIQUE MANUEL	M	4729695	Soltero	23/10/1955	MAGDALENA	Av. del Bosque 187	1
AW-76-16	VIGO/MANRIQUE/CECILIA	F	4373147	Casado	24/03/1955	LA PUNTA	Av. Illinois 309	1
AW-79-83	VELARDE/HEIDEMAN/HANS RONNY	M	4828039	Soltero	1/03/1963	SAN ISIDRO	Quinta Avenida 962	1
AX-93-49	SIPÁN/RAMÍREZ/OSWALDO MANUEL	M	4735247	Soltero	16/11/1966	JESÚS MARÍA	Paseo del Atardecer 483	1
AY-45-93	MOLINA/DIMITRIJEVICH/MIROSLAVA ALEXANDRA	F	4689469	Soltero	15/12/1955	SAN ISIDRO	Calle Tortuosa 577	1
AY-64-34	COREÑA/KROUSE/MARIA PIA	F	4418079	Divorciado	7/07/1967	BARRANCO	Malecón Océano 422	

Registro: 1 de 415   Sin filtro   Buscar

Figura 46. Tabla de Clientes

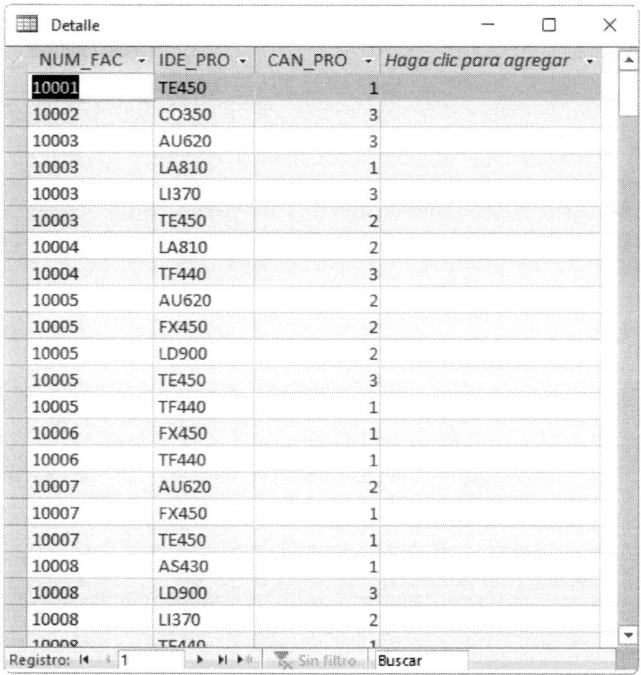

NUM_FAC	IDE_PRO	CAN_PRO	Haga clic para agregar
10001	TE450	1	
10002	CO350	3	
10003	AU620	3	
10003	LA810	1	
10003	LI370	3	
10003	TE450	2	
10004	LA810	2	
10004	TF440	3	
10005	AU620	2	
10005	FX450	2	
10005	LD900	2	
10005	TE450	3	
10005	TF440	1	
10006	FX450	1	
10006	TF440	1	
10007	AU620	2	
10007	FX450	1	
10007	TE450	1	
10008	AS430	1	
10008	LD900	3	
10008	LI370	2	
10008	TF440	1	

Registro: 1   Sin filtro   Buscar

Figura 47. Tabla de Detalle

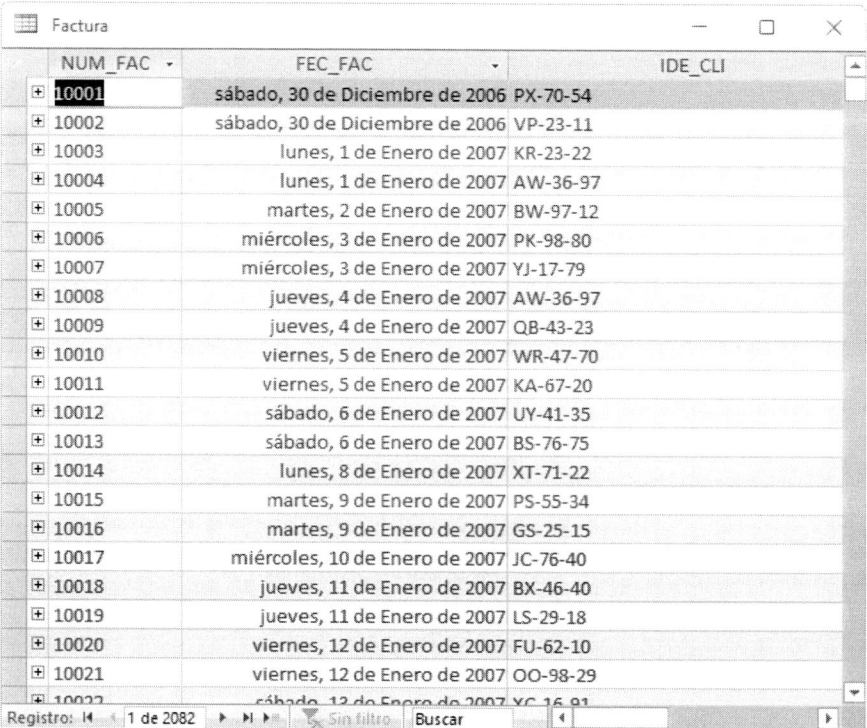

Figura 48. Tabla de Factura

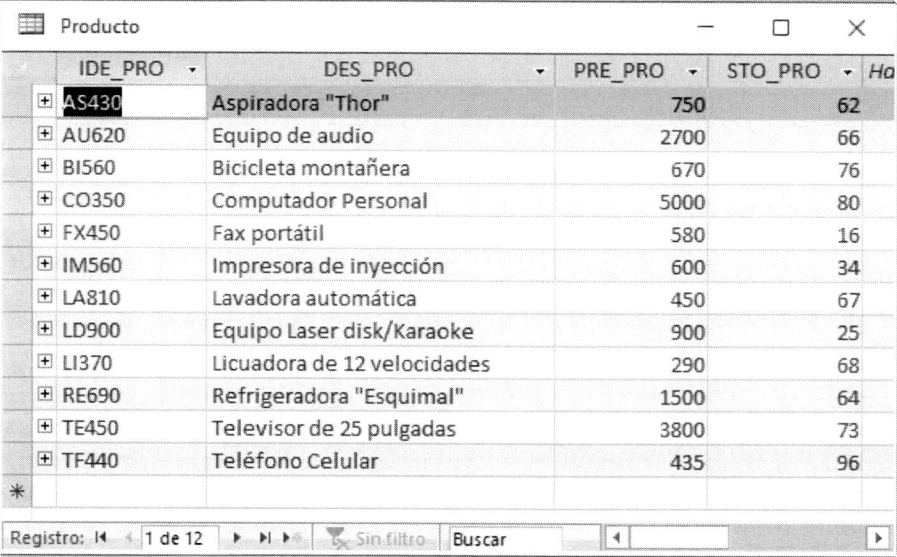

Figura 49. Tabla de Producto

5.9 Agregar referencias a Access

Para conectarse a una base de datos de Access desde Excel necesita seguir los siguientes pasos:

1. Acceda al entorno VBA (**Alt+F11**).
2. Desde el menú **Herramientas > Referencias...**
3. Y active el *check* **Microsoft ActiveX Data Objects 2.7 Library**, tal como se muestra en la siguiente imagen:

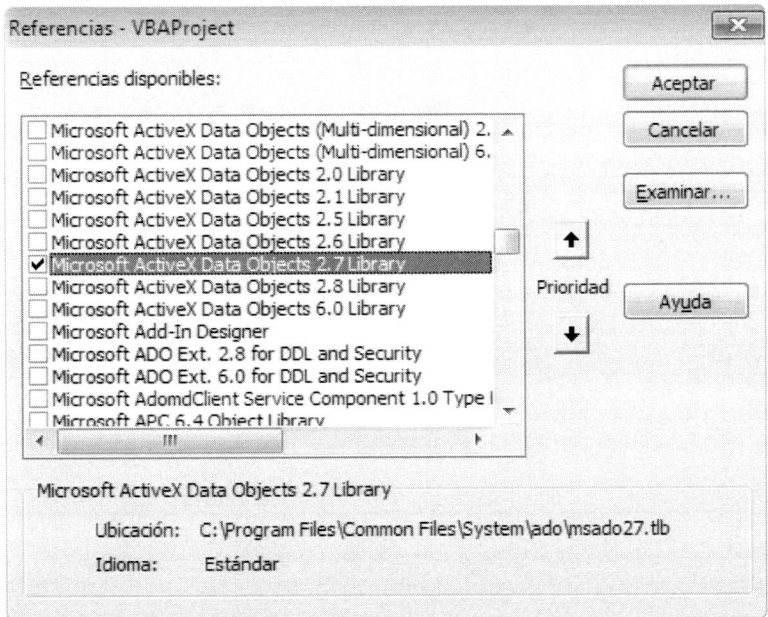

5.10 Listado de registro simple

Este tipo de listado se caracteriza por obtener todos los registros de una determinada tabla, de tal forma que se pueda administrar toda la información de los registros sin restricciones. Su formato es el siguiente:

```
SELECT * FROM NombreTabla
```

Donde:

- *** (asterisco):** representa a todos los registros de la tabla.
- **NombreTabla:** es el nombre de la tabla de la que se quiere obtener información.

5.10.1 Caso desarrollado 1: listado de clientes

Implemente una aplicación que permita listar los registros de la tabla clientes en una hoja de Excel. Por tanto, debe tener en cuenta los siguientes aspectos:

- **a.** Debe contar con una carpeta que contenga la base de datos de Access llamada **Ventas.accdb** y el propio archivo de Excel, de tal forma que tenga el siguiente aspecto:

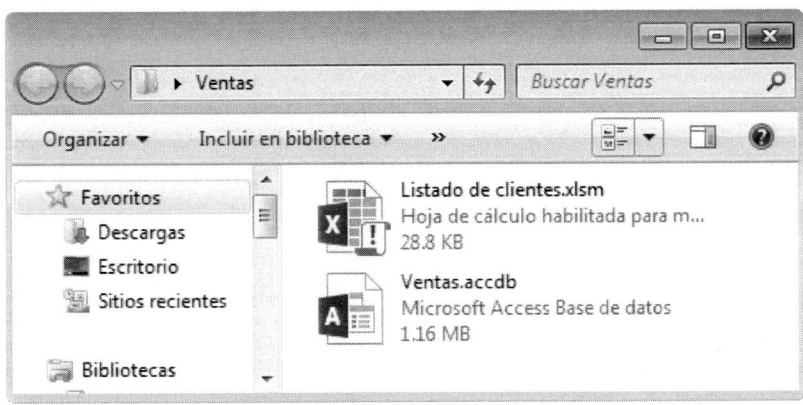

b. Agregue la referencia Microsoft ActiveX Data Objects 2.7 Library al proyecto desde el entorno VBA.

c. Implemente el siguiente modelo de hoja de Excel:

Código	Nombres	Sexo	Teléfono	Estado Civil	Fecha de Nacimiento	Distrito	Dirección	RUC	Hijos	Lugar de nacimiento	Empresa	Saldo
AB-65-41	VIVAS/MARTÍNEZ/MARCO	M	4832861	Divorciado	21/01/1965	LA MOLINA	Barcelona 524	10318595111	4	IQUITOS	Banco del Oriente	3142.71
AB-90-26	VALENZUELA/MONGE/RUBÉN DARIO	M	4318810	Soltero	25/07/1973	JESÚS MARIA	Av. Principal 734	10184339861	4	TRUJILLO	Factoría Montecarlo	1507.24
AD-42-68	CALDERÓN/MEDINA/RAÚL	M	4406345	Soltero	16/05/1957	SAN ISIDRO	Barcelona 700	10504949371	6	AREQUIPA	Pizzería La Pizza Nostra	3052.53
AD-52-77	MEDINA/MORENO/ALEJANDRO ALONSO	M	4369090	Soltero	18/04/1973	LA MOLINA	Revolución 840	10406455251	3	AREQUIPA	Ministerio de Asuntos Ex	3348.85
AF-86-75	RODRÍGUEZ/CARRE/JÉSSICA	F	4361402	Divorciado	16/04/1965	SAN MIGUEL	Calle Tortuosa 450	10506395391	6	CHICLAYO	Agencia de viajes Marco	2289.15

d. Implemente el siguiente código en un módulo agregado al proyecto desde el entorno VBA:

```
'Variables globales
Dim cn As New ADODB.Connection


'Función que permite crear la cadena de conexión a Access
Function getConecta()
  cn.ConnectionString = "Provider=Microsoft.ACE.OLEDB.12.0;" & _
        "Data Source=" & ThisWorkbook.Path & "\" & "Ventas.accdb"
  getConecta = cn
End Function


'Procedimiento que limpia el contenido de las celdas
Sub LimpiaCeldas()
    Sheets(1).Range("B7:N1000").ClearContents
End Sub


'Procedimiento que lista todos los clientes
Sub listaClientes()
    Call LimpiaCeldas
    cn = getConecta()
    cn.Open

    Dim rs As New ADODB.Recordset
    rs.Open "Select * from cliente", cn
    Worksheets(1).Cells(7, 2).CopyFromRecordset rs
    rs.Close
    cn.Close
End Sub
```

e. Finalmente, asocie el botón LISTADO DE CLIENTES al procedimiento listaClientes y el botón LIMPIAR CELDAS al procedimiento LimpiaCeldas.

5.10.2 Caso desarrollado 2: listado de productos

Implemente una aplicación que permita listar los registros de la tabla productos en una hoja de Excel. Por tanto, debe tener en cuenta los siguientes aspectos:

a. Debe contar con una carpeta que contenga la base de datos de Access llamada **Ventas.accdb** y el propio archivo de Excel, de tal forma que tenga el siguiente aspecto:

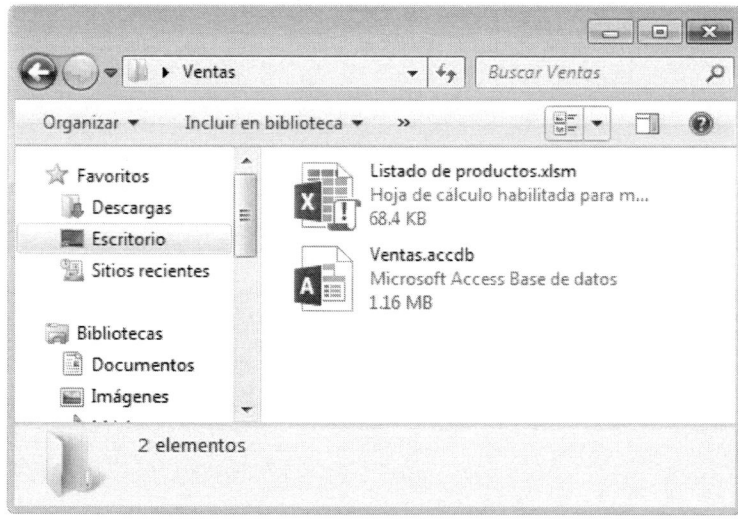

b. Agregue la referencia **Microsoft ActiveX Data Objects 2.7 Library** al proyecto desde el entorno VBA.

c. Implemente el siguiente modelo de hoja de Excel:

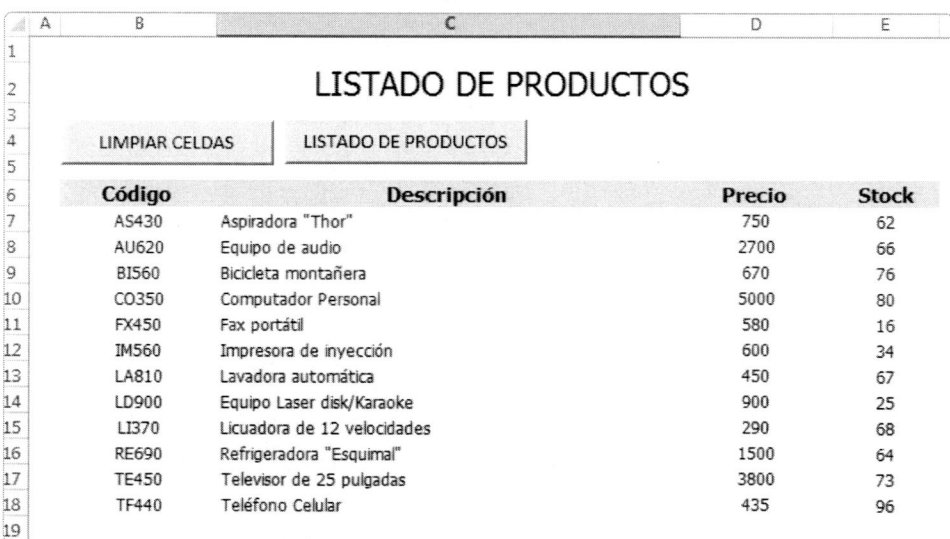

d. Implemente el siguiente código en un módulo agregado al proyecto desde el entorno VBA:

```
'Variables globales
Dim cn As New ADODB.Connection


'Función que permite crear la cadena de conexión a Access
Function getConecta()
  cn.ConnectionString = "Provider=Microsoft.ACE.OLEDB.12.0;" & _
```

```
        "Data Source=" & ThisWorkbook.Path & "\" & "Ventas.accdb"
    getConecta = cn
End Function


'Procedimiento que limpia el contenido de las celdas
Sub LimpiaCeldas()
    Sheets(1).Range("B7:E1000").ClearContents
End Sub


'Procedimiento que lista todos los productos
Sub listaProductos()
    Call LimpiaCeldas
    cn = getConecta()
    cn.Open

    Dim rs As New ADODB.Recordset
    rs.Open "Select * from producto", cn
    Worksheets(1).Cells(7, 2).CopyFromRecordset rs
    rs.Close
    cn.Close
End Sub
```

e. Finalmente, asocie el botón **LISTADO DE PRODUCTOS** al procedimiento **listaProductos** y el botón **LIMPIAR CELDAS** al procedimiento **LimpiaCeldas**.

5.11 Listado de registros usando alias

Este tipo de listado se caracteriza por asignar un alias a la tabla de la que se quiere obtener sus registros. En ocasiones, la cláusula From hará referencia a más de una tabla, por tanto, usando un alias se podrán diferenciar, especialmente cuando tienen campos en común. Su formato es el siguiente:

SELECT Alias.* FROM NombreTabla Alias

Donde:

- **Alias.* (asterisco):** representa a todos los registros de la tabla según su alias asignado.
- **NombreTabla Alias:** es el nombre de la tabla de la que se quiere obtener información. Asimismo, se define el nombre del alias.

5.11.1 Caso desarrollado: listado de facturas

Implemente una aplicación que permita listar los registros de la tabla facturas usando un alias en una hoja de Excel. Por tanto, debe tener en cuenta los siguientes aspectos:

a. Debe contar con una carpeta que contenga la base de datos de Access llamada **Ventas.accdb** y el propio archivo de Excel, de tal forma que tenga el siguiente aspecto:

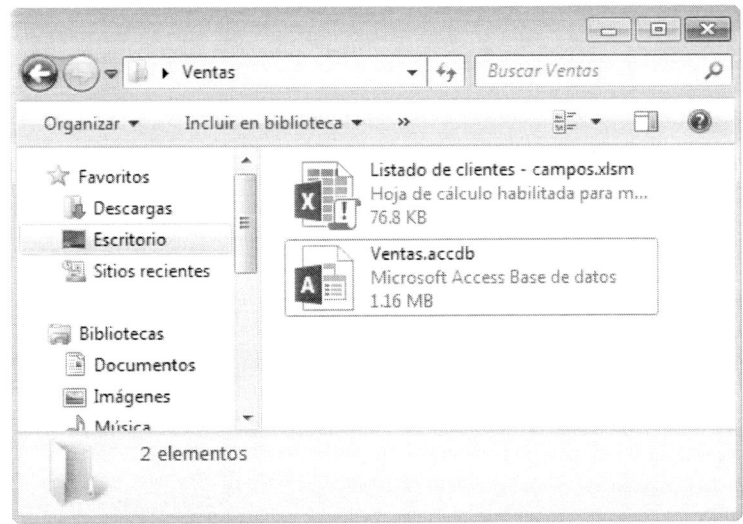

b. Agregue la referencia **Microsoft ActiveX Data Objects 2.7 Library** al proyecto desde el entorno VBA.

c. Implemente el siguiente modelo de hoja de Excel:

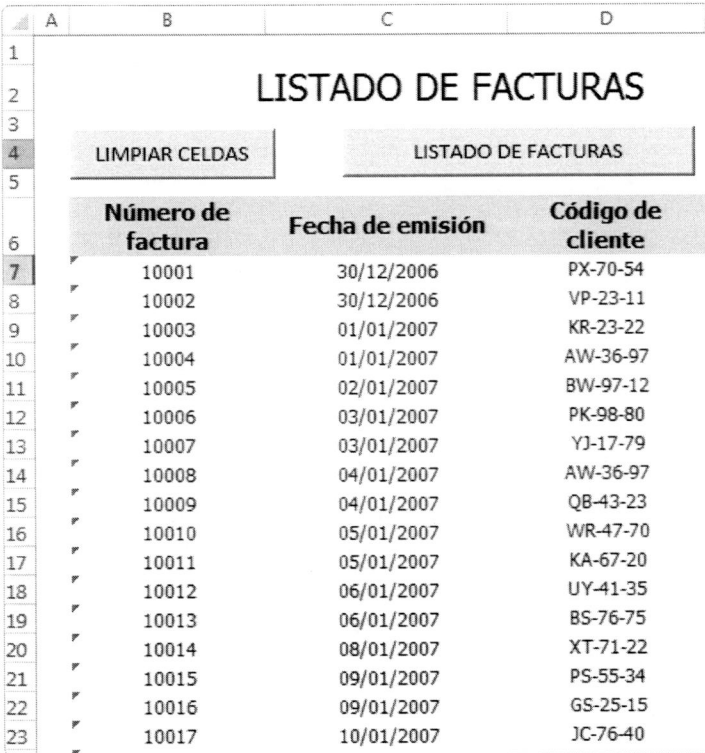

d. Implemente el siguiente código en un módulo agregado al proyecto desde el entorno VBA:

```
'Variables globales
Dim cn As New ADODB.Connection


'Función que permite crear la cadena de conexión a Access
Function getConecta()
  cn.ConnectionString = "Provider=Microsoft.ACE.OLEDB.12.0;" & _
```

```
        "Data Source=" & ThisWorkbook.Path & "\" & "Ventas.accdb"
    getConecta = cn
End Function


'Procedimiento que limpia el contenido de las celdas
Sub LimpiaCeldas()
    Sheets(1).Range("B7:D10000").ClearContents
End Sub


'Procedimiento que lista todas las facturas
Sub listaFacturas()
    Call LimpiaCeldas
    cn = getConecta()
    cn.Open

    Dim rs As New ADODB.Recordset
    rs.Open "Select F.* from factura F", cn
    Worksheets(1).Cells(7, 2).CopyFromRecordset rs
    rs.Close
    cn.Close
End Sub
```

e. Finalmente, asocie el botón **LISTADO DE FACTURAS** al procedimiento listaFacturas y el botón **LIMPIAR CELDAS** al procedimiento LimpiaCeldas.

5.12 Listado de registros especificando campos

Este tipo de listado específico podrá seleccionar qué columnas se desea obtener. Su formato es el siguiente:

SELECT Campo1,Campo2… FROM NombreTabla

Donde:

- **Campo:** representa la columna de la tabla especificada en la cláusula From. Hay que tener en cuenta que dichas columnas sean exactamente iguales a las implementadas en Access.
- **NombreTabla:** es el nombre de la tabla de la que se quiere obtener información.

5.12.1 Caso desarrollado: listado de clientes especificando campos

Implemente una aplicación que permita listar los registros de la tabla clientes en la cual se muestren solo los campos RUC, código, nombres, teléfono y dirección en una hoja de Excel. Por tanto, debe tener en cuenta los siguientes aspectos:

a. Debe contar con una carpeta que contenga la base de datos de Access llamada **Ventas.accdb** y el propio archivo de Excel, de tal forma que tenga el siguiente aspecto:

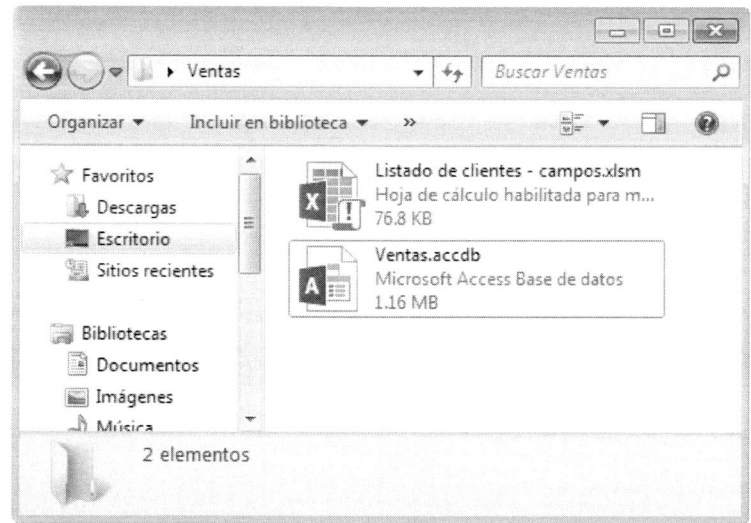

b. Agregue la referencia **Microsoft ActiveX Data Objects 2.7 Library** al proyecto desde el entorno VBA.

c. Implemente el siguiente modelo de hoja de Excel:

d. Implemente el siguiente código en un módulo agregado al proyecto desde el entorno VBA:

```vba
'Variables globales
Dim cn As New ADODB.Connection

'Función que permite crear la cadena de conexión a Access
Function getConecta()
  cn.ConnectionString = "Provider=Microsoft.ACE.OLEDB.12.0;" & _
      "Data Source=" & ThisWorkbook.Path & "\" & "Ventas.accdb"
  getConecta = cn
End Function
```

```
'Procedimiento que limpia el contenido de las celdas
Sub LimpiaCeldas()
    Sheets(1).Range("B7:F1000").ClearContents
End Sub


'Procedimiento que lista los clientes
Sub listaClientes()
    Call LimpiaCeldas
    cn = getConecta()
    cn.Open

    Dim rs As New ADODB.Recordset
    rs.Open "Select ruc_cli,ide_cli,nom_cli,tel_cli,dir_cli
                                from CLIENTE", cn
    Worksheets(1).Cells(7, 2).CopyFromRecordset rs
    rs.Close
    cn.Close
End Sub
```

e. Finalmente, asocie el botón **LISTADO DE CLIENTES** al procedimiento **listaClientes** y el botón **LIMPIAR CELDAS** al procedimiento **LimpiaCeldas**.

5.13 Listado de registros ordenados

Este tipo de listado específico podrá seleccionar qué columnas se desean obtener. Su formato es el siguiente:

```
SELECT Campo1,Campo2… FROM NombreTabla ORDER BY Campo ORDEN
```

Donde:

- **Campo:** representa la columna de la tabla especificada en la cláusula From. Hay que tener en cuenta que dichas columnas sean exactamente iguales a las implementadas en Access. Si se especifican todos los campos, debe asignar el símbolo *.

- **NombreTabla:** es el nombre de la tabla de la que se quiere obtener información.

- **Order by:** especifica qué campo debe ordenarse. Se debe tener en cuenta que para ascendente se asigna ASC, y para descendente DESC.

5.13.1 Caso desarrollado 1: listado de clientes ordenados

Implemente una aplicación que permita listar los registros de la tabla clientes, en la cual se muestren solo los campos RUC, código, nombres, teléfono y dirección; además de permitir el ordenamiento de formar ascendente y descendente por el nombre del cliente en una hoja de Excel. Por tanto, debe tener en cuenta los siguientes aspectos:

a. Debe contar con una carpeta que contenga la base de datos de Access llamada **Ventas.accdb** y el propio archivo de Excel, de tal forma que tenga el siguiente aspecto:

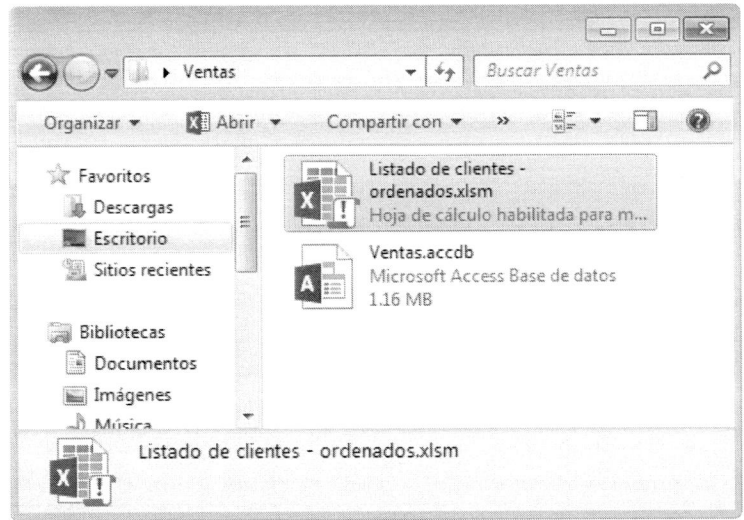

b. Agregue la referencia **Microsoft ActiveX Data Objects 2.7 Library** al proyecto desde el entorno VBA.

c. Implemente el siguiente modelo de hoja de Excel:

d. Implemente el siguiente código en un módulo agregado al proyecto desde el entorno VBA:

```
'Variables globales
Dim cn As New ADODB.Connection


'Función que permite crear la cadena de conexión a Access
Function getConecta()
  cn.ConnectionString = "Provider=Microsoft.ACE.OLEDB.12.0;" & _
      "Data Source=" & ThisWorkbook.Path & "\" & "Ventas.accdb"
  getConecta = cn
End Function
```

```vba
'Procedimiento que limpia el contenido de las celdas
Sub LimpiaCeldas()
    Sheets(1).Range("B7:F1000").ClearContents
End Sub


'Procedimiento que lista los clientes
Sub listaClientes()
    Call LimpiaCeldas
    cn = getConecta()
    cn.Open

    Dim rs As New ADODB.Recordset
    rs.Open "Select ruc_cli,ide_cli,nom_cli,tel_cli,dir_cli
                                    from CLIENTE", cn
    Worksheets(1).Cells(7, 2).CopyFromRecordset rs
    rs.Close
    cn.Close
End Sub


'Procedimiento que lista los clientes de forma ascendente
Sub listaClientesAscendente()
    Call LimpiaCeldas
    cn = getConecta()
    cn.Open

    Dim rs As New ADODB.Recordset
    rs.Open "Select ruc_cli,ide_cli,nom_cli,tel_cli,dir_cli
                    from CLIENTE Order By nom_cli Asc", cn
    Worksheets(1).Cells(7, 2).CopyFromRecordset rs
    rs.Close
    cn.Close
End Sub
'Procedimiento que lista los clientes de forma descendente
Sub listaClientesDescendente()
    Call LimpiaCeldas
    cn = getConecta()
    cn.Open

    Dim rs As New ADODB.Recordset
    rs.Open "Select ruc_cli,ide_cli,nom_cli,tel_cli,dir_cli
                    from CLIENTE Order By nom_cli Desc", cn
    Worksheets(1).Cells(7, 2).CopyFromRecordset rs
    rs.Close
    cn.Close
End Sub
```

e. Finalmente, asocie el botón LISTADO DE CLIENTE al procedimiento listaClientes, el botón NOMBRES ASCENDENTE al procedimiento listaClientesAscendente, el botón NOMBRES DESCENDENTE al procedimiento listaClientesDescendente y el botón LIMPIAR CELDAS al procedimiento LimpiaCeldas.

5.13.2 Caso desarrollado 2: listado de clientes desde un UserForm

Implemente una aplicación que permita listar los registros de la tabla clientes. Mediante un formulario, se deberá seleccionar el tipo de campo desde donde quiere ordenar, como código, RUC y nombre del cliente; además de poder seleccionar el orden de los registros de forma ascendente o descendente, tal como se muestra en el siguiente formulario:

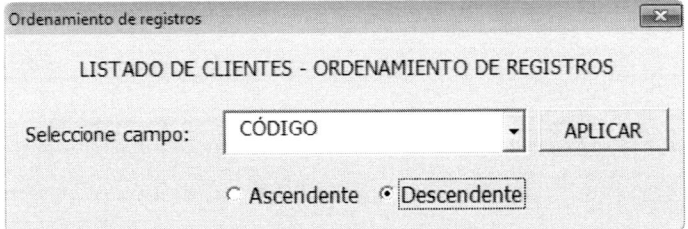

Asimismo, debe tener en cuenta los siguientes aspectos:

a. Debe contar con una carpeta que contenga la base de datos de Access llamada **Ventas.accdb** y el propio archivo de Excel, de tal forma que tenga el siguiente aspecto:

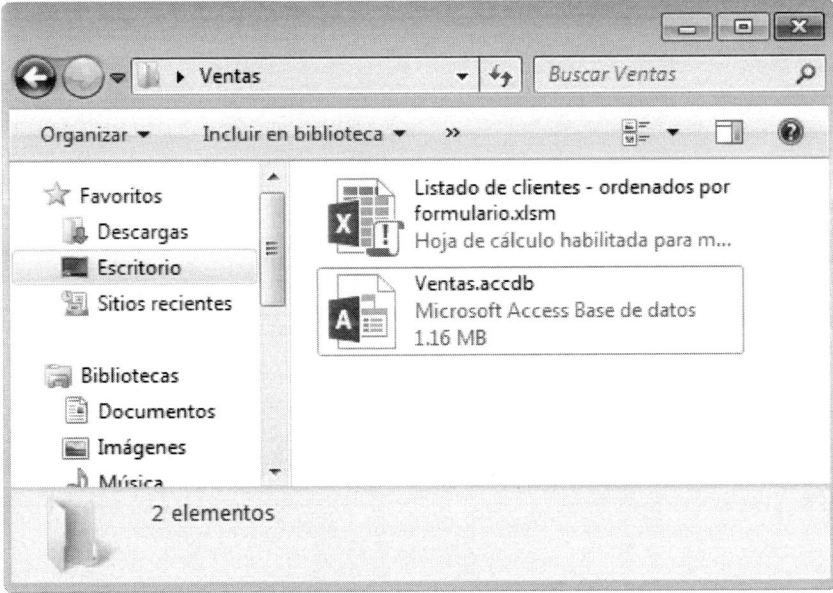

b. Agregue la referencia **Microsoft ActiveX Data Objects 2.7 Library** al proyecto desde el entorno VBA.

c. Implemente el siguiente modelo de hoja de Excel:

LISTADO DE CLIENTES

LIMPIAR CELDAS

FORMULARIO DE ORDENAMIENTO

RUC	Código	Nombres del cliente	Teléfono	Dirección
10564903181	YW-36-35	MARTÍNEZ/RUÍZ/MANUEL	4357688	Av. Europa 450
10530998741	YW-25-85	RAMÍRES/TUEROS/ANA LUISA	4749184	Av. del Valle 225
10190303831	YV-88-98	DONDERO/CASSANA/CRISTIAN DAVID	4773115	Calle Ataud 456
10483584831	YT-21-16	DELGADO/GUERRA/MARCO HERNÁN	4878414	Av. del Valle 450
10246644621	YS-27-18	ENRÍQUEZ/ESPINOZA/MILAGROS BETSABE	4679144	Av. de la Torre 450
10164118401	YR-31-46	RODRÍGUEZ DE ARCE/RUFASTO/MARÍA DEL PILA	4889274	Av. del lago 560
10415811331	YQ-98-62	REJAS/PALOMINO/MARCO ANTONIO	4783899	Av. del bosque 605
10538577791	YN-78-72	TEODORO/GAMERO/FANNY	4277197	Av. Europa 450
10289909511	YN-69-85	TAMAYO/CÁRDENAS/ESTHER	4548844	Jardines Marvin 290
10449243741	YL-83-39	AGUILAR/MERINO/ALICIA ROSSEMARY	4592283	Plaza del parque 507
10477314611	YL-58-27	GELDRES/SAN MIGUEL/MARÍA	4677834	Barcelona 509
10603755601	YK-54-47	GARCÍA/WESTPHALEN/LUIS ENRIQUE	4256981	Av. Europa 600
10535026581	YJ-71-60	GARCÍA/MARKARIAN/JOSÉ	4282649	Plaza del parque 350
10357252441	YJ-42-29	CASTRO/MARCELO/ÁNGEL ANTONIO	4559968	Av. de la Torre 717

d. Implemente el siguiente código dentro del formulario **frmOrdenamiento**:

```vba
'Variables globales
Dim cn As New ADODB.Connection
Private Sub btnAplicar_Click()
    Dim campo$, orden$
    orden = "Ascendente"
    campo = cboCampo.Text

    If optA.Value = True Then orden = "Ascendente"
    If optD.Value = True Then orden = "Descendente"

    Select Case campo
        Case "RUC": Call listaClientesxRUC(orden)
        Case "CODIGO": Call listaClientesxCodigo(orden)
        Case "CLIENTE": Call listaClientesxNombres(orden)
    End Select
End Sub

Private Sub UserForm_Activate()
    cboCampo.AddItem "RUC"
    cboCampo.AddItem "CÓDIGO"
    cboCampo.AddItem "CLIENTE"
End Sub

'Función que permite crear la cadena de conexión a Access
Function getConecta()
  cn.ConnectionString = "Provider=Microsoft.ACE.OLEDB.12.0;" & _
      "Data Source=" & ThisWorkbook.Path & "\" & "Ventas.accdb"
  getConecta = cn
End Function
```

```vba
'Procedimiento que lista los clientes ordenados por RUC
Sub listaClientesxRUC(ByVal orden$)
    Call LimpiaCeldas
    cn = getConecta()
    cn.Open

    Dim rs As New ADODB.Recordset
    If orden = "Ascendente" Then
        rs.Open "Select ruc_cli,ide_cli,nom_cli,tel_cli,dir_cli
                from CLIENTE Order by ruc_cli Asc", cn
    Else
        rs.Open "Select ruc_cli,ide_cli,nom_cli,tel_cli,dir_cli
                from CLIENTE Order by ruc_cli Desc", cn
    End If

    Worksheets(1).Cells(7, 2).CopyFromRecordset rs
    rs.Close
    cn.Close
End Sub

'Procedimiento que lista los clientes ordenados por Código
Sub listaClientesxCodigo(ByVal orden$)
    Call LimpiaCeldas
    cn = getConecta()
    cn.Open

    Dim rs As New ADODB.Recordset
    If orden = "Ascendente" Then
        rs.Open "Select ruc_cli,ide_cli,nom_cli,tel_cli,dir_cli
                from CLIENTE Order by ide_cli Asc", cn
    Else
        rs.Open "Select ruc_cli,ide_cli,nom_cli,tel_cli,dir_cli
                from CLIENTE Order by ide_cli Desc", cn
    End If
    Worksheets(1).Cells(7, 2).CopyFromRecordset rs
    rs.Close
    cn.Close
End Sub

'Procedimiento que lista los clientes ordenados por nombres
Sub listaClientesxNombres(ByVal orden$)
    Call LimpiaCeldas
    cn = getConecta()
    cn.Open
```

```
      Dim rs As New ADODB.Recordset
      If orden = "Ascendente" Then
          rs.Open "Select ruc_cli,ide_cli,nom_cli,tel_cli,dir_cli
                   from CLIENTE Order by nom_cli Asc", cn
      Else
          rs.Open "Select ruc_cli,ide_cli,nom_cli,tel_cli,dir_cli
                   from CLIENTE Order by nom_cli Desc", cn
      End If
      Worksheets(1).Cells(7, 2).CopyFromRecordset rs
      rs.Close
      cn.Close
  End Sub
```

e. En un módulo, agregue el siguiente procedimiento para la limpieza de las celdas:

```
'Procedimiento que limpia el contenido de las celdas
Sub LimpiaCeldas()
    Sheets(1).Range("B7:F1000").ClearContents
End Sub
```

f. Finalmente, asocie el botón **FORMULARIO DE ORDENAMIENTO** al formulario por medio del código **frmOrdenamiento.Show**.

5.14 Listado de los primeros registros

Este tipo de listado permite obtener los primeros registros desde una determinada consulta. Su formato es el siguiente:

<code>SELECT TOP Numero Campo FROM NombreTabla</code>

Donde:

- **TOP:** representa dos opciones: si es un valor numérico entero, devolverá dicha cantidad de registros; y si se expresa en porcentaje, devolverá un conjunto de registros según el porcentaje solicitado.

- **Campo:** se especifican los campos a mostrar en la consulta.

- **NombreTabla:** es el nombre de la tabla de la que se quiere obtener información.

5.14.1 Caso desarrollado: consulta de productos desde un UserForm

Implemente una aplicación que permita realizar diferentes consultas a la tabla productos, tal como se muestra en el siguiente formulario:

Asimismo, debe tener en cuenta los siguientes aspectos:

a. Debe contar con una carpeta que contenga la base de datos de Access llamada **Ventas.accdb** y el propio archivo de Excel, de tal forma que tenga el siguiente aspecto:

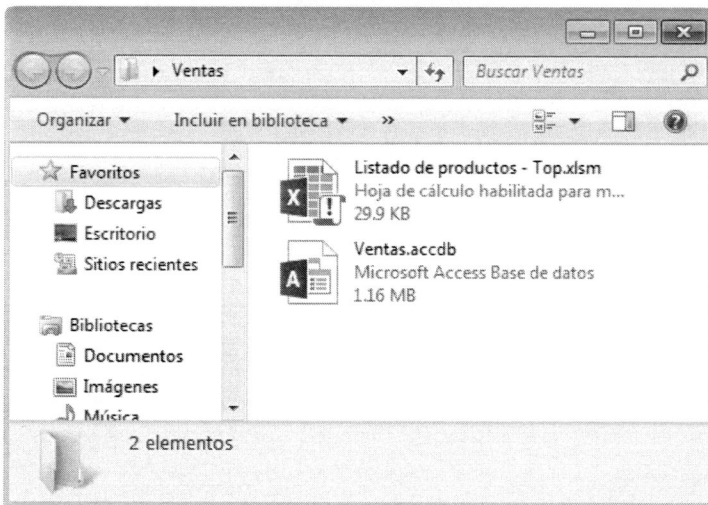

b. Agregue la referencia **Microsoft ActiveX Data Objects 2.7 Library** al proyecto desde el entorno VBA.

c. Implemente el siguiente modelo de hoja de Excel:

	A	B	C	D	E
1					
2			LISTADO DE PRODUCTOS		
3					
4		LIMPIAR CELDAS		FORMULARIO DE CONSULTAS	
5					
6		**Código**	**Descripción**	**Precio**	**Stock**
7		AS430	Aspiradora "Thor"	750	62
8		AU620	Equipo de audio	2700	66
9		BI560	Bicicleta montañera	670	76
10		CO350	Computador Personal	5000	80
11		FX450	Fax portátil	580	16
12		IM560	Impresora de inyección	600	34
13		LA810	Lavadora automática	450	67
14		LD900	Equipo Laser disk/Karaoke	900	25
15		LI370	Licuadora de 12 velocidades	290	68
16		RE690	Refrigeradora "Esquimal"	1500	64
17		TE450	Televisor de 25 pulgadas	3800	73
18		TF440	Teléfono Celular	435	96
19					

d. Implemente el siguiente código dentro del formulario **frmTop**:

```vba
'Variables globales
Dim cn As New ADODB.Connection


'Función que permite crear la cadena de conexión a Access
Function getConecta()
  cn.ConnectionString = "Provider=Microsoft.ACE.OLEDB.12.0;" & _
       "Data Source=" & ThisWorkbook.Path & "\" & "Ventas.accdb"
  getConecta = cn
End Function




Private Sub bntSalir_Click()
    Unload Me
End Sub


Private Sub btn50PrimerosProductos_Click()
    Call LimpiaCeldas
    cn = getConecta()
    cn.Open

    Dim rs As New ADODB.Recordset
    rs.Open "Select Top 50 Percent *
                from producto Order By ide_pro Asc", cn
    Worksheets(1).Cells(7, 2).CopyFromRecordset rs
    rs.Close
    cn.Close
```

```vba
End Sub

Private Sub btn50UltimosProductos_Click()
    Call LimpiaCeldas
    cn = getConecta()
    cn.Open

    Dim rs As New ADODB.Recordset
    rs.Open "Select Top 50 Percent *
            from producto Order By ide_pro Desc", cn
    Worksheets(1).Cells(7, 2).CopyFromRecordset rs
    rs.Close
    cn.Close
End Sub


Private Sub btnProductoAlto_Click()
    Call LimpiaCeldas
    cn = getConecta()
    cn.Open

    Dim rs As New ADODB.Recordset
    rs.Open "Select Top 1 * from producto Order By pre_pro Desc", cn
    Worksheets(1).Cells(7, 2).CopyFromRecordset rs
    rs.Close
    cn.Close
End Sub


Private Sub btnProductoBajo_Click()
    Call LimpiaCeldas
    cn = getConecta()
    cn.Open

    Dim rs As New ADODB.Recordset
    rs.Open "Select Top 1 * from producto Order By pre_pro Asc", cn
    Worksheets(1).Cells(7, 2).CopyFromRecordset rs
    rs.Close
    cn.Close
End Sub


Private Sub btnProductoStockMayor_Click()
    Call LimpiaCeldas
    cn = getConecta()
    cn.Open
```

```vba
    Dim rs As New ADODB.Recordset
    rs.Open "Select Top 3 * from producto Order By sto_pro Desc", cn
    Worksheets(1).Cells(7, 2).CopyFromRecordset rs
    rs.Close
    cn.Close
End Sub


Private Sub btnProductoStockMenor_Click()
    Call LimpiaCeldas
    cn = getConecta()
    cn.Open

    Dim rs As New ADODB.Recordset
    rs.Open "Select Top 3 * from producto Order By sto_pro Asc", cn
    Worksheets(1).Cells(7, 2).CopyFromRecordset rs
    rs.Close
    cn.Close
End Sub


Private Sub btnTodos_Click()
     Call LimpiaCeldas
    cn = getConecta()
    cn.Open

    Dim rs As New ADODB.Recordset
    rs.Open "Select * from producto", cn
    Worksheets(1).Cells(7, 2).CopyFromRecordset rs
    rs.Close
    cn.Close
End Sub
```

e. En un módulo, agregue el siguiente procedimiento para la limpieza de las celdas:

```vba
'Procedimiento que limpia el contenido de las celdas
Sub LimpiaCeldas()
    Sheets(1).Range("B7:F1000").ClearContents
End Sub
```

f. Finalmente, asocie el botón **FORMULARIO DE CONSULTAS** al formulario por medio del código frmTop.Show.

5.15 Listado de registros sin repetir valores

Este tipo de listado permite obtener registros no repetidos desde una determinada consulta. Su formato es el siguiente:

```
SELECT DISTINCT Campo FROM NombreTabla
```

Donde:

- **DISTINCT:** especifica en qué columna se aplicará la no duplicación de valores.
- **Campo:** se especifica el nombre de la columna que no deberá repetir su valor.
- **NombreTabla:** es el nombre de la tabla de la que se quiere obtener información.

5.15.1 Caso desarrollado: consulta de facturas desde un UserForm

Implemente una aplicación que permita listar las facturas de acuerdo con una fecha específica. Tenga en cuenta que las fechas deben estar asignados a un control de tipo ComboBox de forma única, es decir, no debe mostrar fechas repetidas. Luego, se consultarán las facturas con base en dicha fecha, tal como como se muestra en el siguiente formulario:

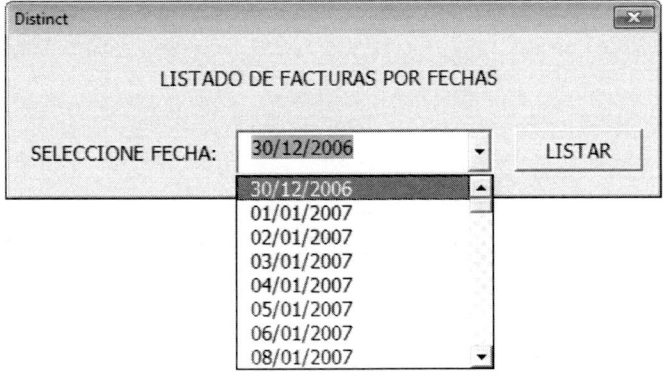

Asimismo, debe tener en cuenta los siguientes aspectos:

a. Debe contar con una carpeta que contenga la base de datos de Access llamada **Ventas.accdb** y el propio archivo de Excel, de tal forma que tenga el siguiente aspecto:

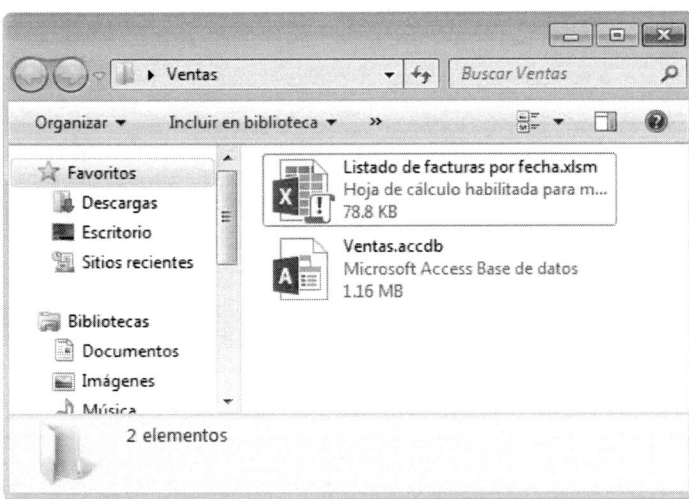

b. Agregue la referencia Microsoft ActiveX Data Objects 2.7 Library al proyecto desde el entorno VBA.

c. Implemente el siguiente modelo de hoja de Excel:

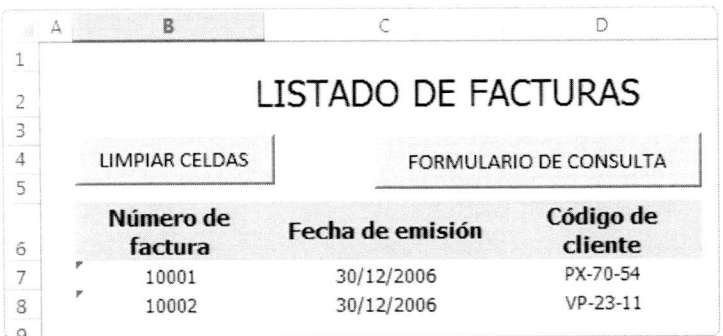

d. Implemente el siguiente código dentro del formulario **frmDistinct**:

```
'Variables globales
Dim cn As New ADODB.Connection


Private Sub btnListar_Click()
    Call LimpiaCeldas
    cn = getConecta()
    cn.Open


    Dim rs As New ADODB.Recordset
    rs.Open "SELECT * FROM factura
            WHERE fec_fac=#" & cboFechas.Text & "#", cn
    Worksheets(1).Cells(7, 2).CopyFromRecordset rs
    rs.Close
    cn.Close
End Sub


Private Sub UserForm_Activate()
    cn = getConecta()
    cn.Open


    Dim rs As New ADODB.Recordset


    'Llenando el control ComboBox
    rs.Open "Select Distinct fec_fac from factura", cn
    Do While Not rs.EOF
        cboFechas.AddItem rs!fec_fac
        rs.MoveNext
    Loop
    rs.Close
    cn.Close
End Sub


'Función que permite crear la cadena de conexión a Access
```

```
Function getConecta()
  cn.ConnectionString = "Provider=Microsoft.ACE.OLEDB.12.0;" & _
       "Data Source=" & ThisWorkbook.Path & "\" & "Ventas.accdb"
  getConecta = cn
End Function
```

e. En un módulo, agregue el siguiente procedimiento para la limpieza de las celdas:

```
'Procedimiento que limpia el contenido de las celdas
Sub LimpiaCeldas()
    Sheets(1).Range("B7:F1000").ClearContents
End Sub
```

f. Finalmente, asocie el botón FORMULARIO DE CONSULTA al formulario por medio del código frmDisctinct.Show.

5.16 Listado de registros condicionados

Este tipo de listado permite obtener registros condicionando su resultado. Su formato es el siguiente:

SELECT Campos FROM NombreTabla WHERE Condicion

Donde:

- **DISTINCT:** especifica en qué columna se aplicará la no duplicación de valores.
- **Campo:** especifica el nombre de la columna que no deberá repetir su valor.
- **NombreTabla:** es el nombre de la tabla de la que se quiere obtener información.
- **WHERE:** aquí se especifica la condición que deben cumplir los registros para que sean mostrados.

5.16.1 Casos del funcionamiento de la cláusula Where en la sentencia Select

a. Mostrar todos los productos cuya descripción empiece con L.

Select * From Producto Where descrip LIKE 'L%'

b. Mostrar a todos los clientes que vivan en algún distrito cuyo contenido sea Juan, por ejemplo, San Juan Miraflores o San Juan de Lurigancho.

Select * From clientes Where distrito LIKE '%Juan%'

c. Mostrar a todos los clientes de los distritos que comiencen con San.

Select * From clientes Where distrito LIKE 'San%'

d. Mostrar todos los productos cuya segunda letra sea A.

Select * From Producto Where descrip LIKE '_A%'

e. Mostrar los productos cuya descripción empiece con A, D o J.

Select * From Producto Where descrip LIKE '[adj]%'

f. Mostrar todos los productos cuya descripción esté en el rango de la A hasta la J.

Select * From Producto Where descrip LIKE '[a-j]%'

g. Mostrar los productos cuya descripción sea de la K hasta la Z.

```
Select * From Producto Where descrip LIKE '[^a-j]%'
```

h. Mostrar todos los productos cuyo precio esté en el rango de $10 a $30.

```
Select * From Producto Where precio BETWEEN 10 And 30
```

i. Mostrar las facturas emitidas en el mes de mayo del 2010.

```
Select * From facturas Where fecha BETWEEN '01/05/2010' And '31/05/2010'
```

j. Mostrar las facturas cuyos números sean 100001 y 100002.

```
Select * From Facturas Where numfact IN (100001,100002)
```

k. Mostrar la fecha y hora actual desde el sistema.

```
Select GETDATE()
```

l. Mostrar el día actual del sistema.

```
Select DAY(getDate())
```

m. Mostrar el mes actual.

```
Select MONTH(getDate())
```

n. Mostrar solo los años desde el campo fecha de las facturas.

```
Select YEAR(Fecha) From facturas
```

o. Mostrar todas las facturas y su respectivo contenido.

```
Select F.NumFact, F.Fecha, F.CodCli, D.CodPro, D.Cantidad
From Facturas F
INNER JOIN Detalle D
ON F.NumFact = D.NumFact
```

5.16.2 Caso desarrollado 1: consulta de facturas por años desde un UserForm

Implemente una aplicación que permita listar las facturas de acuerdo con un año seleccionado. Hay que tener en cuenta que los años provienen de la tabla Facturas y deben ser asignados a un control de tipo ComboBox sin repetirse, es decir, no deben mostrar años repetidos. Luego, se consultará las facturas con base en dicho año, tal como como se muestra en el siguiente formulario:

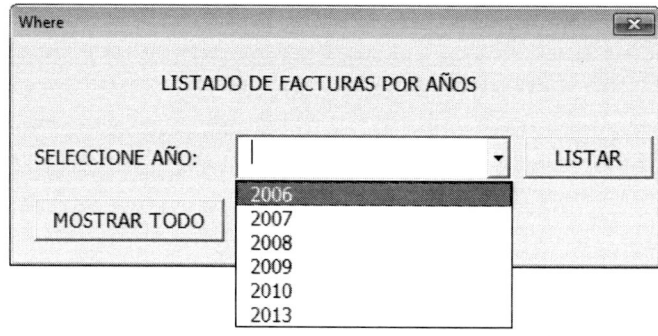

Asimismo, debe tener en cuenta los siguientes aspectos:

a. Debe contar con una carpeta que contenga la base de datos de Access llamada **Ventas.accdb** y el propio archivo de Excel, de tal forma que tenga el siguiente aspecto:

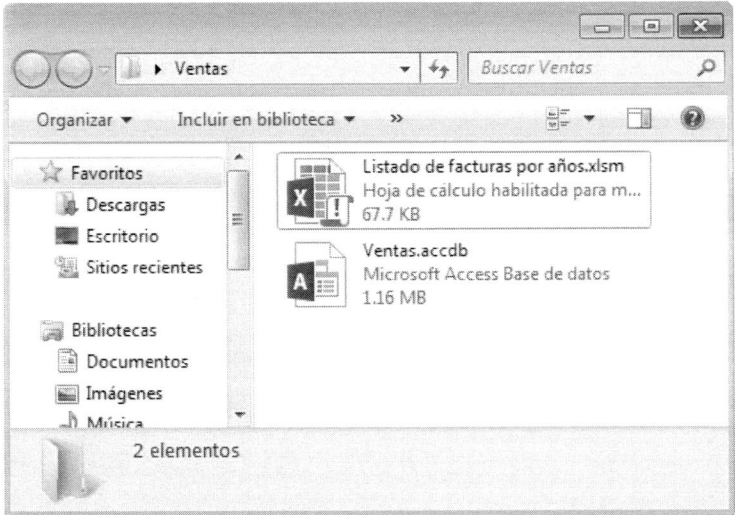

b. Agregue la referencia **Microsoft ActiveX Data Objects 2.7 Library** al proyecto desde el entorno VBA.

c. Implemente el siguiente modelo de hoja de Excel:

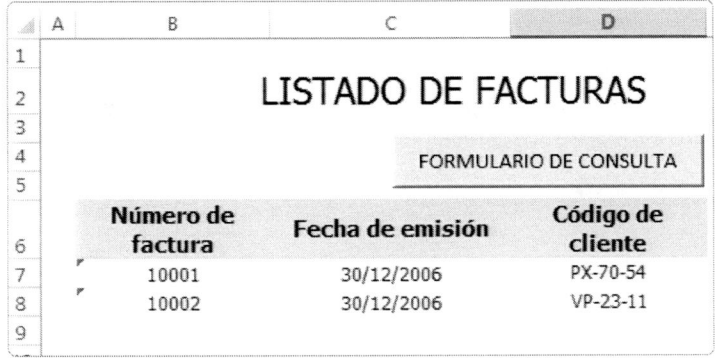

d. Implemente el siguiente código dentro del formulario **frmWhere**:

```
'Variables globales
Dim cn As New ADODB.Connection

Private Sub btnListar_Click()
    Call LimpiaCeldas
    cn = getConecta()
    cn.Open

    Dim rs As New ADODB.Recordset
    rs.Open "SELECT * FROM factura
            WHERE YEAR(fec_fac)=" & cboAños.Text, cn
    Worksheets(1).Cells(7, 2).CopyFromRecordset rs
    rs.Close
    cn.Close
```

```vba
End Sub

Private Sub btnTodos_Click()
    cn = getConecta()
    cn.Open

    Dim rs As New ADODB.Recordset

    'Llenando el control ComboBox
    rs.Open "Select * from factura", cn
    Worksheets(1).Cells(7, 2).CopyFromRecordset rs
    rs.Close
    cn.Close
End Sub


Private Sub UserForm_Activate()
    cn = getConecta()
    cn.Open

    Dim rs As New ADODB.Recordset

    'Llenando el control ComboBox
    rs.Open "Select Distinct year(fec_fac) As Año from factura", cn
    Do While Not rs.EOF
        cboAños.AddItem rs!Año
        rs.MoveNext
    Loop
    rs.Close
    cn.Close
End Sub

'Función que permite crear la cadena de conexión a Access
Function getConecta()
  cn.ConnectionString = "Provider=Microsoft.ACE.OLEDB.12.0;" & _
      "Data Source=" & ThisWorkbook.Path & "\" & "Ventas.accdb"
  getConecta = cn
End Function

'Procedimiento que limpia el contenido de las celdas
Sub LimpiaCeldas()
    Sheets(1).Range("B7:E1000").ClearContents
End Sub
```

e. Finalmente, asocie el botón **FORMULARIO DE CONSULTA** al formulario por medio del código frmWhere.Show.

5.16.3 Caso desarrollado 2: consulta de clientes desde un UserForm (agenda)

Implemente una aplicación que permita listar los clientes, de tal forma que dentro de un UserForm se muestre el código, el nombre completo del cliente y el distrito. Además de que, por medio de botones, se puedan filtrar los datos con base en la inicial del nombre. Una vez filtrados los datos de los clientes, se podrá enviar dichos resultados a Excel por medio del botón ENVIAR A EXCEL, tal como como se muestra en el siguiente formulario:

Asimismo, debe tener en cuenta los siguientes aspectos:

a. Debe contar con una carpeta que contenga la base de datos de Access llamada **Ventas.accdb** y el propio archivo de Excel, de tal forma que tenga el siguiente aspecto:

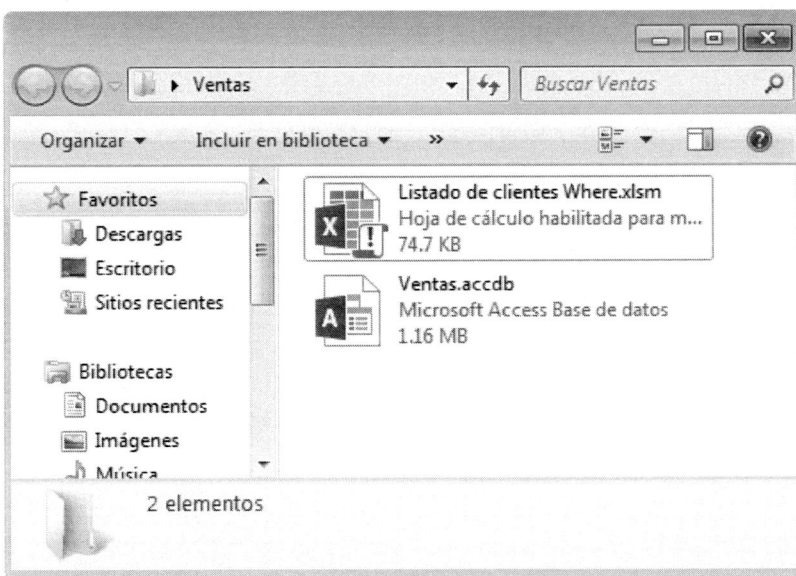

b. Agregue la referencia **Microsoft ActiveX Data Objects 2.7 Library** al proyecto desde el entorno VBA.

c. Implemente el siguiente modelo de hoja de Excel:

	Código	Nombres	Distrito
		LISTADO DE CLIENTES	
			FORMULARIO DE CONSULTA
7	AB-65-41	VIVAS/MARTÍNEZ/MARCO	LA MOLINA
8	AB-90-26	VALENZUELA/MONGE/RUBÉN DARIO	JESÚS MARÍA
9	AD-42-68	CALDERÓN/MEDINA/RAÚL	SAN ISIDRO
10	AD-52-77	MEDINA/MORENO/ALEJANDRO ALONSO	LA MOLINA
11	AF-86-75	RODRÍGUEZ/CARRE/JÉSSICA	SAN MIGUEL
12	AG-73-54	ARIAS/CORONADO/ALFREDO ENRIQUE	SAN ISIDRO
13	AG-98-55	FERNÁNDEZ/MUÑOZ/ANTONIO FERNANDO	JESÚS MARÍA
14	AI-78-59	ÁLVAREZ/ÁLVAREZ/LUIS RAMÓN	MAGDALENA
15	AJ-39-65	BARRIOS/ISMODES/JOSÉ LUIS	BARRANCO
16	AK-94-77	HUAYANAY/SOTO/EUGENIO ANDRÉS	BARRANCO
17	AK-97-58	PAREDES/GÓMEZ/KAREM ROSILU	LA PERLA
18	AO-80-53	PASCO-FONT/LOZANO/MARÍA	PUEBLO LIBRE
19	AP-19-78	CRUZ/DÍAS/JAIME EDUARDO	SAN ISIDRO
20	AR-83-59	GRANADINO/ARANA/ALDO	SAN ISIDRO
21	AV-45-48	BARRETO/DEL POZO/CLAUDIA XIMENA	LA PUNTA
22	AV-61-89	ROJAS/EDA/GUSTAVO CÉSAR	MAGDALENA
23	AW-36-97	BERNALES/ALBITES/ENRIQUE MANUEL	MAGDALENA

d. Implemente el siguiente código dentro del formulario **frmWhere**:

```vba
'Variables globales
Dim cn As New ADODB.Connection


'Función que permite crear la cadena de conexión a Access
Function getConecta()
  cn.ConnectionString = "Provider=Microsoft.ACE.OLEDB.12.0;" & _
      "Data Source=" & ThisWorkbook.Path & "\" & "Ventas.accdb"
  getConecta = cn
End Function


'Procedimiento que limpia el contenido de las celdas
Sub LimpiaCeldas()
    Sheets(1).Range("B7:N1000").ClearContents
End Sub


Private Sub btnExcel_Click()
    Range("B7:D10000").ClearContents
    uFila = Sheets(1).Cells(Rows.Count, 2).End(xlUp).Offset(1, 0).Row

    For i = 0 To lstCliente.ListCount - 1
        Sheets(1).Cells(uFila + i, 2).Value = lstCodigo.List(i)
        Sheets(1).Cells(uFila + i, 3).Value = lstCliente.List(i)
        Sheets(1).Cells(uFila + i, 4).Value = lstDistrito.List(i)
    Next
End Sub
```

```
Private Sub UserForm_Activate()
    Call ListaClientes
End Sub

Sub filtra(ByVal Letra$)
    Call limpiarListas
    cn = getConecta()
    cn.Open

    Dim rs As New ADODB.Recordset
    rs.Open "Select ide_cli,nom_cli,dis_cli
            from cliente where nom_cli like '" & Letra & "%'", cn
    Do While Not rs.EOF
        lstCodigo.AddItem rs!ide_cli
        lstCliente.AddItem rs!nom_cli
        lstDistrito.AddItem rs!dis_cli
        rs.MoveNext
    Loop
    rs.Close
    cn.Close
End Sub

Sub limpiarListas()
    lstCliente.Clear
    lstCodigo.Clear
    lstDistrito.Clear
End Sub

Sub ListaClientes()
    cn = getConecta()
    cn.Open
    Call limpiarListas
    Dim rs As New ADODB.Recordset
    rs.Open "Select ide_cli,nom_cli,dis_cli from cliente", cn
    Do While Not rs.EOF
        lstCodigo.AddItem rs!ide_cli
        lstCliente.AddItem rs!nom_cli
        lstDistrito.AddItem rs!dis_cli
        rs.MoveNext
    Loop
    rs.Close
    cn.Close
End Sub
```

```vba
Private Sub btnA_Click()
    Call filtra("A")
End Sub
Private Sub btnB_Click()
    Call filtra("B")
End Sub

Private Sub btnC_Click()
    Call filtra("C")
End Sub

Private Sub btnD_Click()
    Call filtra("D")
End Sub

Private Sub btnE_Click()
    Call filtra("E")
End Sub

Private Sub btnF_Click()
    Call filtra("F")
End Sub

Private Sub btnG_Click()
    Call filtra("G")
End Sub

Private Sub btnH_Click()
    Call filtra("H")
End Sub

Private Sub btnI_Click()
    Call filtra("I")
End Sub

Private Sub btnJ_Click()
    Call filtra("J")
End Sub

Private Sub btnK_Click()
    Call filtra("K")
End Sub
```

```vb
Private Sub btnL_Click()
    Call filtra("L")
End Sub

Private Sub btnM_Click()
    Call filtra("M")
End Sub

Private Sub btnN_Click()
    Call filtra("N")
End Sub

Private Sub btnÑ_Click()
    Call filtra("Ñ")
End Sub

Private Sub btnO_Click()
    Call filtra("O")
End Sub

Private Sub btnP_Click()
    Call filtra("P")
End Sub

Private Sub btnQ_Click()
    Call filtra("Q")
End Sub

Private Sub btnR_Click()
    Call filtra("R")
End Sub

Private Sub btnS_Click()
    Call filtra("S")
End Sub

Private Sub btnT_Click()
    Call filtra("T")
End Sub

Private Sub btnU_Click()
    Call filtra("U")
End Sub
```

```
Private Sub btnV_Click()
    Call filtra("V")
End Sub

Private Sub btnW_Click()
    Call filtra("W")
End Sub

Private Sub btnY_Click()
    Call filtra("Y")
End Sub

Private Sub btnZ_Click()
    Call filtra("Z")
End Sub

Private Sub btnTodos_Click()
    Call ListaClientes
End Sub
```

e. Finalmente, asocie el botón FORMULARIO DE CONSULTA al formulario por medio del código frmClientes.Show.

5.16.4 Caso desarrollado 3: mantenimiento de productos

Implemente una aplicación que permita realizar el mantenimiento de los productos, tal como se muestra en el siguiente formulario:

Debe tener en cuenta los siguientes aspectos:

a. Debe contar con una carpeta que contenga las imágenes de los productos a registrar. Se sugiere que se encuentre en un lugar fijo, como la unidad C o D, de tal forma que tenga el siguiente aspecto:

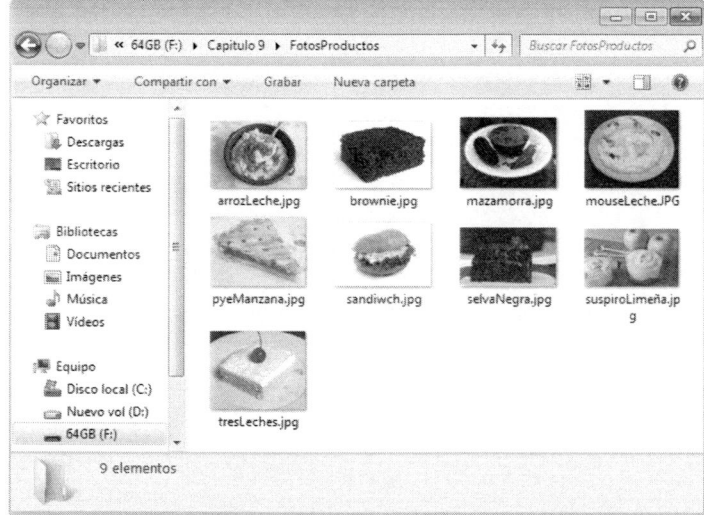

b. En el control **combobox** se debe introducir la descripción del producto. Si dicho producto ya se encontraba registrado, se deberán mostrar sus datos en los demás controles, así como su imagen y su código. En caso de que dicho producto no existiera, deberá generar un nuevo código del producto tomando el ultimo código registrado más uno.

c. Implemente el botón **Agregar/Modificar**, el cual permitirá agregar un nuevo producto o actualizar los datos del mismo.

d. Implemente el botón **Eliminar**, el cual permitirá eliminar el producto de la lista de Excel.

e. Implemente el siguiente modelo de hoja de Excel:

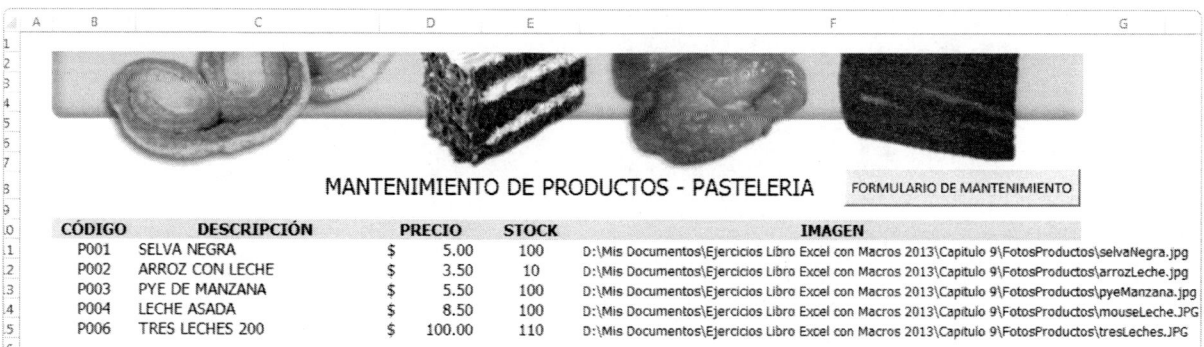

f. Implemente el siguiente código dentro del formulario **frmMantenimiento**:

```
Option Explicit

'Variables globales
Dim rutaImagen$
Private Sub cmd_Eliminar_Click()
End Sub
```

```vba
Sub limpiaControles()
    Call generaCodigo
    Call llenaProductos
    txtPrecio.Text = ""
    txtStock.Text = ""
    cboDescripcion.SetFocus
End Sub


Private Sub btnAgregar_Click()
    If valida = "" Then
        Dim posProducto%
        posProducto = validaProducto(cboDescripcion.Text)

        If posProducto = 0 Then
            Do While Not IsEmpty(ActiveCell)
                ActiveCell.Offset(1, 0).Activate
            Loop
        Else
            Cells(posProducto, 1).Select
        End If

        'Aquí es cuando agregamos o modificamos el registro
        ActiveCell.Offset(0, -1) = lblCodigo.Caption
        ActiveCell.Value = UCase(cboDescripcion.Text)
        ActiveCell.Offset(0, 1) = txtPrecio.Text
        ActiveCell.Offset(0, 2) = txtStock.Text
        ActiveCell.Offset(0, 3) = rutaImagen
        Call limpiaControles
        Else
        MsgBox "El error se encuentra en " & valida
    End If
End Sub


Private Sub btnEliminar_Click()
    Dim posProducto%
    posProducto = validaProducto(cboDescripcion.Text)

    If posProducto = 0 Then
        MsgBox "El producto no existe"
        cboDescripcion.SetFocus
        Exit Sub
    End If
```

```
        Dim r%
        r = MsgBox"¿Está seguro de eliminar el producto?",
                    vbCritical + vbYesNo)


    If r = 6 Then
        Cells(posProducto, 1).Select
        ActiveCell.EntireRow.Delete
        limpiaControles
        MsgBox "Producto eliminado correctamente"
        cboDescripcion.SetFocus
    End If

End Sub


Private Sub btnImagen_Click()
    On Error GoTo Imprevisto
    rutaImagen = Application.GetOpenFilename("Imágenes JPG,*.jpg",
                            0, "Seleccione una imagen del producto")
    imgFoto.Picture = LoadPicture("")
    imgFoto.Picture = LoadPicture(rutaImagen)
    imgFoto.PictureSizeMode = fmPictureSizeModeStretch
    Exit Sub
Imprevisto:
    MsgBox "Error al seleccionar la imagen del producto", vbCritical
End Sub


Private Sub btnSalir_Click()
    Dim r%
    r = MsgBox("¿Está seguro de salir?", vbCritical + vbYesNo)
    If r = 6 Then End
End Sub


Private Sub cboDescripcion_Change()
    If validaProducto(cboDescripcion) <> 0 Then
        Cells(cboDescripcion.ListIndex + 11, 2).Select
        lblCodigo.Caption = ActiveCell.Value
        txtPrecio.Text = ActiveCell.Offset(0, 2)
        txtStock = ActiveCell.Offset(0, 3)

        imgFoto.Picture = LoadPicture("")
        imgFoto.Picture = LoadPicture(ActiveCell.Offset(0, 4))
        imgFoto.PictureSizeMode = fmPictureSizeModeStretch
        rutaImagen = ActiveCell.Offset(0, 4)
```

```vba
        Else
            Call generaCodigo
            txtPrecio.Text = ""
            txtStock.Text = ""
            rutaImagen = ""
            imgFoto.Picture = LoadPicture("")
        End If
End Sub


Private Sub UserForm_Activate()
    Call generaCodigo
    Call llenaProductos
End Sub


'Función que determina la existencia de un producto
Function validaProducto(descripcion$) As Integer
    Range("C11").Activate
    validaProducto = 0
    Do While Not IsEmpty(ActiveCell)
        If descripcion = ActiveCell Then
            validaProducto = ActiveCell.Row
        End If
        ActiveCell.Offset(1, 0).Select
    Loop
End Function


'Función que determina el último código registrado
Function determinaUltimoCodigo() As String
    Dim uFila%
    uFila = Sheets(1).Cells(Rows.Count, 2).End(xlUp).Offset(1, 0).Row
    determinaUltimoCodigo = Sheets(1).Cells(uFila - 1, 2).Value
End Function


'Procedimiento que genera el código de producto
Sub generaCodigo()
    lblCodigo.Caption = "P" & Format(Right(determinaUltimoCodigo, 3)
                                                    + 1, "000")

End Sub


'Procedimiento que llena de productos el control
'de tipo ComboBox
Sub llenaProductos()
    cboDescripcion.Clear
```

```
        Range("C11").Select
        Do While Not IsEmpty(ActiveCell)
            cboDescripcion.AddItem ActiveCell.Value
            ActiveCell.Offset(1, 0).Select
        Loop
End Sub


'Función de validación de datos
Function valida() As String
    Dim mensaje$
    If Len(Trim(cboDescripcion.Text)) = 0 Then
        mensaje = "descripción del producto"
        cboDescripcion.SetFocus
        ElseIf Not (Mid(cboDescripcion.Text, 1, 1) Like "[a-z]"
                Or Mid(cboDescripcion.Text, 1, 1) Like "[A-Z]") Then
        mensaje = "descripción del producto"
        cboDescripcion.SetFocus
    ElseIf Len(txtPrecio.Text) = 0 Or Not IsNumeric(txtPrecio.Text) Then
            mensaje = "precio del producto"
            txtPrecio.SetFocus
    ElseIf Len(txtStock.Text) = 0 Or Not IsNumeric(txtStock.Text) Then
            mensaje = "stock del producto"
            txtStock.SetFocus
        ElseIf rutaImagen = "" Then
            mensaje = "imagen del producto"
        Else
        mensaje = ""
    End If
    valida = mensaje
End Function
```

g. Finalmente, asocie el botón **FORMULARIO DE MANTENIMIENTO** al formulario por medio del código **frmMantenimiento.Show.**

Capítulo 6

Base de datos con SQL Server

6.1 Introducción

En la actualidad, el término base de datos es extensamente usado en todos los ámbitos donde se desarrolla el ser humano. Por tanto, no necesariamente es un término informático, ya que hoy en día la base de datos es considerada como la única solución para la gestión de todo tipo de información, sea grande o pequeña.

Se podría decir que las bases de datos han logrado un nivel de uso extremadamente amplio, con solo mencionar que la información que se almacena es usada y generada por los seres humanos y por las máquinas. Se calcula que cada día Google procesa cerca de 25 petabytes, aproximadamente un millón de gigabytes de datos; por otra parte, la red social Facebook comparte más de 10 millones de fotografías y YouTube sube una hora de vídeo cada segundo. Esta situación genera un problema de sobrecarga de información, es decir, se cuenta con toda la información posible; no obstante, sin una buena administración dicha información no serviría para nada. Al respecto, se puede decir que si usted quiere buscar un dato particular, le resultará un tanto difícil su búsqueda ante tanta información. En este sentido, las bases de datos cobran relevancia, ya que permiten tener la información administrada.

Figura 50. Base de datos
Fuente: http://conceptodefinicion.de/wp-content/uploads/2014/10/basededatos.jpg

En la actualidad, las bases de datos se encuentran informatizadas y presentan una ventaja en la administración del espacio que ocupa una base de datos física, pues la información almacenada en la base de datos se puede encontrar en un servidor local o en un servidor web, como lo es la nube. En ambos casos se ofrece un nivel de seguridad de la información por usuario propio del sistema de gestión de la base de datos. Asimismo, la información se encontrará disponible en cualquier momento, ya que podrá ser accesible desde cualquier dispositivo que posea internet.

6.2 SQL Server

Es considerado un sistema de gestión de base de datos relacionales diseñado por Microsoft, el cual no solo almacena datos, sino que también implementa soluciones de comercio electrónico, soluciones para inteligencia de negocios e informe de datos.

La versión 2022 presenta un diseño mejorado, ya que permite implementar aplicaciones eficientes para procesamientos de transacciones en línea, mejor llamado OLTP, con alta escalabilidad, mejor rendimiento y una mejora en la disponibilidad. La seguridad ha sido uno de los puntos fuertes, pues protege la información en reposo y en movimiento; además, mantiene un nivel de integración de datos entre diferentes dispositivos tengan o no conexión. El nivel de análisis permite obtener información para la toma de decisiones sin necesidad de mover los datos. Con respecto a la disposición de la información en la nube, se proporciona herramientas coherentes para el manejo de la información en cualquier lugar, ya sea su centro de trabajo o la nube privada.

SQL Server tiene mucha importancia en la actualidad; pues existe una abundante cantidad de información en el mundo y crece de manera exponencial tanto por los factores como por las máquinas. Por este motivo, las bases de datos de SQL suelen considerarse como la "columna vertebral" de la arquitectura TI en una organización.

6.3 Modelo entidad relación de SQL Server

Es un modelo que permite representar el diseño conceptual de una base de datos. A partir de un modelo E-R se puede determinar el diagrama de una base de datos en un gestor de base de datos como SQL Server.

Este modelo usa un conjunto de elementos gráficos que permiten representar la estructura general de una base de datos de forma lógica. Entre los principales requisitos para implementar un modelo de entidad relación (E-R) se tienen a las entidades, atributos y relaciones.

A. Entidades

Considerado como un objeto obtenido del mundo real que tiene existencia propia y que a su vez se distingue de otros objetos. Una entidad puede ser un objeto físico, como un libro, un producto, una persona, o de existencia conceptual, como la venta o un robo. En el modelo E-R se representa gráficamente por un rectángulo:

CLIENTE

B. Atributos

Considerado como una propiedad de una entidad. Estos describen la estructura de la base de datos. Cuando se definan los atributos de una determinada entidad, se debe pensar también con el objetivo que este tiene dentro de la base de datos, pues podría ser que se definan atributos que no tienen relevancia en una base de datos.

a. **Representación de los atributos**

Se puede representar de varias formas, como se verá en la siguiente imagen:

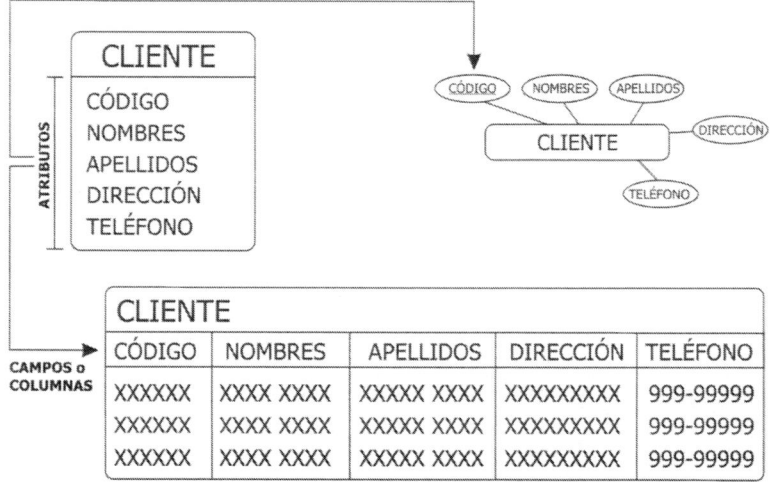

Figura 51. Atributos de una entidad

Fuente: Elaboración propia

En el diagrama entidad relación (DER) se puede distinguir por qué se especifican dentro de óvalos, mientras que en el modelo conceptual se les conoce como atributos, y en el esquema de base de datos de SQL Server como campos o columnas de una tabla.

b. **Partes de los atributos**

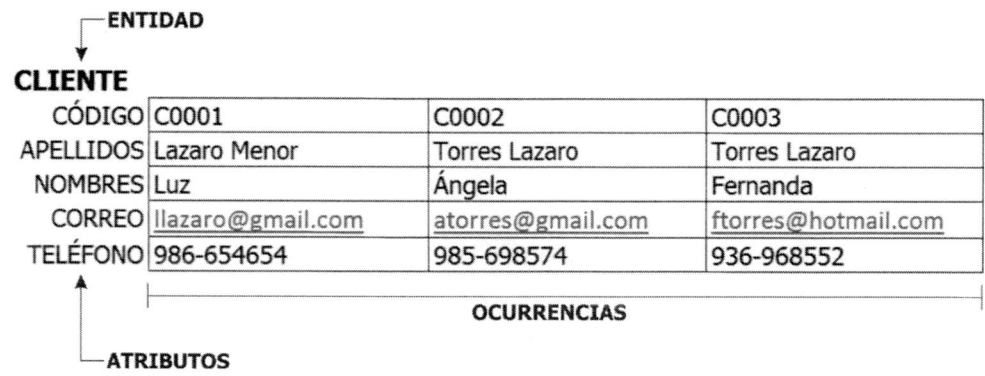

Figura 52. Partes de los atributos

Fuente: Elaboración propia

Se les llama ocurrencias a los posibles valores que puede tener un atributo. Asimismo, se debe considerar qué valores se agregarán, ya que en SQL Server se debe definir exactamente el tipo de datos por cada atributo. Por ejemplo, el código del cliente es de tipo cadena y solo debe almacenar cinco caracteres.

C. **Relaciones de correspondencia**

También conocido como cardinalidad y ocurre por el proceso de asociación entre dos entidades. Se representan en el Diagrama Entidad Relación mediante flechas y rombos.

El concepto básico de cardinalidad es que un número de instancias de una entidad pueden asociarse a un elemento de la otra entidad relacionada. Su definición se realiza especificando cardinalidades mínimas y máximas teniendo el siguiente juego de relaciones: (0,1), (1,1), (0,n), (1,n), (m,n). Sin embargo, en el diseño de los diagramas de entidad relación no es necesario ser tan específico, ya que solo se pueden tomar los valores máximos del juego de relaciones.

A continuación, se mostrarán algunos tipos de relaciones:

a. **Uno a uno**

En una relación de entidades, uno de los registros se asocia de forma única a un solo registro de la tabla asociada. Estos casos podrían darse solo cuando la entidad tiene muchos atributos y es necesario crear una nueva entidad con los atributos sobrantes. Por ejemplo, en el caso de que se necesiten registrar los siguientes datos de los clientes:

CLIENTE
CÓDIGO
NOMBRES
APELLIDOS
TELÉFONO
PAÍS
DIRECCIÓN
EMAIL

Y se toma la decisión de crear una entidad llamada **DetalleCliente**. Entonces, se encontraría en una relación uno a uno de la siguiente manera:

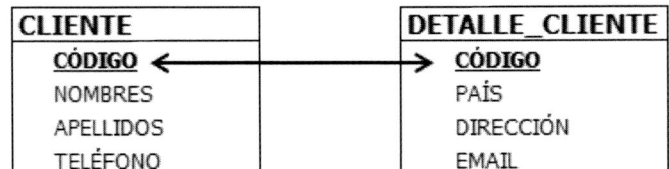

Figura 53. Relación uno a uno de Cliente y DetalleCliente

Fuente: Elaboración propia

El código de la tabla cliente se asocia con el código de **detalle_cliente** una sola vez, ya que son detalles del cliente y solo le pertenece a uno de ellos. En forma de registros se mostraría de la siguiente manera:

CLIENTE

CÓDIGO	NOMBRES	APELLIDOS	TELÉFONO
C0001	FERNANDA	TORRES LÁZARO	521-8956
C0002	LUZ	LÁZARO MENOR	452-5654
C0003	ÁNGELA VICTORIA	TORRES LÁZARO	362-9856

DETALLE_CLIENTE

CÓDIGO	PAÍS	DIRECCIÓN	EMAIL
C0001	PERÚ	AV. EL SOL 563	FTORRES@GMAIL.COM
C0002	ECUADOR	AV. CIUDAD CENTRAL 545	LLAZARO@GMAIL.COM
C0003	CHILE	AV. ANTOFAGASTA 3455	ATORRES@HOTMAIL.COM

Figura 54. Relación uno a uno en forma de registro

Fuente: Elaboración propia

b. **Uno a muchos**

En una relación de entidades, uno de los registros se asocia de forma única a muchos registros de la tabla asociada. La relación uno a muchos también se puede referenciar de forma inversa, como muchos a uno.

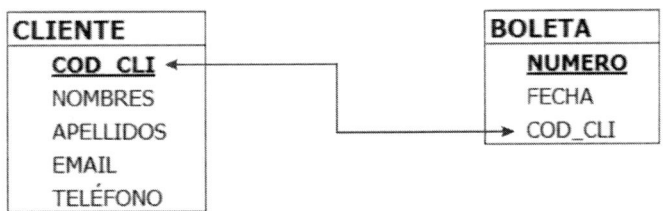

Figura 55. Relación uno a muchos

Fuente: Elaboración propia

El código de la tabla cliente se asocia con el código de cliente especificado en la entidad boleta (multa). Entonces, se podría decir que un cliente puede tener registrado muchas boletas:

CLIENTE

COD_CLI	NOMBRES	APELLIDOS	EMAIL	TELÉFONO
C0001	FERNANDA	TORRES LÁZARO	FTORRES@HOTMAIL.COM	963-955225
C0002	LUZ	LÁZARO MENOR	LLAZARO@GMAIL.COM	985-968569
C0003	ÁNGELA	TORRES LÁZARO	ATORRES@GMAIL.COM	963-965874
C0004	MANUEL	TORRES REMÓN	MTORRES@GMAIL.COM	925-963258

BOLETA

NÚMERO	FECHA	COD_CLI
1	10/10/2018	C0002
2	10/10/2018	C0001
3	11/10/2018	C0001
4	11/10/2018	C0003

Figura 56. Relación entre código de cliente con registro de boletas

Fuente: Elaboración propia

c. **Muchos a muchos**

Uno de los registros de la entidad se asocia a varios registros de otra entidad y viceversa. El tipo de relación muchos a muchos genera una nueva entidad que contiene inicialmente los campos clave de ambas entidades. Esta relación es algo particular frente a las relaciones anteriores, pues físicamente no se puede implementar porque desglosa una nueva entidad. Por ejemplo, podría darse el caso de que varios docentes enseñen un mismo curso a varios alumnos.

En el modelo entidad relación, las entidades alumno y docente se representarían de la siguiente manera:

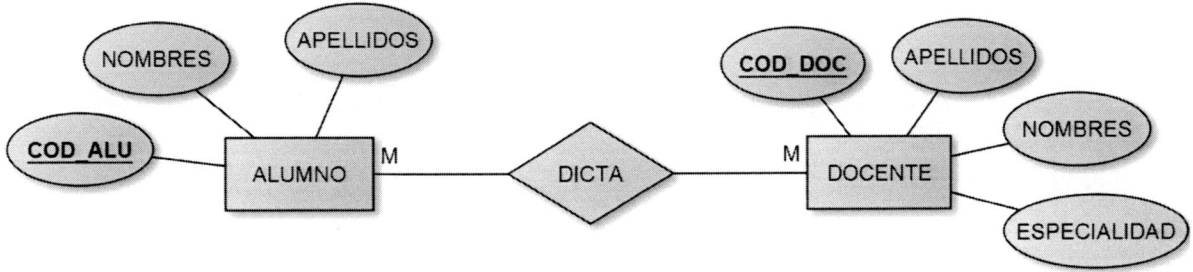

Figura 57. Relación entre los registros de alumno y docente

Fuente: Elaboración propia

La forma adecuada de representar la relación entre el docente y los alumnos es implementar una nueva entidad llamada Dictado, tal como se muestra en la siguiente imagen:

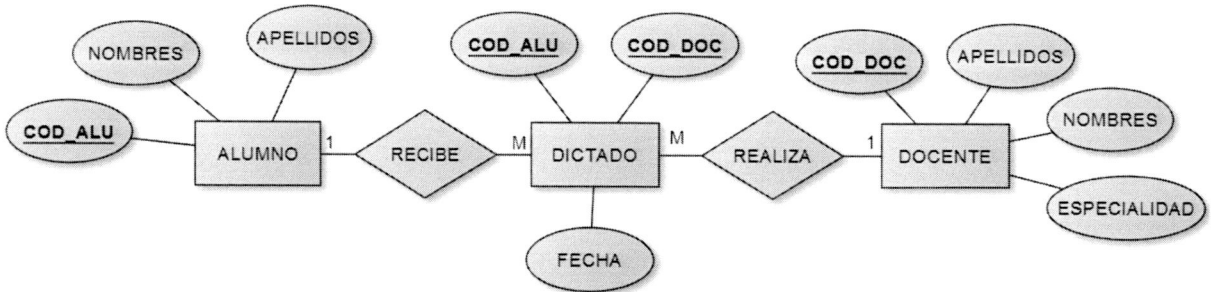

Figura 58. Relación entre los registros de alumno, dictado y docente

Fuente: Elaboración propia

La representación de los registros se muestra de la siguiente manera:

DOCENTE

COD_DOC	APELLIDOS	NOMBRES	ESPECIALIDAD
D0001	GARCÍA ROMERO	LOURDES	ANÁLISIS Y DISEÑO
D0002	HURTADO YUCRA	ANALIA	DISEÑO GRÁFICO
D0003	FIGUEROA RAMÍREZ	ROSA	PROGRAMACIÓN I

DICTADO

COD_DOC	COD_ALU	FECHA
D0001	A0001	10/5/2018
D0001	A0003	10/5/2018
D0002	A0002	11/6/2018
D0001	A0002	10/5/2018

ALUMNO

COD_ALU	APELLIDOS	NOMBRES
A0001	ALCALÁ ROJAS	JUAN PEDRO
A0002	DÍAZ LÓPEZ	GUADALUPE
A0003	DURAND FREITAS	FERNANDA
A0004	CASAS MENDOZA	DIANA
A0005	ROJAS ROJAS	GINA
A0006	PÉREZ MIRANDA	VIVIANA

Figura 59. Representación de los registros en tablas

Fuente: Elaboración propia

Tanto el código del docente como el del alumno son necesarios para la implementación de la entidad Dictado, ya que se comporta como una entidad débil por la dependencia que existe con otras entidades.

6.4 Recuperación de datos mediante la sentencia Select de SQL desde SQL Server

Select es una sentencia que pertenece a SQL Server, la cual permitirá filtrar datos desde un conjunto de datos. En este caso se usará a Select para filtrar información obtenida desde Excel. Cuenta con el siguiente formato:

```
SELECT ListaCampos
[ FROM Tabla ]
[ WHERE Condicion ]
[ GROUP BY ExpresionGrupo ]
[ HAVING CondicionBusqeuda ]
[ ORDER BY [ASC|DESC]]
```

Donde:

- **Select:** indica el inicio de la sentencia.
- **ListaCampos:** se especifican los campos o columnas de la tabla.
- **From Tabla:** se especifica el nombre de la tabla de donde se obtendrán los datos.
- **Where condición:** se especifica la condición de filtrado desde los registros.
- **Group by ExpresionGrupo:** se especifica la forma de agrupación de los campos de una tabla.
- **Having condicionBusqueda:** se especifica la condición de filtrado, solo si se especifica un Group By.
- **Order By ASC|DESC:** se especifica el orden de los registros ASC, el cual define la ascendencia; y DESC la descendencia.

Para demostrar la forma de trabajo de la sentencia Select se usará la siguiente base de datos implementada en SQL Server. A continuación, se mostrará el Diagrama Entidad Relación de la base de datos BD_Ventas.

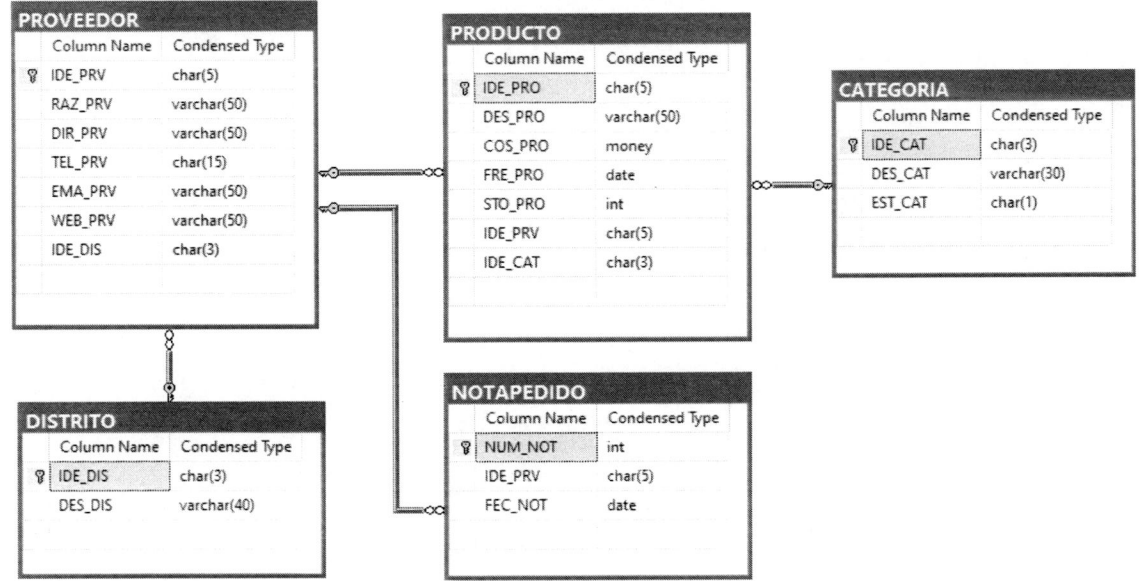

Figura 60. Diagrama Entidad Relación Ventas

Fuente: Elaboración propia

6.5 Agregar una referencia

Para conectarse a una base de datos de SQL Server desde Excel se necesita agregar la siguiente referencia:

1. Acceda al entorno VBA (ALT+F11).
2. Desde el menú Herramientas > Referencias...
3. Active las siguientes referencias:

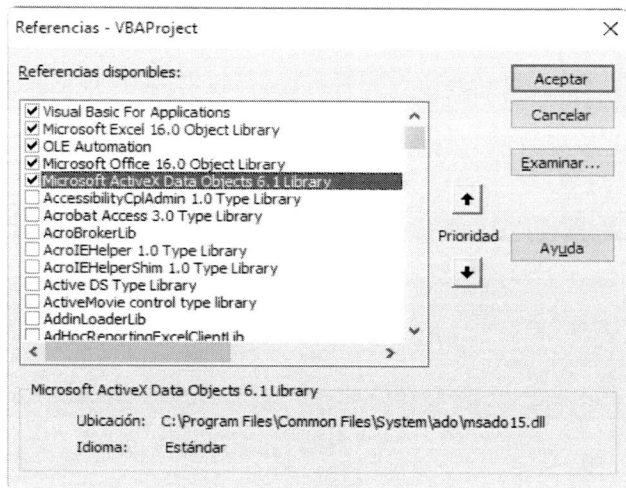

6.6 Listado de registros simple

Este tipo de listado se caracteriza por obtener todos los registros de una determinada tabla, de tal forma que se administre toda la información de los registros sin restricciones. Su formato es el siguiente:

`SELECT * FROM NombreTabla`

Donde:

- *** (asterisco):** representa a todos los registros de la tabla.
- **NombreTabla:** es el nombre de la tabla de la que se quiere obtener información.

6.6.1 Caso desarrollado: listado de productos, proveedores y notas de pedidos desde SQL Server

Implemente una aplicación que permita listar los registros de la tabla producto, proveedor y nota de pedido desde la base de datos **BD_Ventas** de SQL Server en tres hojas de Excel. Por tanto, debe tener en cuenta los siguientes aspectos:

- a. Debe contar con el *script* de la base de datos **BD_Ventas** de SQL Server.
- b. Copie el contenido en SQL Server y ejecute el *script*.
- c. Agregue las referencias para el acceso a la base de datos de SQL Server.

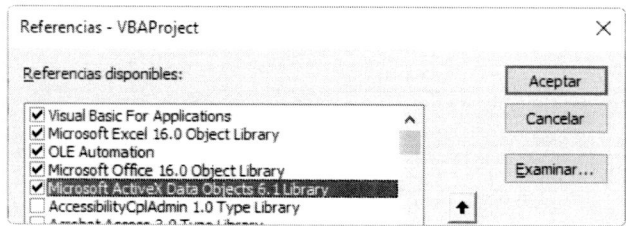

d. Diseñe los siguientes modelos en las hojas de Excel.

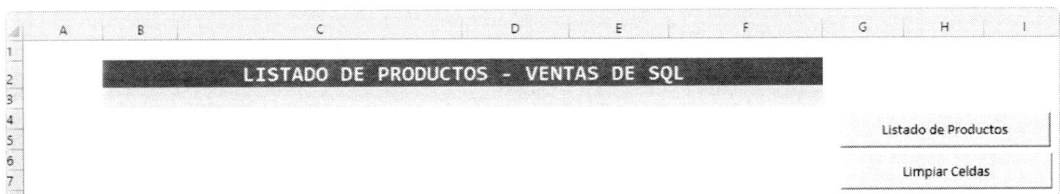

Figura 61. Hoja 1: Productos

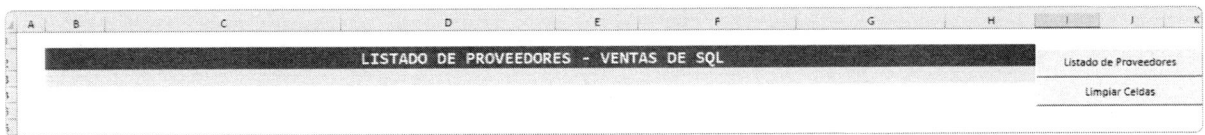

Figura 62. Hoja 2: Proveedores

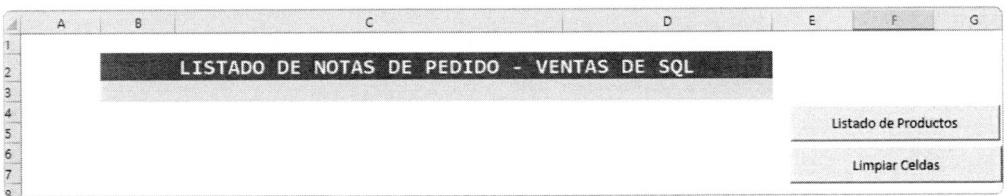

Figura 63. Hoja 3: Notas de venta

e. El entorno VBA debe mostrar el proyecto de la siguiente manera:

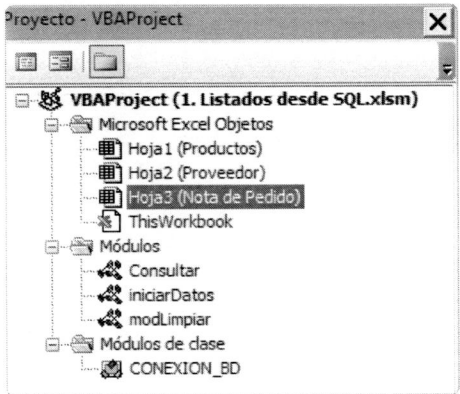

f. Implemente el siguiente código en el archivo de clase **Conexión_BD**:

```
Private CN As ADODB.Connection
Public rs As ADODB.Recordset
Sub Consultar_sql(sql, hoja)

'Manejando errores
On Error Resume Next

    Dim tField As ADODB.Field
    Dim sentencia As ADODB.Command

    Set CN = Nothing
    Set rs = Nothing
```

```
        Set CN = New ADODB.Connection
        Set rs = New ADODB.Recordset
        Set sentencia = New ADODB.Command

    'Cadena de conexión
    CN.Open "Provider='SQLOLEDB';Data Source=" & iniciarDatos.servidor & ";" & _
            "Initial Catalog=" & iniciarDatos.bd & ";Integrated Security='SSPI';"

        Set sentencia.ActiveConnection = CN
        sentencia.CommandText = sql
        Set rs = sentencia.Execute

        cont = 2

        For Each tField In rs.Fields
            Sheets(hoja).Cells(3, cont) = tField.Name
            cont = cont + 1
        Next

        Sheets(hoja).Range("B4").CopyFromRecordset rs

        'Cerrar la conexión
        rs.Close
        CN.Close
End Sub
```

g. Implemente el siguiente código en el archivo de módulo iniciarDatos:

```
Dim CONEXION As CONEXION_BD
Public bd, servidor As String
Public Sub iniciarDatos()
    'Nombre de la base de datos de SQL
    bd = "BD_VENTAS"

    'Nombre del servidor de SQL Server
    'Es obligatorio colocar el servidor
    'de su Computadora
    servidor = "DESKTOP-TB99SD9"
End Sub
```

Tenga en cuenta que la variable servidor debe contener el nombre del servidor (Server Name) que tiene su ordenador personal. Para obtener esta información debe recuperarla desde el acceso al SQL Server, como se muestra en la siguiente imagen:

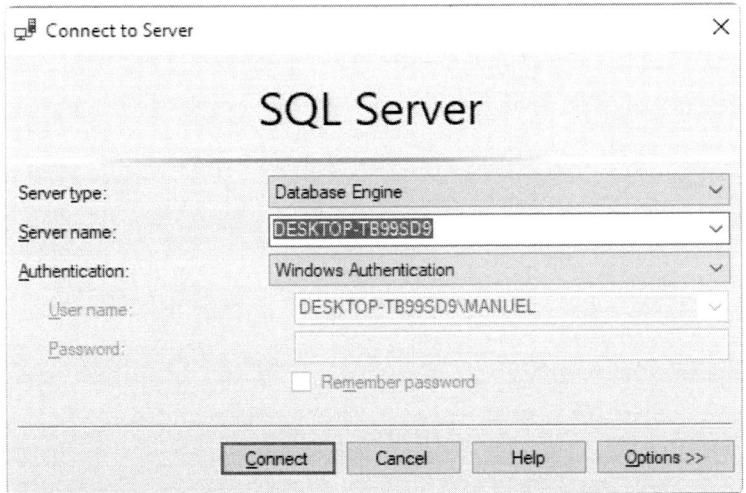

h. Implemente el siguiente código en el archivo de módulo **Consultar**:

```vb
Public Sub listadoProductos()
Dim sql As String

    Set CONEXION = New CONEXION_BD
    Call iniciarDatos.iniciarDatos
    sql = "SELECT P.IDE_PRO AS CODIGO, P.DES_PRO AS DESCRIPCION, " & _
            " P.COS_PRO AS PRECIO, P.STO_PRO AS STOCK," & _
            " P.FRE_PRO AS [FECHA DE REGISTRO] " & _
            " FROM PRODUCTO P"

    Call CONEXION.Consultar_sql(sql, 1)
End Sub

Public Sub listadoProveedores()
Dim sql As String

    Set CONEXION = New CONEXION_BD
    Call iniciarDatos.iniciarDatos
    sql = "SELECT PR.IDE_PRV AS CODIGO, PR.RAZ_PRV AS [RAZON SOCIAL]," & _
            " PR.DIR_PRV AS DIRECCION,PR.TEL_PRV AS TELEFONO," & _
            " PR.EMA_PRV AS CORREO, PR.WEB_PRV AS [URL]," & _
            " D.DES_DIS AS DISTRITO" & _
            " FROM PROVEEDOR PR" & _
            " JOIN DISTRITO D ON PR.IDE_DIS=D.IDE_DIS"

    Call CONEXION.Consultar_sql(sql, 2)
End Sub
```

```
Public Sub listadoNotaPedido()
Dim sql As String

    Set CONEXION = New CONEXION_BD
    Call iniciarDatos.iniciarDatos
    sql = "SELECT N.NUM_NOT AS NUMERO, P.RAZ_PRV AS PROVEEDOR, " & _
            " N.FEC_NOT AS [FECHA DE REGISTRO]" & _
            " FROM NOTAPEDIDO N" & _
            " JOIN PROVEEDOR P ON P.IDE_PRV=N.IDE_PRV"

    Call CONEXION.Consultar_sql(sql, 3)
End Sub
```

i. Implemente el siguiente código en el archivo de módulo **modLimpiar**:

```
Sub limpiarCeldasProductos()
    Sheets(1).Range("B3:F1000").ClearContents
End Sub
Sub limpiarCeldasProveedores()
    Sheets(2).Range("B3:H1000").ClearContents
End Sub
Sub limpiarCeldasNotas()
    Sheets(3).Range("B3:H1000").ClearContents
End Sub
```

j. Finalmente, asocie los botones a los procedimientos según el tipo de listado a mostrar.

BIBLIOGRAFÍA

Shepherd, R. (2010). *Excel 2007 VBA Macro Programming.* Mc-Graw-Hill.

Perry, G. (2009). *Macros Made EASY.* Mc-Graw-Hill.

Katz, A. (2011). *Excel 2010 Made Simple.* Apress.

Marcombo

Marcombo es una editorial especializada en libros técnicos y científicos que cuenta con más de 75 años de experiencia.

Los títulos de Marcombo están escritos por grandes especialistas y tratan materias sobre tecnología, empresa, instalaciones y otros temas relacionados con las ciencias e ingenierías. Asimismo, Marcombo publica libros sobre formación profesional, certificados de profesionalidad y universitarios; materias de siempre y actuales que avalan una rigurosa y dilatada trayectoria editorial.

Marcombo está a su disposición para ofrecerle las mejores obras técnicas, científicas y de formación de ayer, hoy y siempre. Los autores, nacionales e internacionales, comparten su amplia experiencia mostrando tutoriales de contenidos paso a paso, expertos consejos e ideas motivadoras que reforzarán sus conocimientos. Estos libros son una valiosa herramienta con la que potenciará notablemente sus habilidades y conocimientos técnicos.

Queremos agradecer su confianza en los libros de Marcombo. Por eso, queremos compartir con usted diversos regalos digitales de algunos de los temas de referencia. Puede acceder a ellos dentro del apartado Contenido gratuito en **www.marcombo.com**